校企合作汽车专业系列丛书

互联网+创新型“十四五”精品教材

新能源汽车底盘技术

（微课版）

主　编　张志明　鄂英子　廖　周

副主编　曾国梁　李启凯　崔永雷　赵海军

吴祝胜　窦世友　潘月强　李文达

哈尔滨工程大学出版社

Harbin Engineering University Press

内 容 简 介

本书按照《新能源汽车产业发展规划（2021—2035年）》等现行规范编写而成。本书共五个项目，主要包括新能源汽车底盘概述、传动系统的认识与检修、转向系统的认识与检修、行驶系统的认识与检修、制动系统的认识与检修。本书每个项目均设有项目导读、学习目标、项目实训等模块，以便读者阅读、理解和巩固所学知识。

本书既可作为应用型本科、职业院校汽车专业的通用教材，也可作为汽车修理厂、汽车类相关专业人员的参考用书。

图书在版编目（CIP）数据

新能源汽车底盘技术 ：微课版 / 张志明，鄂英子，廖周主编. —哈尔滨 ：哈尔滨工程大学出版社，2024.4

ISBN 978-7-5661-4366-2

Ⅰ. ①新… Ⅱ. ①张… ②鄂… ③廖… Ⅲ. ①新能源—汽车—底盘—教材 Ⅳ. ①U463.1

中国国家版本馆 CIP 数据核字（2024）第 084634 号

新能源汽车底盘技术（微课版）

XINNENGYUAN QICHE DIPAN JISHU（WEIKE BAN）

策划编辑 张林峰

责任编辑 田 婧

出版发行 哈尔滨工程大学出版社

社　　址 哈尔滨市南岗区南通大街 145 号

邮政编码 150001

发行电话 0451-82519328

传　　真 0451-82519699

经　　销 新华书店

印　　刷 唐山唐文印刷有限公司

开　　本 889 mm×1 194 mm　1/16

印　　张 12.5

字　　数 360 千字

版　　次 2024 年 4 月第 1 版

印　　次 2024 年 4 月第 1 次印刷

书　　号 ISBN 978-7-5661-4366-2

定　　价 49.80 元

http://www.hrbeupress.com

E-mail:heupress@hrbeu.edu.cn

前　言

随着汽车工业的飞速发展，汽车保有量的不断增加也带动了汽车维修行业的快速发展，新技术、新知识、新结构在汽车上的应用，使汽车底盘结构也越来越复杂、机电一体化水平越来越高。作为新能源汽车的重要组成部分，底盘技术也在不断创新和发展。传统的底盘维修经验和方法受到了极大的挑战，要想高效地解决底盘故障，现代维修技术人员应具有扎实的理论基础和丰富的维修经验。

二十大报告指出，积极稳妥推进碳达峰碳中和。实现碳达峰碳中和是一场广泛而深刻的经济社会系统性变革。立足我国能源资源禀赋，坚持先立后破，有计划分步骤实施碳达峰行动，积极参与应对气候变化全球治理。因此，发展新能源汽车技术已成为必然趋势。本书主要具有以下特点。

（1）内容科学，结构合理。在编写过程中，本书努力体现职业教育“以服务为宗旨，以就业为导向”的教学方针，力求做到知识够用，技能实用，基本概念和原理叙述准确，引用数据科学可靠；理论与实践相结合，以培养学生分析专业问题和解决实际问题的能力，使技能系统化，为学生未来的发展奠定基础。

（2）通俗易懂，深入浅出。本书语言通俗易懂，内容选取上突出新能源汽车底盘使用的新技术，理论与实训上对传统技术做简化理论讲解，突出实训的应用性和规范性。对新技术详细介绍结构与工作原理；内容层次上根据各系统相关性，对项目和任务进行划分和排序。

（3）加强实践技能的培养。本书采用理论知识与技能训练一体化的编写模式，并在每个项目都设有项目实训，体现“做中学”“学中做”的教学理念，注重职业核心能力的培养，内容贴近企业实际生产。

本书由张志明（湖南劳动人事职业学院）、鄂英子（齐齐哈尔高等师范专科学校）、廖周（深圳市携创高级技工学校）担任主编，由曾国梁（永州职业技术学院）、李启凯（周口职业技术学院）、崔永雷（莱芜技师学院）、赵海军（郑州市国防科技学校）、吴祝胜（成都光华技工学校）、窦世友(邢台应用技术职业学院) 、潘月强（广州市华风高级技工学校）、李文达（内蒙古交通职业技术学院）、担任副主编。本书的相关资料和售后服务可扫描封底微信二维码或登录 www.bjzzwh.com 下载获得。

在编写过程中，编者引用了大量原厂手册及文献资料，在此向原作者们表示衷心的感谢！由于新能源汽车领域的技术日新月异，同时编者的知识和能力也存在不足，书中难免存在疏漏之处，请读者及时反馈，以便后期修订。

编　者

目 录 CONTENTS

项目一 新能源汽车底盘概述

项目概述

随着汽车保有量的不断上升，而石油等资源却捉襟见肘；另一方面，当下大量使用汽油的车辆不断排放着有害气体和污染物质，环保形势日趋严峻，加上全球气候变暖的现实，各个国家的排放法规也越来越严格；汽车生产厂商，最终的解决之道是寻找替代石油的新能源，几乎所有的世界汽车巨头都在研制新能源汽车。

新能源汽车是采用新型燃料和新型动力作为驱动的机动车辆，新能源是指传统能源之外的各种能源形式，刚开始开发利用或正在积极研究、有待推广的能源，如太阳能、地热能、风能、海洋能、生物质能和核聚变能等。新能源的开发利用技术复杂，成本较高；清洁环保，可实现二氧化碳等污染物零排放或低排放；资源量大、分布广泛，但大多具有能量密度低的缺点。在环境保护问题日益受到重视的当下，人类环保意识逐渐提高，以及受到各个国家新能源汽车政策的推动，新能源汽车正处于繁荣发展的阶段。

学习目标

知识目标

◆认识新能源汽车底盘结构。

◆了解汽车底盘检修工具。

能力目标

◆能够叙述新能源汽车底盘各系统的定义。

◆掌握新能源汽车底盘各系统的组成。

素质目标

◆通过学习，培养学生实践能力，对新事物有更高的学习效率。

思政目标

◆通过对新能源汽车的了解，认识到我国“可持续发展战略”的重要性，了解碳中和的重要意义。

任务工单

一、实训内容

1. 实训任务前的准备

① 对高电压车辆周围布置好明显的警示标识。

② 检查车辆，确保车辆无故障，主要是高压电漏电类故障。

③ 制作高压电标识，用于在实训过程中标识高压电部件。

④ 拆装工具（扳手、套筒、钳子、螺丝刀）、测量工具（钢直尺、厚薄规、百分表、游标卡尺、千分尺）、高压安全保护装置（绝缘手套、护目镜、绝缘工具）及测试仪（数字电流钳、绝缘电阻测试仪）等。

警示：未经教师允许，不得随意触动车辆！举升车辆期间，禁止车辆周围站立人员！

2. 实训步骤

① 观察实训车辆，记录车辆的型号。

② 认识拆装工具及测量仪器。

③ 用拆装工具演示拆装螺栓，用测量工具测量间隙等。

④ 记录并分析测量结果。

⑤ 认识高压防护设备及测量工具。

⑥ 工具归位及整理车辆。

二、实训记录

实训记录单

实训项目			
姓名		学号	
班级		日期	
实训地点			
小组组长	小组成员		

续表

小组成员分工	
实训过程内容与流程记录	
（请填写安排的任务内容）	
实训任务回顾与总结	
任务收获与结果	
建议和行动计划	

三、实训测评

实训测评表

项目名称	评价内容	分值	评价分数		
			自评	互评	师评
职业素养考核项目（40%）	考勤、仪容仪表	10 分			
	责任意识、纪律意识	10 分			
	团队合作与交流	10 分			
专业能力考核项目（60%）	积极参与教学活动并正确理解任务要求	10 分			
	认真搜集任务所需资料	10 分			
	任务实施过程记录表的完成度	10 分			
	对系能源汽车底盘的掌握程度	20 分			
	对实训内容的完成程度	20 分			
合计：综合分数______ （自评×20%+互评×20%+师评×60%）		100 分			
综合评语		教师（签名）：			

任务一　新能源汽车的发展

一、新能源汽车的发展史

新能源汽车在动力能源的使用上与普通汽车存在着差别，在其运行中不再使用汽油和柴油，取而代之的是可再生清洁能源。根据所使用的动力燃料不同，电动汽车可以分为三类，其一为纯电动汽车，属于完全用电池驱动来行驶的汽车；其二为电机和电池共同运作下的混合动力汽车；其三为燃料电池汽车，即用氢燃料作为主要能源原料。而纯电动和混合动力汽车是目前新能源汽车发展的主流。

新能源汽车的发展历史可概括为以下几个阶段。

1900 年之前，电动车的使用率要高于内燃机汽车。多种驱动设计相互融合的情景，早在 1886 年前 Carl Benz 和 Gottlieb Daimler 开发出第一批以汽油驱动的车辆之前就已存在。当时路上已有电动车和蒸汽车行驶。仅美国制造的车辆就有数千台之多。不过作为交通工具，它们尚未能被普遍接受。

1834 年，美国人 Thomas Davenport 制造了第一台电动车，但是电池无法充电。

1881 年，由 Gustave Trouve 设计的第一辆配备可重复充电铅蓄电池的电动车上路亮相，这辆车在巴黎“国际电气博览会”上首次展出，车速当时最高可达 12 km/h，五年之后才有人想到以化石燃料驱动车辆运行。

1882 年，英国教授 William Edward Ayrton 和 John Perry 制造了一辆电动车。这辆车同样采用三轮设计，续航里程最远 40 km，最高车速约为 14 km/h。

1889 年，Thomas Edison 向公众展示了他的“Electric Runabout”。不过，基于该样车他只制造了二到四辆给自己的朋友使用。

1890 年，爱荷华州的 William Morrison 制造出了第一辆真正成功的电动车。通过采用带轮辐的大尺寸车轮，这辆车在当时的道路上也可更加舒适地驾驶。时任美国电池公司秘书的 Harold Sturges 提供的支持对这一成功起到了决定性的影响。Morrison 是一位化学家，他对电的应用表现出巨大的兴趣。他制造电动车的主要目的是希望能够展现其蓄电池的性能。1890 年夏天，他首次将自己的蓄电池应用在类似于马车并配备大尺寸车轮的车辆中。他设计的车型采用以流苏装饰的华盖作为车顶，同时拥有三排带精致软垫的座椅，可容纳 12 名乘客。8 个蓄电池位于座椅下方，可实现约 1.8 kW（2.5 Ps）的功率和最高 12 km/h 的车速。William Morrison 的 6 座“Electric Wagon”作为第一辆美国车于 1892 年在芝加哥的世界博览会上展出。

1893 年，Varta 蓄电池公司的创始人 Adolph Müller 将他的电动车“Baker Runabout”从美国带回到家乡德国。可想而知，这在当时轰动一时。

1899 年，来自布鲁塞尔的赛车手 Camille Jenatzy 驾驶他的电动车“LeJemais Contente”创造了车辆行驶速度的纪录。他当时的速度高达 105.8 km/h，成为获得 100 km/h 标签的第一人，因此突破 100 km/h 极限的第一辆车并非汽油车，而是电动车。这辆由他自己设计的车辆完全依靠电动马达驱动，质量为 1 450 kg。此外，这辆车没有配备任何制动装置。

1900 年，Porsche 为维也纳公司设计的电动车“Lohner-Porsche”首次展出于巴黎世界博览会。这款车是除拥有电动马达外还拥有一台内燃机作为发电机动力源的混合动力车。

安装在两个前轮轮毂中的电动马达可提供 1.8~2.6 kW（2.5~3.5 Ps）的功率（每个马达甚至能短时间提供高达 5 kW（7 Ps）的功率），并实现 58 km/h 的最高车速，同时包含 44 个单格电池的铅蓄电池可以 80 V 电压电动行驶约 3 h 或 50 km 的路程。车辆采用木制底盘，车身总重 980 kg（其他来源为 1 205 kg），目前可在维也纳技术博物馆参观。

即使有许多企业持续开发并生产电动车，内燃机车在 20 世纪初还是占据了明显的优势，因为公众对当时的“未来技术”做出了选择。1911 年起动马达研发出之后，越来越多的加油站拔地而起，由此内燃机的技术劣势不复存在，并在与电动车的比较中很快占据上风。虽然续航里程的差别在当时并没有多大，但汽油车很容易加油，电动车却无法到处充电。不同的制造商将希望寄托于不同的技术。例如 Edison 倾向于直流电，而 Tesla 则偏爱交流电。私人电插座当时几乎不存在。这些方面均给电动车的持续发展造成了困难。不过直到 20 世纪 40 年代初，特别是在美国，电动车还在生产。

20 世纪后半叶，各制造商一再展示并部分实现了不同的电动车方案。但有关电动车的行动长时间趋于缓和。这段时间开发的主要是一些续航里程短、速度低或空间小的小批量车型。

进入 21 世纪 20 年代，电动车首次展现出复兴势头。车队经理们看到了基于电动原理的机动性替代方案的潜力，首批公司及出租车车队配备了电动车，由此电动车的社会曝光率显著提升，如同 130 年前一样。

二、新能源汽车底盘的发展

（一）汽车底盘技术的发展

汽车底盘是承载发动机、车身和部分电器设备与附件等并接受发动机输出的动力，通过各种机构传送给驱动轮，可使其转速降低、转矩增大，使驱动车辆前进或倒退。

汽车底盘技术的发展

一辆汽车吸引人的地方首先是发动机、较低空气阻力的流线型车身或类似方面，以及对安全性、舒适性和驾乘感觉有决定性影响的车辆底盘。底盘包括车轮悬架、车轮、弹簧、减震器、前桥和后桥、转向系统和制动器等。底盘作为汽车的一个重要组成部分，其工作性能的好坏直接影响到汽车行驶的动力性、经济性、平顺性、操纵稳定性以及安全可靠性。其结构和性能特点随车型、发动机的安装位置、驱动方式、用途等的不同而不同。目前，汽车底盘电子控制技术已得到了迅速发展，使汽车的操作性、安全性和舒适性等得到了进一步的提高。

（二）新能源汽车底盘的特点

发展新能源汽车的目标是节约燃油、降低排放或零排放、提高扭矩和功率并提高驾驶乐趣和行驶舒适性。而在环境保护方面，新能源汽车除了具有减少燃油消耗、降低废气排放或零排放的明显优势外，还在车辆使用维护和保养方面相对于传统燃油汽车也有着较大的优势，因为底盘的电子化应用，减少了大量用于传递作用力，并且有较强污染和腐蚀的油液，而这种优势也将在未来变得更加突出。

在电动汽车底盘电子化、信息化技术高速发展的道路上，新能源汽车的发展与传统汽车相比还具有以下一些发展趋势。

1. 高响应性

高响应性是基于电传动系统构架领先于机械传动系统的快速响应优势带来的特点，在电传动系统的优势下，汽车会显得更加灵活，响应更加迅速，操控更精准，制动和起动的效率更高，极大地提升了汽车的安全性能。

2. 集成化、智能化

和传统的内燃机汽车相比，采用电能驱动的新型汽车能更好地和现代化电子产品进行融合，在此基础上，可实现更高级别智能的操作，例如，自动驾驶功能、电力储能和变频输出功能、提前预警功能等，这些都可大大提升新能源汽车的安全性和实用性。

3. 大用电设备

如今在新能源汽车的底盘设计上，对于车载智能设备的应用越来越广泛，由于新能源汽车配有高压电池，这使得一些传统燃油汽车搭载的 12 V 蓄电池无法提供的大功率设备变得更容易应用，例如一些高端品牌的大排量多缸数的车型，12 V 的电动转向系统无法提供足够的转向助力，从而只能采用液压助力转向系统或者增加另一个 12 V 蓄电池来保证足够的驱动功率。

4. 外型简化，更多设计

高度集成化的新能源汽车不仅仅带来内部结构的简化，在外部的表现上也更加简化，高度模块化所带来的简洁流畅的车身设计方向是不会改变的。电气化设计的不断提高，可以减少一部分的零部件，进而可以减少底盘的空间，以便于把内部空间释放出来，同时制作、维护方面也大大简化。

（三）新能源汽车底盘的发展方向

新能源汽车初期发展的阶段，很多新能源车制造商并没有针对新能源车辆的特点独立设计底盘，而是在现有传统燃油汽车的平台上进行总布置。这样的方案总是被动的，存在很多弊端。通过不断的探索和优化，在原有平台的基础上重新设计和更改底盘，或是研发出传统车和新能源车通用的底盘架构，在该思路指导下，传统车的成熟零部件得到最大可能的沿用，保持底盘框架不改变，制动系统、转向系统、悬架系统、传动系统等在保持工作原理基本不变的前提下做相应改变或调整。

由于新能源车取消了传统发动机或是在蓄电池电量足够时停用发动机，对于部分底盘子系统产生了一定的影响。

制动真空助力泵失去了真空源，需要增加电动真空泵为其提供真空源；液压式助力转向泵因为发动机的取消而无法沿用，需要开发新的转向动力源，相应的管路等零部件需要更改；新动力系统的减速器接口与原车相比发生了改变，所以传动系统需要根据新的输入信息进行更改或者重新设计。对于高端品牌车型，一些提高车辆行驶稳定性、安全性、舒适性的底盘控制系统，由于失去了驱动机械油泵的动力源，而改成电子式结构。

在智能化和自动化的大发展方向上，新能源汽车底盘系统主要部件的发展趋势基本可以确定，它包含传动系统、制动系统、转向系统和底盘控制系统等重要部分组成的构建。

任务二　新能源汽车底盘的认识

我国于 2017 年 7 月 1 日正式实施了《新能源汽车生产企业及产品准入管理规定》，明确指出新能源汽车是指采用新型动力系统，完全或者主要依靠新型能源驱动的汽车，包括插电式混合动力（含增程式）汽车、纯电动汽车和燃料电池汽车等。

按供电和驱动方式分类，电动汽车主要有三种类型：纯电动汽车（BEV）、混合动力汽车（HEV）

和燃料电池汽车（FCEV）。

纯电动汽车即由电机驱动的汽车，电机的驱动电能来源于车载可充电蓄电池或其他能量储存装置。

混合动力汽车指能够至少从下述两类车载储存的能量中获得动力的汽车：一是可消耗的燃料；二是可再充电能/能量储存装置。

燃料电池汽车是以燃料电池作为动力来源的汽车。燃料电池的化学反应过程不会产生有害物质。近年来，燃料电池技术取得重大进展，很多燃料电池汽车正在试验或作为示范项目。

底盘的主要功能是支撑整车的质量，将发动机/电动机发出的动力传给驱动车轮，同时还要传递和承受路面作用于车轮的各种力和力矩，缓和冲击、吸收振动，以保证汽车的舒适性，并能够比较轻便和灵活地完成整车的转向及制动等操作。沿用传统燃油汽车结构划分方式，也可将电动汽车分成发动机/电动机、底盘、车身和电气四部分。底盘又可分为传动系统、转向系统、行驶系统、制动系统四部分。

一、传动系统

传动系统的基本作用是将发动机或电机的动力（转矩）按要求传递到驱动轮上，使地面对驱动轮产生驱动力，汽车能够在起步、变速及爬坡等工况下正常行驶，并具有良好的动力性和经济性。

传动系统的组成因驱动形式和发动机（或电机）安装位置而异。驱动形式是指发动机（或电机）布置方法及驱动轮的数量、布置的形式。

1. 纯电动汽车的传动系统

（1）分类

根据驱动系统的组成和布置形式，纯电动汽车分为机械传动型、无变速器型、无差速器型及电动轮型四种。

① 机械传动型纯电动汽车

机械传动型纯电动汽车的结构，如图 1-1（a）所示。它是以燃油汽车发动机前置、后轮驱动的结构为基础发展而来的，保留了内燃机汽车的传动系统的布置方式，不同之处是将内燃机换成了电机。这种结构可以保证纯电动汽车的起动转矩及低速时的后备功率。对驱动电机要求低，所以，可选择功率较小的电机。

② 无变速器型纯电动汽车

无变速器型纯电动汽车的一种结构，如图 1-1（b）所示。该结构的最大特点是取消了离合器与变速器，采用固定速比减速器，通过控制电机来实现变速功能。这种结构的优点是机械传动装置的质量轻、体积小，但是对电机的要求比较高，不仅要求电机具有较高的起动转矩，而且要求具有较大的后备功率，以确保纯电动汽车的起步、爬坡、加速等动力性能。

无变速器型纯电动汽车的另外一种结构，如图 1-1（c）所示。这种结构和传统燃油汽车的发动机横向前置、前轮驱动的布置方式相似。它把电机、固定速比减速器以及差速器集成为一个整体，两根半轴连接驱动车轮。这种结构在小型电动汽车上应用非常普遍。

③ 无差速器型纯电动汽车

无差速器型纯电动汽车的结构，如图 1-1（d）所示。这种结构采用两台电机，通过固定速比减速器来分别驱动两个车轮，能够实现对每个电机转速的独立调节。所以，当汽车转向时，可以通过电机的电子控制系统控制两个车轮的差速，从而达到转向的目的。但是，这种结构的电机控制系统相对来说非常复杂。

④ 电动轮型纯电动汽车

电动轮型纯电动汽车的一种结构，如图 1-1（e）所示。这种结构将电机直接安装在驱动轮内（也称轮毂电机），可以进一步缩短电机至驱动轮之间的动力传递路径，减少能量在传动路径上的损失，但想要实现纯电动汽车的正常工作，还需添加一个减速比较大的行星齿轮减速器，将电机的转速降低至理想的车轮转速。

电动轮型纯电动汽车的另一种结构，如图 1-1（f）所示。这种结构将低速外转子电机的外转子直接安装在车轮的轮缘上，去掉了减速齿轮，所以电机和车辆的驱动车轮之间没有任何机械传动装置，无机械传动损失，能量传递效率高，空间利用率大。但是这种结构对于电机的性能要求较高，要求其具有很高的起动转矩以及较大的后备功率，以确保车辆可靠工作。

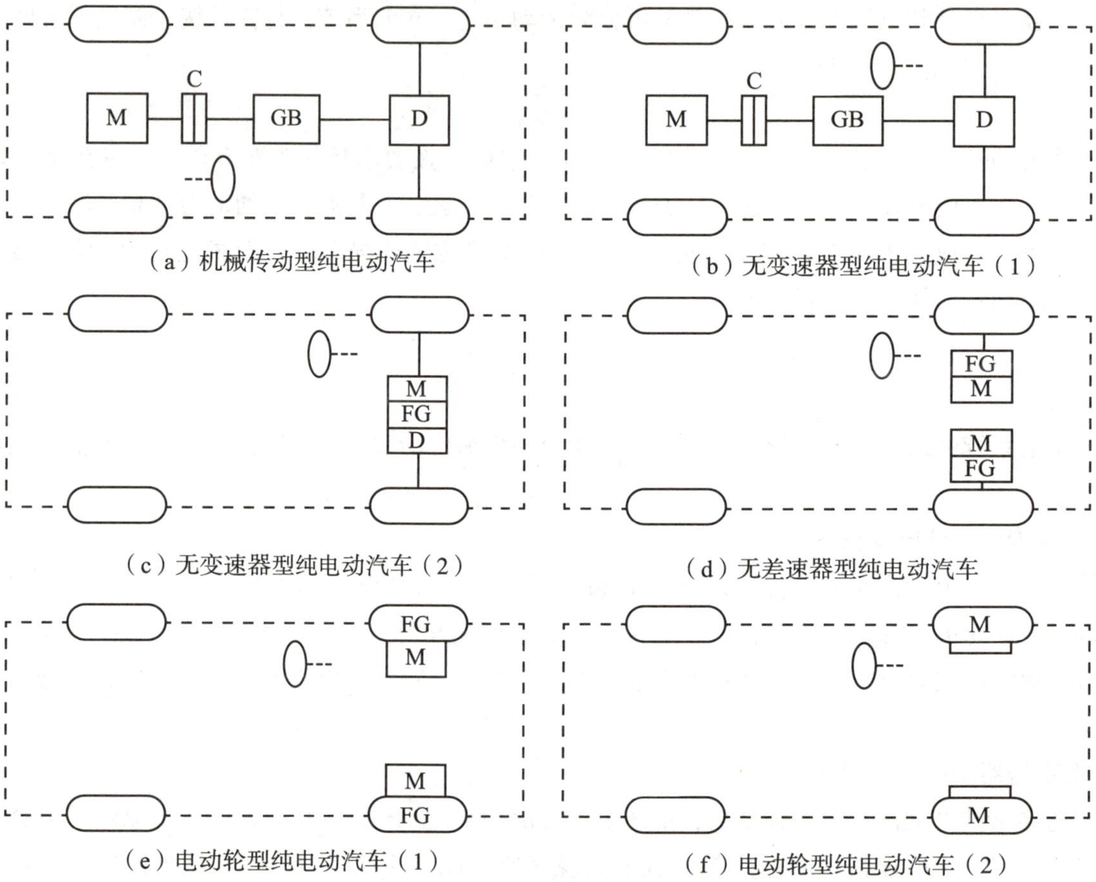

（a）机械传动型纯电动汽车　（b）无变速器型纯电动汽车（1）

（c）无变速器型纯电动汽车（2）　（d）无差速器型纯电动汽车

（e）电动轮型纯电动汽车（1）　（f）电动轮型纯电动汽车（2）

C-离合器；D-差速器；FG-固定速比减速器；GB-变速器；M-电机。

图 1-1　驱动系统的组成和布置形式

（2）驱动方式

纯电动汽车的驱动系统由驱动电机和驱动操纵系统共同组成，其结构形式不同，采用的驱动系统也不同。纯电动汽车的驱动系统有集中驱动方式和轮毂驱动方式两种。任何一种电机都可以与不同的传动系统组合成集中驱动方式或轮毂驱动方式，并组成不同形式系列化的纯电动汽车。

① 集中驱动方式

集中驱动方式纯电动汽车主要由电机、变速器和差速器等组成。它采用单电机驱动代替内燃机驱动，而其他都采用传统内燃机汽车零部件即结构不改变，故设计制造成本低，但传动效率低，一般用于小型电动车辆。按有无变速器它又可分为传统型和电机驱动桥型，而电机驱动桥型又可分为电机驱动桥组合型和电机驱动桥整体型两种。

传统型驱动系统主要由电机、变速器、差速器、半轴等组成。它用电机替代发动机，但仍然采用内燃机汽车的传动系统，包括离合器、变速器、传动轴和驱动桥等总成，结构复杂，效率低，不能充分发挥电机的性能。传统驱动模式有电机前置、驱动桥前置，电机前置、驱动桥后置等多种形式。其结构如图 1-2 所示。

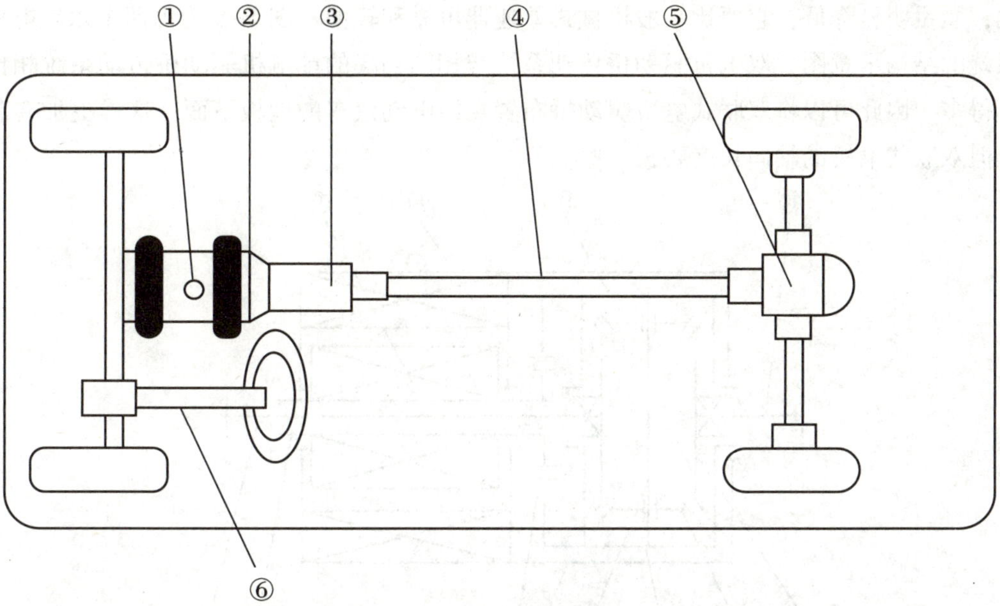

①-驱动电机；②-离合器；③-变速器；④-传动轴；⑤-差速器；⑥-转向装置。

图 1-2　传统型驱动方式示意图

电机驱动桥组合型驱动方式也称为"平行式电机-传动装置组合式驱动系统"。它是在电机输出端的外壳下部，安装减速器和差速器，动力经过左右两个半轴来驱动车轮，其结构如图 1-3 所示。这种平行式电机-传动装置组合式驱动系统结构紧凑，安装、使用和维护都十分方便。它有电机前置、驱动桥前置，电机后置、驱动桥后置等驱动模式。

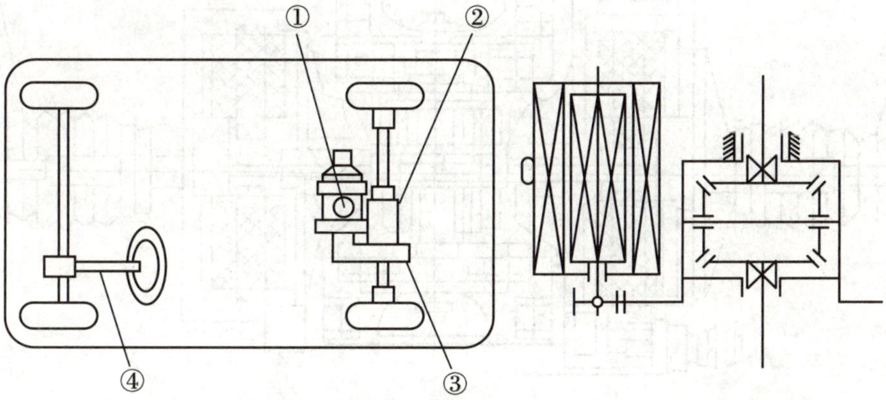

（a）布置图　　（b）传动原理示意图

①-驱动电机；②-差速器；③-减速器；④-转向装置图。

图 1-3　电机驱动桥组合型驱动方式示意图

电机驱动桥整体型驱动系统又可分为同轴式驱动系统和双联式驱动系统。同轴式驱动系统的电机是一种包含特殊的空心轴电机，在电机一端的外壳中安装传动装置的减速齿轮和差速齿轮。差速器带动左右两个半轴，其中右半轴是通过电机的空心轴与车轮相连，左半轴通过左端外壳与车轮相连，如图 1-4 所示。电机与传动装置组合成一个整体驱动桥，形成“机电一体化”的驱动桥的传动系统，使纯电动汽车的传动系统更加紧凑，非簧载质量大大减轻，有利于提高车辆的平顺性。双联式驱动系统取消了齿轮传动机构，完全实现“机电一体化”的传动方式。它由左、右两个永磁电机直接通过半轴带动车轮转动。左、右两个电机由中央控制器的电控差速模块控制，形成“机电一体化”的差速器，使驱动系统的结构简化，质量明显降低，它要比一般机械式差速器可靠和轻便。图 1-5 为由两个永磁电机组成的双电机驱动系统的结构示意图。双电机驱动桥传动系统与相同功率的单电机驱动桥传动系统相比较，电机的直径要小得多，因此可以将双联式电机驱动桥布置在纯电动汽车的地板下面，这样更加有利于车辆的整体布置。但双联式电机的轴向长度要长一些。

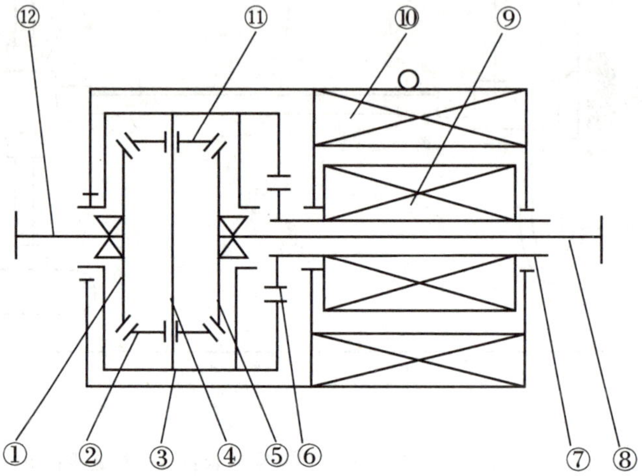

①，⑤-半轴齿轮；②，⑪-行星齿轮；③-差速器壳；④-行星轮盘架；⑥-减速齿轮；⑦-空心电机轴；⑧，⑫-半轴；⑨-电动机转子；⑩-电动机定子。

图 1-4　同轴式电动机传动装置组合式驱动桥

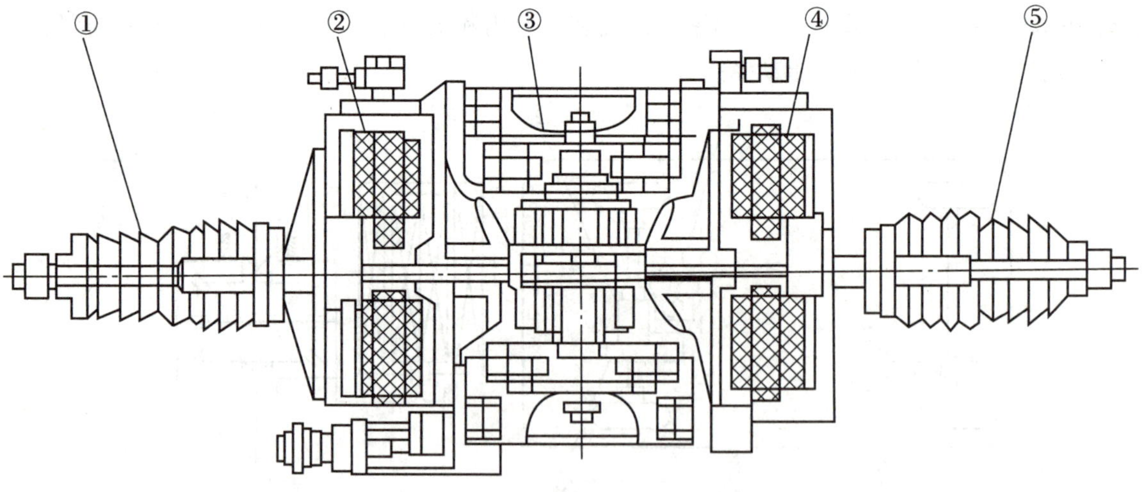

①-左半轴；②-左驱动电机；③-电控差速器；④-右驱动电机；⑤-右半轴。

图 1-5　双电机驱动系统的结构示意图

② 轮毂驱动方式

电动轮驱动系统可以布置在纯电动汽车的两个前轮、两个后轮或四个车轮的轮毂中，成为前轮驱动、后轮驱动或四轮驱动的纯电动汽车。

轮毂驱动方式有两种结构：一种是内定子外转子结构，其外转子直接安装在车轮的轮缘上，由于这种结构没有机械减速机构实现减速，因此通常要求电机为低速电机；另一种就是一般的内转子外定子结构，其转子作为输出轴与固定减速比的行星齿轮变速器的太阳轮相连，而车轮轮毂与其齿圈连接，这样能提供较大的减速比，放大其输出转矩。两种结构的轮毂电机的结构示意图，如图 1-6 所示。

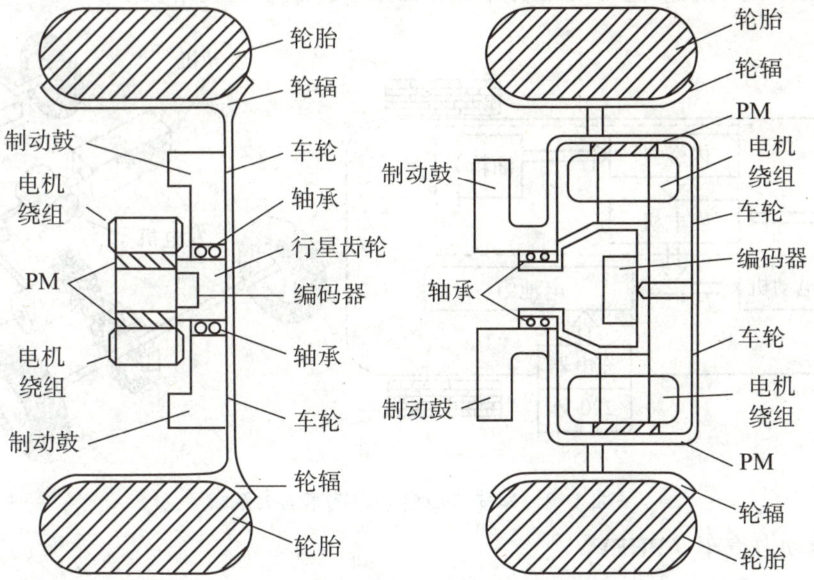

图 1-6 轮毂电机驱动系统的基本结构示意图

(3) 增程式纯电动汽车

增程式纯电动汽车是一种配有外接充电和车载供电功能的纯电动汽车（也有一种说法将其归类于混合动力汽车）。装载的电池满足日常行车的动力需要，当超出了电池电力供应范围时，其他动力源为电池组充电继续驱动车轮行驶。电池组可由地面充电桩或由车载发动机充电。整车运行模式可根据需要工作于纯电动模式和增程模式。

知识拓展

增程式纯电动汽车的工作模式与插电式混合动力汽车非常类似，两者都可以工作在纯电动模式下，电池组都具有外接充电方式和发动机充电方式。增程式纯电动汽车和插电式混合动力汽车的主要区别：混合动力汽车以内燃机为动力源行驶，电力只是补充，无法依靠纯电动行驶太远；而增程式纯电动汽车，动力来源都是电力，发动机作用只是为电池充电增加续航。

2. 混合动力汽车的传动系统

混合动力汽车传动系统组成可根据动力系统结构形式分类看出，相对于纯电动汽车，混合动力汽车传动系统增加了变速器，与传统内燃机汽车传动系统相差不大。混合动力汽车按不同的分类标准有多种类型。

(1) 按照动力系统结构形式分类

混合动力汽车根据动力系统结构形式分类可分为串联式、并联式、混联式和复合式四类。

① 串联式混合动力汽车（SHEV）

图 1-7 为串联式混合动力汽车动力系统结构。车辆的驱动力只来源于电动机，主要由发动机（内燃机）、发电机、电池组（带逆变器）、电动机、减速机构和驱动轮等组成。结构特点是发动机带动发电机发电，电能通过电动机控制器输送给电动机，由电动机驱动汽车行驶。另外，动力电池也可以单独向电动机提供电能驱动汽车行驶。这种混合动力系统在城市公交车上使用较多。

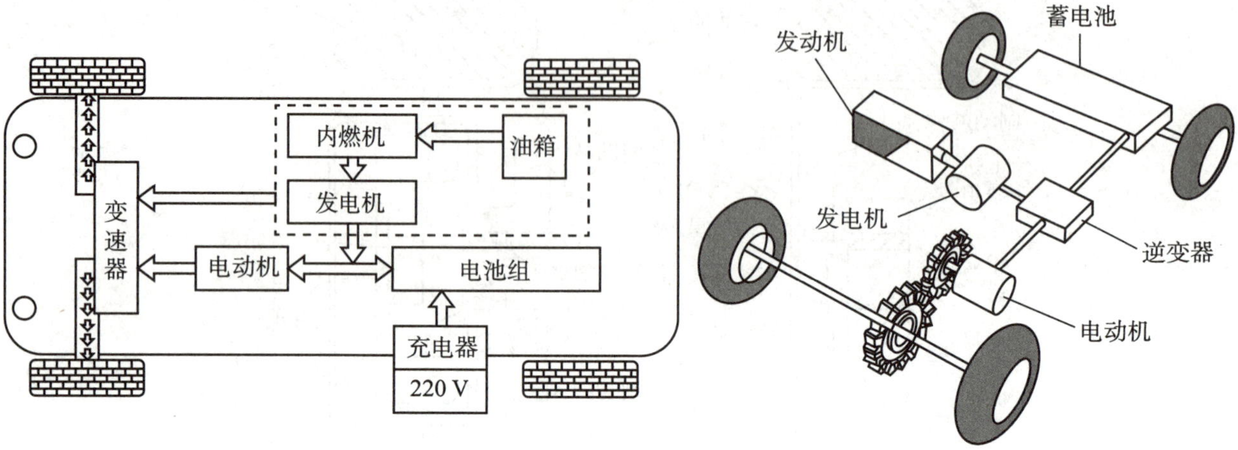

图 1-7 串联式混合动力汽车动力系统

② 并联式混合动力汽车（PHEV）

并联式混合动力汽车动力系统结构如图 1-8 所示，车辆的驱动力由电动机及发动机同时或单独供给，主要由发动机、电池组（带逆变器）、电动机/发电机、减速机构、变速器和驱动轮等组成。它的结构特点是可以单独使用发动机或电动机作为动力源，也可以同时使用电动机和发动机作为动力源驱动汽车行驶。

并联式混合动力系统结构简单，成本低，适用于多种行驶工况，尤其适用于复杂的路况，所以在轿车上应用较多。

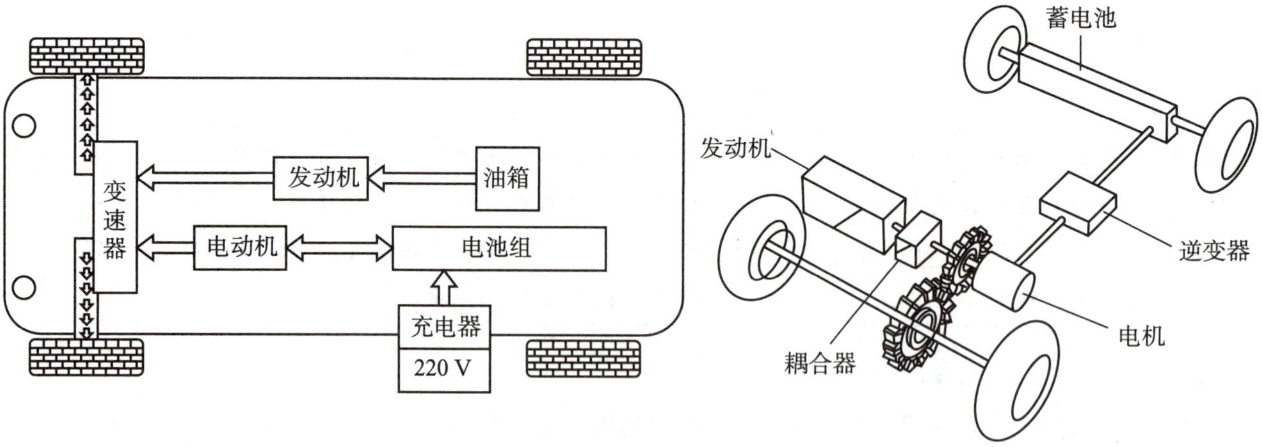

图 1-8 并联式混合动力汽车动力系统

③ 混联式混合动力汽车（CHEV）

混联式混合动力汽车同时具有串联式、并联式驱动方式，如图 1-9 所示。它的结构特点是可以在串联混合模式下工作，也可以在并联混合模式下工作，同时兼顾了串联式和并联式的特点。由于这种类型混合动力系统可以设计成用发动机驱动前轮，用电动机驱动后轮，所以适用于四轮驱动的车辆，目前在丰田普锐斯车型上应用较多。

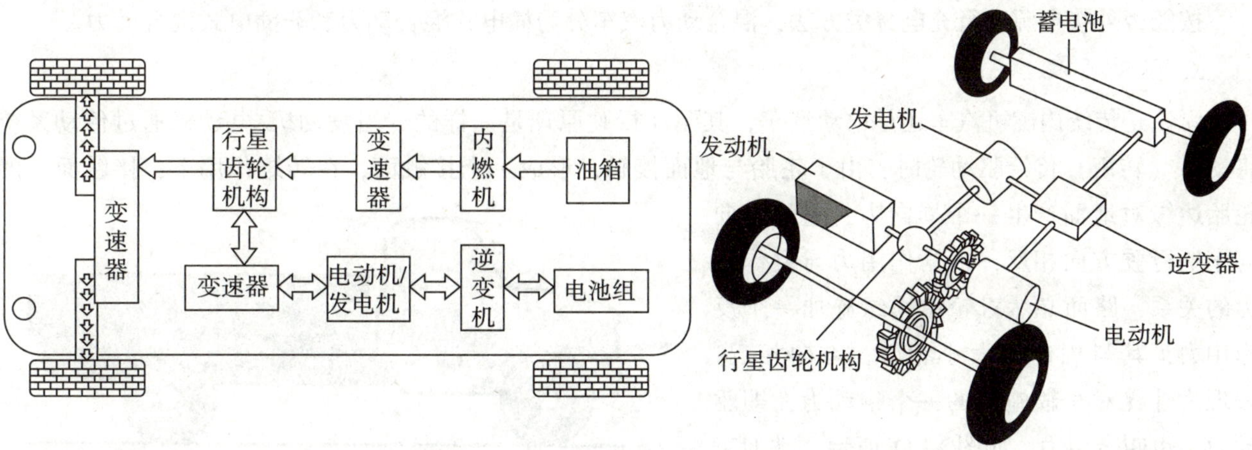

图 1–9　混联式混合动力汽车动力系统

④ 复合式混合动力汽车

复合式混合动力汽车结构更复杂，如图 1–10 所示。其结构似乎与混联式混合电动汽车相似，因为它们都有起发电机和电动机作用的电机，两者的主要区别在于复合式混合动力汽车中的电动机允许功率流双向流动，而混联式混合动力汽车中的发电机只允许功率流单向流动。双向流动的功率流可以有更多的运行模式，这对于采用三个驱动动力装置的复合式混合动力汽车而言是可能达到的。复合式混合动力汽车同样具有结构复杂、成本高的缺点。不过，现在有些新型的混合动力汽车也采用双轴驱动的复合式系统。

为了实现混联式以及复合式的混合驾驶模式，发动机与发电机/电动机之间以及电动机与变速器之间必须进行机械连接，其中的机械连接装置可以选择行星齿轮机构。

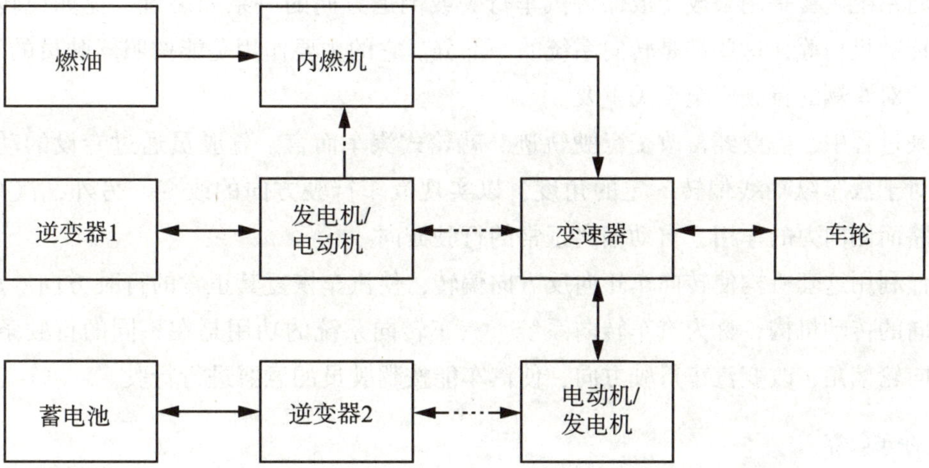

图 1–10　复合式混合动力汽车简化结构（两个虚线箭头只能有 1 个）

（2）按照混合度分类

目前，按照混合度的分类说法也比较流行。按照我国汽车行业标准中对混合动力汽车的分类和定义，将混合动力汽车按电动机峰值功率（电动机的瞬间最大功率）占发动机功率的百分比分为微混、轻混、中混和重混四种。

（3）按能否外接电源进行充电分类

按能否外接电源进行充电分类方法，混合动力汽车分为插电式混合动力和非插电式混合动力。

3. 驱动原理

无论是传统内燃机汽车还是电动汽车，其驱动行驶原理是一样的。当发动机/电动机通过传动系统将动力（转矩）传给驱动轮时，由于轮胎与地面接触，形成一个接触面，在转矩作用下，接触面上的轮胎边缘对地面产生一个周向力，它的方向与车辆行驶方向相反，根据作用力与反作用力的关系，路面必然对轮胎边缘施加一个反作用力，其与周向力大小相等，方向相反。表现为外界对车辆施加的一个推动力，即驱动力，也叫牵引力，如图 1-11 所示，类似于人用脚蹬地面行走或爬坡，牵引力最大值受驱动轮轮胎与地面的附着能力影响较大。当牵引力增大到能克服车辆静止状态的最大阻力时，汽车便开始运动。

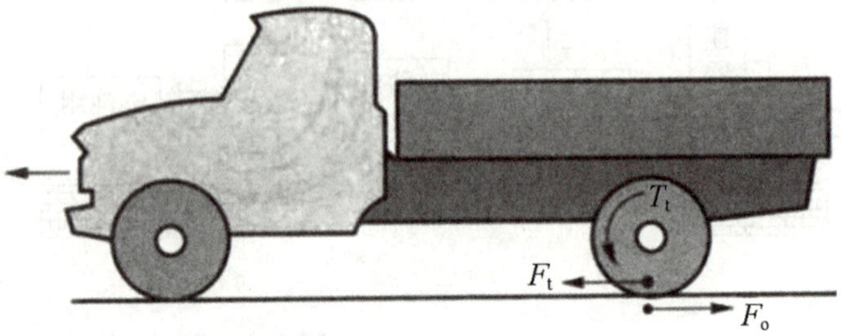

图 1-11　驱动力产生原理

车辆行驶中受到的阻力包括滚动阻力、加速阻力、坡度阻力、空气阻力。其中，滚动阻力和空气阻力始终作用于行驶的车辆上，坡度阻力和加速阻力仅在爬坡和加速状态下存在。

车辆的行驶情况取决于受力情况，其关系如下：当牵引力等于行驶总阻力时，车辆匀速行驶或处于静止状态；当牵引力大于行驶总阻力时，车辆加速行驶；当牵引力小于行驶总阻力时，车辆则减速行驶或无法起步。

二、转向系统

汽车的转向系统主要是用来改变或保持汽车行驶或倒退方向的一系列装置。比如说转向操纵机构、转向器、转向传动机构等，这些都是转向系统的一部分。它的主要作用是能按照驾驶员的意愿来控制车辆的行驶方向，对车辆的行驶安全至关重要。

汽车在行驶过程中，需要经常改变行驶轨迹。就轮式汽车而言，驾驶员通过专设的动力传递机构，驱动转向轮相对于汽车纵轴线偏转一定的角度，以实现汽车行驶方向的改变。另外，汽车在直线行驶时，由于受到路面侧向力的作用，自动偏离正常的行驶方向。

驾驶员同样利用这套机构使转向车轮向反方向偏转，使汽车恢复其正常的行驶方向。用来改变或恢复汽车行驶方向的传动机构，称为汽车转向系统。汽车转向系统的功用是在不同的行驶条件和速度下，控制汽车的转向轮偏角，改变汽车行驶方向，使汽车能按驾驶员的意愿进行行驶。

三、行驶系统

对于新能源汽车而言，其行驶系统与传统燃油汽车相比并没有明显的区别，保持着与传统汽车基本相同的结构和功能。两者主要的区别在于一些原本是油液控制的动态行驶系统，通过加入电气化的组件，不仅保持了原有的功能，而且通过完全电气化降低了二氧化碳排放量并提高了控制动态性。就驾驶感而言，这体现在耗油量降低、舒适性提高且运动驾驶感受增强。这正是新能源汽车发展的目标。

汽车的行驶系统是用来把汽车各个总成和部件连接成为一个合理的整体的机构的总称，其作用是支撑全车的质量，承受车辆运动时车轮与道路之间的冲突所产生的各种力和力矩，减缓路面对车辆的冲击和振动力，保证汽车的平稳行驶。行驶装置主要由车架、车桥、车轮、钢板弹簧、减震器等机件组成。

行驶系统的结构形式因行驶条件和车型的不同而有所差异。绝大多数的汽车采用轮式行驶系统。此外，还有履带式、水路两用式等。

轮式行驶系统一般由车架、车桥、车轮和悬架等组成，如图 1-12（a）所示。车轮安装在车桥上，车桥通过悬架与车架相连接。车架是全车的装配基础，它把汽车连成一个整体。

汽车行驶系统的受力情况如图 1-12（b）所示，在垂直方向上，汽车的总重力 G_a 通过前后车轮传到地面，引起地面垂直反力 F_{z1} 和 F_{z2}；在水平方向上，当后轮（驱动轮）受到驱动转矩 M_k 作用时，通过车轮与路面的附着作用产生向前的纵向反力——牵引力 F_t。牵引力除了用以克服驱动轮的滚动阻力外，其余大部分经过驱动桥壳和悬架传到车架，其中一部分用于克服空气阻力和上坡阻力，另一部分由车架经前悬架传到从动桥，作用在从动轮中心，使从动轮克服滚动阻力向前滚动，于是整个汽车便向前运动。

由于牵引力 F_t 是作用在轮缘上的，此力对驱动轮中心形成一个反力矩 $F_t r_k$，并力图使驱动桥壳前端向上抬起。这将导致万向传动装置中万向节卡死不能工作，甚至损坏。同时，牵引反力矩经后悬架传给车架，使车架连同整车前部都有向上抬起的趋势，由此导致了前轮上的垂直载荷减少而后轮上的垂直载荷增加。

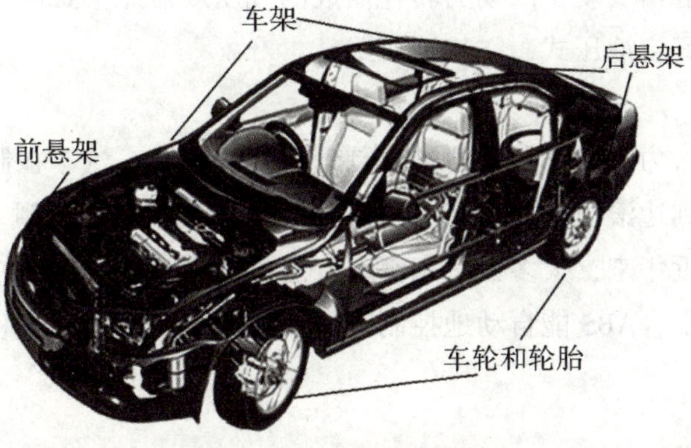

（a）汽车行驶系统的组成

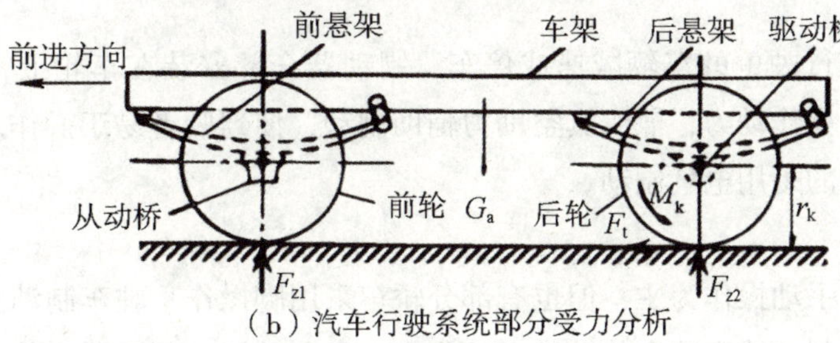

（b）汽车行驶系统部分受力分析

图 1-12　汽车行驶系统组成及部分受力分析

同理，汽车制动时，制动力与驱动力方向相反，其作用结果恰好反之。汽车在弯道上或横向坡道上行驶时，车轮与路面之间将产生侧向力，此力也是由行驶系统承受和传递的。

综上所述，路面作用于车轮上的所有外力都必须通过行驶系统的零部件传给车架，使汽车行驶、制动或转向。同时，这些力和力矩又使车架和车桥等基础件产生变形、裂纹、连接件松动及各总成相对位置改变。此外，这些力还会使配合副之间产生冲击和振动，出现噪声、密封件掉落等。

四、制动系统

汽车制动系统是汽车安全行驶的保障。在宽阔平坦和车流、人流量小的路况中，在保证安全行驶的前提下，汽车可以提高行驶速度，从而提高运输效率和经济效益；在进入弯道、路面不平、两车交会、遇到障碍物时，汽车要能在尽可能短的距离内降低车速或停车；在长下坡时，要求能将车速控制在安全范围内；对停驶的车辆、特别是在坡道上停驶的车辆，要保证驻留原地不动。因此，汽车上设置有驻车系统。

（一）制动系统的功用、分类与组成

1. 功用

汽车制动系统的功用是按照需要使汽车减速或在最短距离内停车；下坡行驶时保持车速稳定；使停驶的汽车可靠驻停。

2. 分类

（1）人力制动系统

人力制动系统是以驾驶员的施加于制动踏板或手柄上的力作为唯一制动能源的制动系统。人力制动系统分液压式和机械式两种，机械式仅用于驻车制动。

（2）动力制动系统

动力制动系统是完全靠由发动机的动力转化而成的气压或液压形式的势能进行制动的制动系统。动力制动系统分为气压式、真空液压式、空气液压式。

（3）伺服制动系统

伺服制动系统是兼用人力和发动机动力进行制动的制动系统。汽车在制动时不希望车轮制动到抱死滑移，而是希望车轮制动到边滚边滑的状态。由试验得知，汽车车轮的滑动率在15%~20%时轮胎与路面间有最大的附着系数。近年来，大多数汽车都装有防抱死制动系统（ABS），它是汽车制动系统的部件之一。在汽车制动过程中，ABS能自动地控制车轮在旋转方向上的滑移程度，维持最佳的制动力，减少交通事故的发生。

3. 组成

（1）行车制动系统

行车制动系统用于使行驶中的车辆减速或停车，制动器全部安装在车轮上，通常由驾驶员用脚操纵。它一般以液压为主要操作动力，兼有真空助力辅助制动，使驾驶者易于操作。大型卡车、客车则以压缩空气制动为主，也有的采用电气制动。

（2）驻车制动系统

它一般为机械式，以手动操作为主，但也有部分轿车采用脚操作。驻车制动主要用于使停驶的车驻留原地，防止车辆滑溜。制动器安装在传动轴上的称为中央制动器；制动器安装在后轮上的称为复合式制动器。在行车制动装置失效或在坡道上起步时，可临时用驻车制动装置。

（3）应急制动、安全制动和辅助制动系统

应急制动装置就是用独立的管路控制车轮制动器作为备用系统，其作用是在行车制动装置失效的情况下保证汽车仍能实现减速或停车。安全制动装置是当制动气压不足时起制动作用的，使车辆无法行驶。辅助制动装置是为了下长坡时减轻行车制动器的磨损而设，其中利用发动机排气制动应用最广。

汽车上设置有彼此独立的制动系统，它们起作用的时刻不同，但它们的组成却是相似的，主要由制

动器和传动机构组成。它们一般由以下 4 个部分组成。

① 供能装置：包括供给、调节制动所需能量及改善传能介质状态的各种部件，如气压制动系统中的空气压缩机、液压制动系统中的人力脚踏板等。

② 控制装置：包括产生制动动作和控制制动效果的各种部件，如制动踏板等。

③ 传动装置：将驾驶员或其他动力源的作用力传到制动器，同时控制制动器的工作，从而获得所需的制动力矩。它包括将制动能量传输到制动器的各个部件，如制动主缸、制动轮缸等。

④ 制动器：产生阻碍车辆运动或运动趋势的力的部件。比较完善的制动系统应具有制动力调节装置、报警装置、压力保护装置或防抱死装置等附加机构。

（二）制动装置的基本结构与作用原理

以一定速度行驶的汽车具有一定的动能，要使它按需减速停车，路面必须强制地对汽车车轮产生一个阻止汽车行驶的力——制动力，这个力的方向与汽车行驶的方向相反。实质上，制动就是将汽车的动能强制地转化成其他形式的能量，通常转化为热能，扩散于大气中。

1. 基本结构

如图 1-13 所示为行车制动装置是由车轮制动器和液压传动结构两部分组成的。车轮制动器由旋转部分、固定部分和张开机构所组成。旋转部分是制动鼓，它固定于轮毂上和车轮一起旋转。固定部分是制动蹄和制动底板等。制动蹄上铆有摩擦片，蹄的下端松套在支承销上，支承销固定在制动底板上，上端用回位弹簧拉紧，压靠在轮缸活塞上。制动底板用螺栓与转向节凸缘（前轮）或桥壳凸缘（后轮）固定在一起。制动蹄通过液压轮缸油压的压力推动轮缸活塞使制动蹄张开，或用凸轮的张开机构来促动。

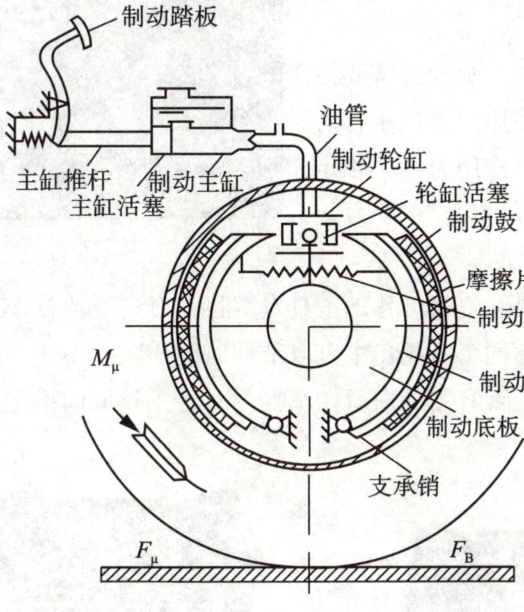

图 1-13　行车制动装置组成

2. 制动作用的产生

不制动时，制动鼓的内圆柱面与摩擦片之间保留一定间隙，制动鼓可以随车轮一起旋转。制动时，踩下制动踏板，推杆便推动主缸活塞，迫使制动油经油管进入制动轮缸，推动轮缸活塞使制动蹄张开，与制动鼓全面贴合压紧。此时，不旋转的摩擦片对旋转的制动鼓将产生一个摩擦力矩，其方向与车轮旋转方向相反，大小决定于轮缸的张力、摩擦系数和制动鼓及制动蹄的尺寸。制动鼓将该力矩传到车轮后，由于车轮与路面间有附着作用，车轮即对路面作用一个向前的圆周力 F_{μ}。与此相反，路面会给车轮一个向后的反作用力，方向与汽车行驶方向相反，这个力就是车轮受到的制动力 F_B。各轮上制动力的和是汽车受到的总制动力。制动力由车轮经车桥和悬架传给车架及车身，迫使整个汽车产生一定的减速度，甚至停车。

任务三　新能源汽车底盘检修工具

磨损或损坏的工具不仅会降低工作效率，或者导致无法完工，甚至会导致零件损坏或维修车间员工受伤。为尽可能降低事故危险，必须确保工具完好无损。裂刃的螺丝刀、开口扩大的开口扳手、钳口槽磨损的钳子、锤柄松动、螺丝刀和锉刀手柄开裂都很可能造成事故。

使用合适且匹配的工具可以避免损坏和事故，必须立即按照专业要求修理或更换损坏的工具。

一、通用工具

通用工具分为标准工具和专用工具。标准工具可以用于很多类似的工作，如常见的防护工具、普通的工具车。专用工具用于能够轻松、短时或专门执行的特定工作，其中大多数只用于特定车辆类型或特定工作系列。

扭矩扳手是一个例外，如图 1-14 所示，需要按规定力矩拧紧螺栓连接件时，必须使用扭矩扳手，必须小心操作扭矩扳手并在使用后解除作用力，必须定期检查扭矩扳手，从而确保设定力矩与实际力矩相同。

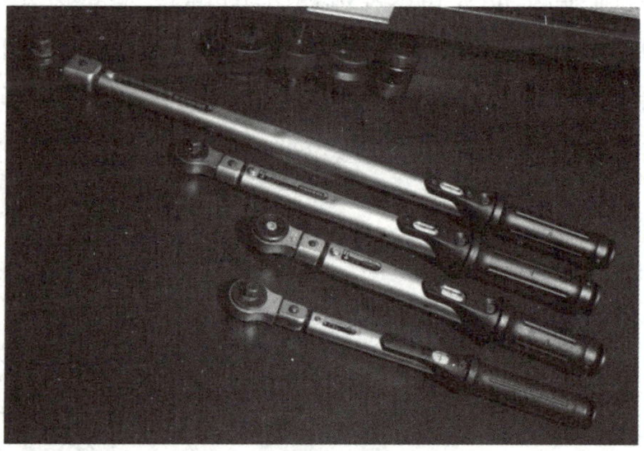

图 1-14　扭矩扳手

为了能够随手取用最重要的工具，提供可移动工具车（图 1-15），维修车间内的工作要求必须携带工具到车辆处。将工具整齐放置在不同工具托盘中可以节约时间、减少不便，此外也可以更快找到所需工具，而且便于在完成维修后发现是否有工具遗留在车辆内。将工具放回指定工具托盘内之前，应对工具进行清洁。

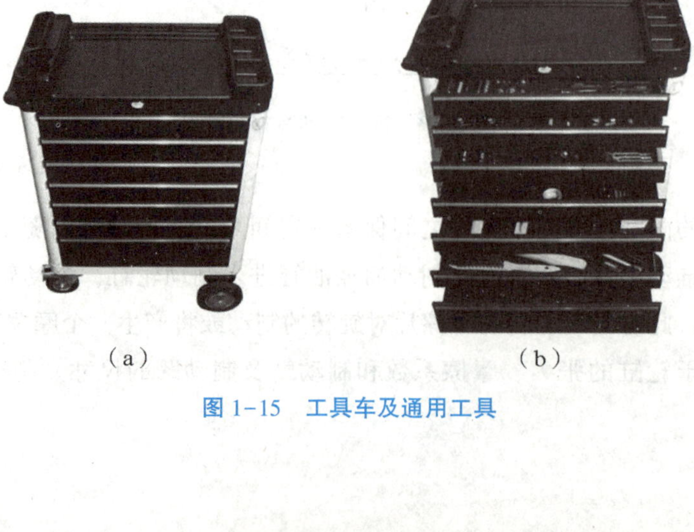

（a）　　（b）

图 1-15　工具车及通用工具

二、通用量具

1. 钢直尺

钢直尺是最基本的测量工具，是用薄钢板制成的，它一般用于精度要求不高的测量，可以直接测量出工件的尺寸。钢尺一般有钢直尺、钢卷尺等。

提示：在所有的测量工具中，钢直尺的精确度最差。

使用钢直尺时，要以端边的“0”刻线作为测量基准。这样，在测量时不仅容易找到测量基准，而且便于读数和计数。最好的方式是用拇指将钢直尺按住，使其贴靠在工件上，如图 1-16 所示。读数时，视线必须与尺面垂直，以免读数产生误差；被测平面要平，否则测出的数不是被测件的实际尺寸。

图 1-16　钢直尺的使用

2. 厚薄规

厚薄规又称塞尺或间隙片，是一组淬硬的钢条或刀片。这些淬硬的钢条或刀片被研磨或滚压成精确的厚度，它们通常都是成套供应，如图 1-17 所示。在汽车维修工作中，厚薄规主要用于测量气门间隙、触点间隙和一些接触面的平直度等。

每条钢片标出了厚度（单位为 mm），它们可以单独使用，也可以将两片或多片组合在一起使用，以便获得所要求的厚度，最薄的一片可以达到 0.02 mm。常用厚薄规长度有 50 mm、100 mm 和 200 mm 三种。

(a)

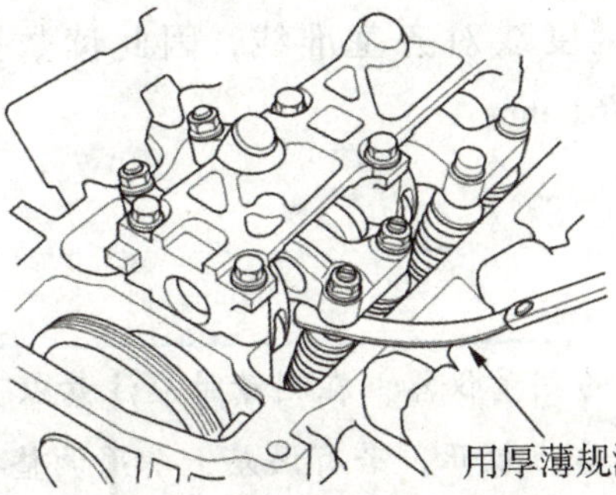

(b)

图 1-17　厚薄规及使用

使用厚薄规测量时，应根据间隙的大小，先用较薄片试插，逐步加厚，可以一片或数片重叠在一起插入间隙，插入深度应在 20 mm 左右。

测量时，必须平整插入，松紧适度，所插入的钢片厚度即为间隙尺寸。严禁将钢片用大力强硬插入缝隙测量。插入时应特别注意前端，不要用力过猛，否则容易折损或弯曲厚薄规。

3. 千分尺

千分尺也称为螺旋测微器，是利用螺纹节距来测量长度的精密测量仪器，是一种用于测量加工精度要求较高零部件的工具。汽车维修工作中一般使用可以测至 1/100 mm 的千分尺，其测量精度可达到 0.01 mm。

外径千分尺是用于外径宽度测量的千分尺，测量范围一般为 0~25 mm。根据所测零部件外径粗细，可选用测量范围为 0~25 mm、25~50 mm、50~75 mm、75~100 mm 等多种规格的千分尺。

外径千分尺的构造如图 1-18 所示，主要由测砧、测微螺杆、尺架、固定套筒、套管、棘轮旋钮及锁紧装置等部件组成。

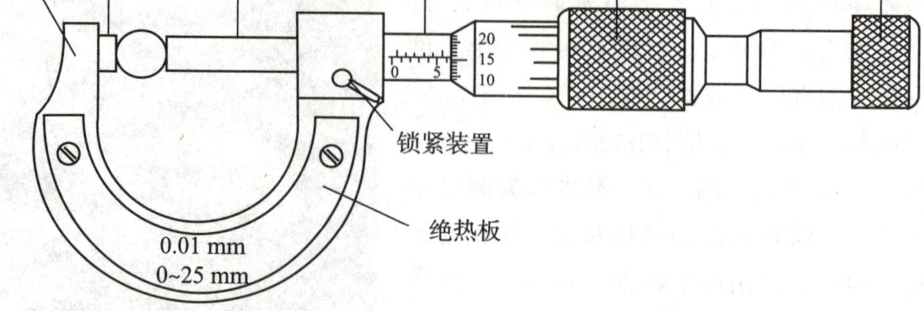

图 1-18　千分尺构造

固定套筒上刻有刻度，测轴每转动一周即可沿轴方向前进或后退 0.5 mm。活动套管的外圆上刻有 50 等份的刻度，在读数时每等份为 0.01 mm。

棘轮旋钮的作用是保证测轴的测定压力，当测定压力达到一定值时，限荷棘轮即会空转。如果测定压力不固定则无法测得正确尺寸。

套筒刻度可以精确到 0.5 mm（可以读至 0.5 mm），由此以下的刻度则要根据套筒基准线和套管刻度的对齐线来读取读数。如图 1-19 所示，套筒上的读数为 6.5 mm，套管上 0.261 mm 的刻度线对齐基准线，因此读数是 6.5 mm+0.261mm=6.761 mm。

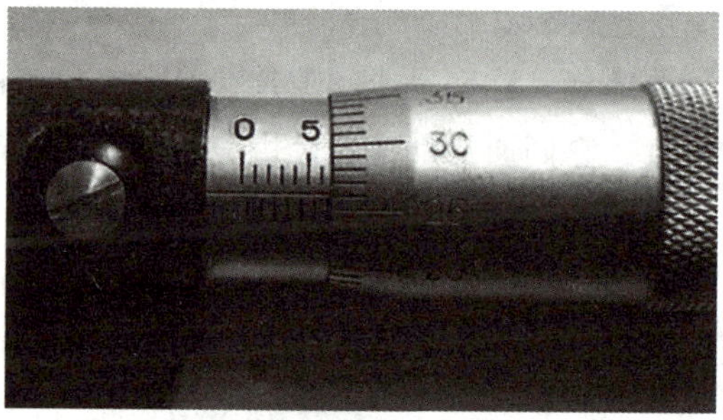

图 1-19　千分尺使用及读数

知识拓展

千分尺属于精密的测量仪器，在测量时应注意以下事项。

(1) 使用前确保零点校正，若有误差，请用调整扳手调整或用测定值减去误差。

(2) 被测部位及千分尺必须保持清洁，若有油污或灰尘，须立即擦拭干净。

(3) 测量时请将被测面轻轻顶住砧子，转动限荷棘轮及套筒，使测轴前进。

(4) 测量时尽可能握住千分尺的弓架部分，同时要注意不可碰及砧子。

(5) 旋转后端限荷棘轮，使两个砧端夹住被测部件，然后再旋转限荷棘轮一圈左右。当听到发出两三响“咔咔”声后，就会产生适当的测定压力。

(6) 为防止因视差而产生误读，最好让眼睛视线与基准线成直角后再读取读数。

4. 游标卡尺

游标卡尺又称四用游标卡尺，简称卡尺，是由刻度尺和卡尺制造而成的精密测量仪器，能够正确且简单地从事长度、外径、内径及深度的测量。在汽车维修工作中，0.02 mm 精度的游标卡尺使用最多。

游标卡尺根据最小刻度的不同分为 0.05 mm 和 0.02 mm 两种。

常用的游标卡尺的测量范围是 0~150 mm，应根据所测零部件的精度要求选用合适规格的游标卡尺。

游标卡尺主要由一个带有刻度杆的固定量爪和一个滑动量爪（包括外量爪和内量爪）组成。尺身上刻有主刻度线，滑动爪上刻有游标刻度，如图 1-20（a）所示。

游标刻度是将 49 mm 平均分为 50 等份。主刻度尺是以毫米来划分刻度的，将 1 cm 平均分为 10 个刻度，在厘米刻度线上标有数字 1、2、3 等，表示为 1 cm、2 cm、3 cm 等。游标卡尺主刻度尺和游标刻度尺每个刻度差是 0.02 mm，这就是此游标刻度尺的测量精度。

提示：主刻度尺每个刻度为 1 mm，游标刻度尺每个刻度为 49 mm/50 = 0.98 mm，所以主刻度尺和游标刻度尺每一刻度尺差为 0.02 mm。

读数时，首先读出游标零线左边与主刻度尺身相邻的第一条刻线的整毫米数，即测得尺寸的整数值，如图 1-20（b）所示，读数为 14.00 mm。

再读出游标尺上与主刻度尺刻度线对齐的那一条刻度线所表示的数值，即为测量值的小数，如图 1-20（c）所示，读数为 0.6 mm。把从尺身上读得的整毫米数和从游标尺上读得的毫米小数加起来即为测得的实际尺寸：14 mm+0.1 mm×6 = 14 mm+0.6 mm = 14.6 mm 。

提示：6 为游标刻度尺上从左边数共 6 个格。

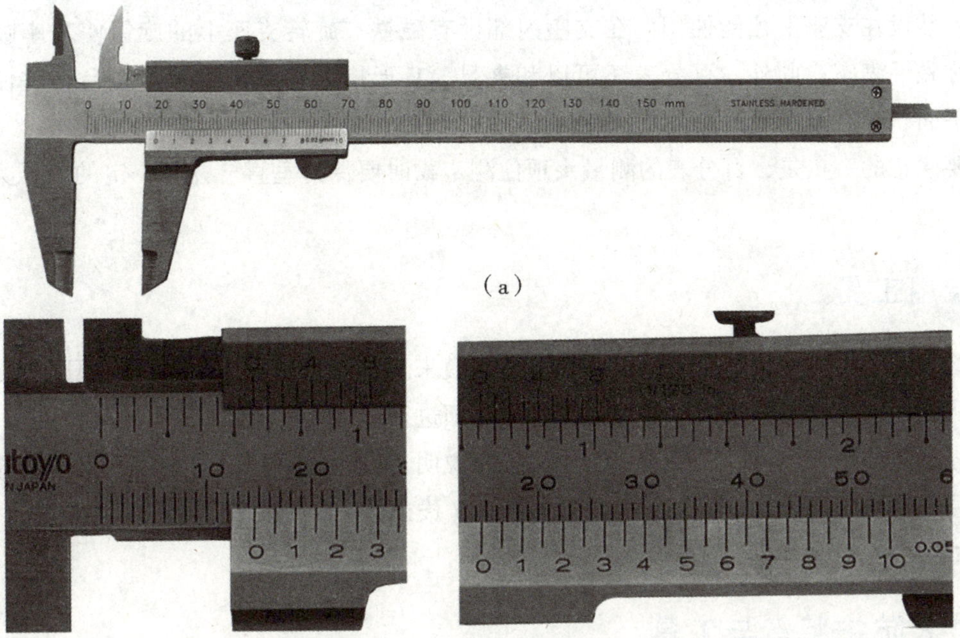

（a）　（b）　（c）

图 1-20　游标卡尺及读数

5. 百分表

百分表利用指针和刻度将心轴移动量放大来表示测量尺寸，主要用于测量工件的尺寸误差以及配合间隙，如图 1-21 所示。

百分表主要是由尺条和小齿轮装配而成的，其工作原理是：利用尺条和小齿轮将心轴的移动量放大，再由指针的转动来读取测定数值。图 1-21 为百分表的内部结构及原理示意图。

测量头和心轴的移动量带动第一小齿轮转动，再利用同轴上的作动齿轮传递给第二小齿轮转动，于是装置在第二小齿轮上的指针即能放大心轴的移动量显示在刻度盘上。而由于长针每一个回转相当于 1 mm 的移动量，将刻度盘分刻 100 等份，所以测定的移动量可精确到 1/100 mm。

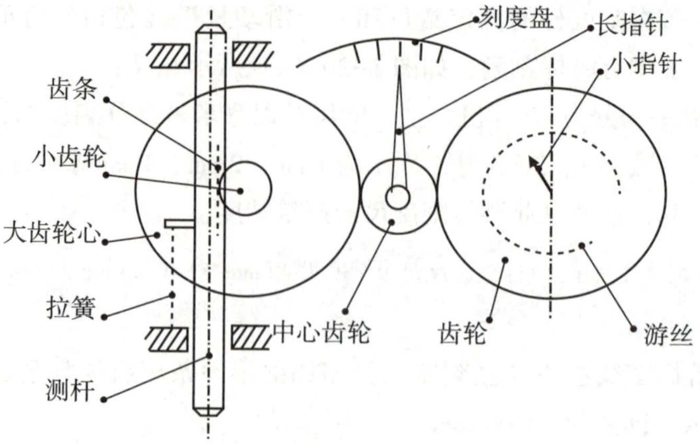

图 1-21　百分表结构

百分表表盘刻度分为 100 格，当测量头每移动 0.01 mm 时，大指针偏转 1 格；当测量头每移动 1.0 mm 时，大指针偏转 1 周。小指针偏转 1 格相当于 1 mm。

提示：百分表的表盘是可以转动的。

百分表要装设在支座上才能使用，在支座内部设有磁铁，旋转支座上的旋钮使表座吸附在工具台上，因而又称磁性表座。此外，百分表还可以和夹具、V 形槽、检测平板和顶心台合并使用，从事弯曲、振动及平面状态的测定或检查。

测定时要注意的一点是，百分表的测量头顶住测定物时要保持垂直，并有一定的预压力，否则无法正确测定。

三、专用工具

不常用的专用工具通常集中存放，根据经销商规模来配置工具库房或工具柜。原则上必须在工作完成后立即将从此处取出的工具送回原处，在此之前必须进行清洁。

通过维修车间信息系统可以调出相应工作的维修说明。在每个维修说明中都列出了需要哪种专用工具。每个专用工具都分配了一个编号，如“230210”（拔出器）。在该专用工具编号的数据下可以找到存放位置（如 A12）以及其他备注。

四、个人防护装备与工具

1. 头部防护

出于安全考虑，最好将长发用发网盘起。很多汽车售后服务中心，为车间维修技师配发安全帽，对头发进行防护；而新能源汽车服务中心给维修技师配备安全头盔，其目的是在车辆维护、维修中对头部进行保护。

2. 眼部防护

处理酸性或碱性物质时以及在有电火花和碎片四处飞溅的地方，必须使用防护眼镜，如图 1-22 所示。进行气焊和气割时，也必须使用防护眼镜。进行电弧焊接时，需要使用带有相应视窗的防护面罩。

3. 呼吸防护

进行喷漆工作时，必须佩戴合适的呼吸防护装备，如图 1-23 所示的是一次性防护半面罩。重要的是注意微粒过滤防护半面罩的使用时间和储存期限。超过储存时间后，必须废弃处理未使用的过滤器。油漆成分决定了选择哪种过滤器。呼吸防护装置是进行长时间喷漆工作的理想选择。

图 1-22　护目镜

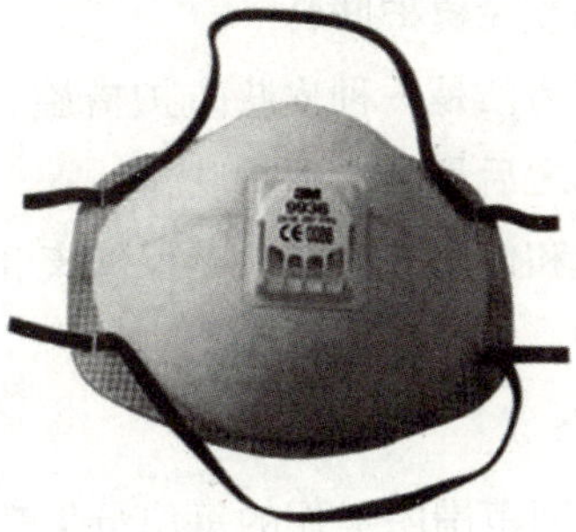

图 1-23　呼吸防护

4. 工作服

根据工作类型配备相应的工作服。该工作服必须具有理想的抗静电能力。如果经常从事焊接工作，使用防护服或皮围裙，如图 1-24 所示，可以抵抗与火焰的短时间接触。该防护服对金属飞溅物和火焰的防护十分有效，还可对焊接时产生的紫外线进行防护且对电流有一定的绝缘能力。进行喷漆工作时，可使用带有一体式头罩的防护服或化学物品防护服。

重要的是选择相应防护服并妥善对待。因为只有对防护服悉心养护的人，才能获得最佳穿着效果以及预期防护功能。

5. 手部防护

发生事故时涉及最多的是手部，处理酸性、碱性和其他液体时，建议佩戴防水型防护手套。进行焊接工作时也需要使用手部防护装备，手部防护装备可进行烧伤和紫外线防护。进行手工搬运工作时，皮手套可防止手部擦伤、开裂和刺伤，并提高抓握和操作的舒适性，图 1-25 为防护手套。

使用切削加工设备例如台式钻床、车床和铣床时，不允许佩戴防护手套。操作这些机器时，旋转部件可能会卷住防护手套。

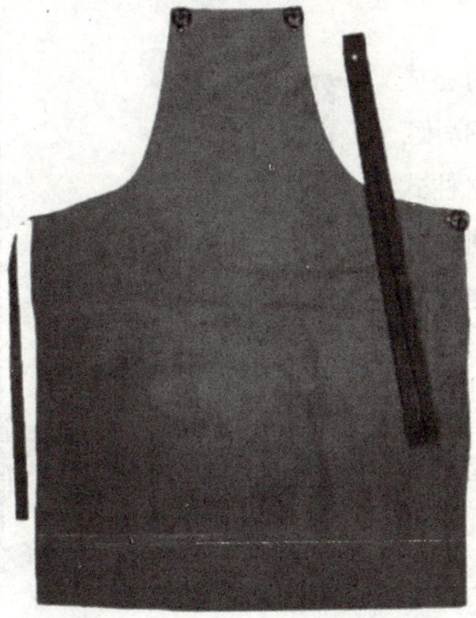

图 1-24　皮围裙

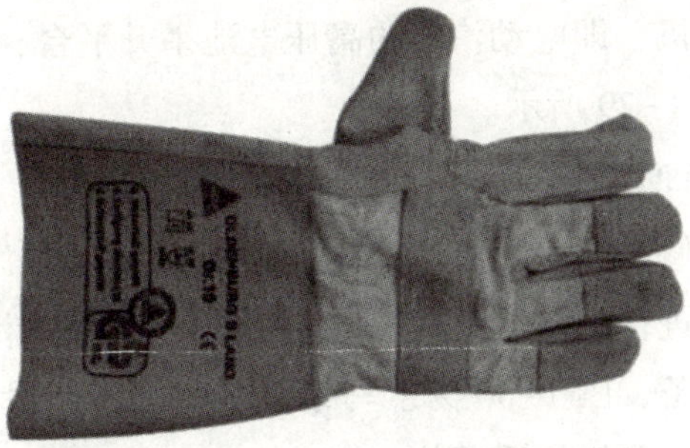

图 1-25　防护手套

6. 皮肤防护

最好的皮肤防护就是在进行相应工作时佩戴合适的手套。但是无法始终做到这一点。因此工作开始前，原则上必须涂覆护肤膏。

进行皮肤清洁是一种皮肤防护措施，不应使用“强刺激性”清洗剂清洁皮肤。必须彻底冲洗皮肤上的清洗剂，之后最好涂覆护肤膏。

正确选择和使用护肤膏以确保健康和舒适。根据具体护肤膏，保护作用只持续约 4 h。必须定期清洁脏污的皮肤，之后涂覆护肤膏。

7. 脚部防护

在维修车间范围内工作的每位员工都应穿上安全鞋（图 1-26）。这些安全鞋带有脚趾保护罩且能抗静电。相应工作鞋还带有耐汽油和耐机油的鞋底。这种鞋底可以降低滑倒的危险。

8. 噪声防护

经过相关部门的官方试验，从大约 85 dB 起，持续噪声可能会导致无法治愈的听觉不灵。道路交通产生的噪声级约为 75 dB，维修车间里压缩空气锤的噪声为 100~105 dB。从约 90 dB 起必须佩戴耳部防护装备，既可使用隔音耳塞也可使用头戴式隔音耳罩（图 1-27）。需要佩戴噪声防护装备的区域必须通过相应指示标志做出标记。

图 1-26　脚部防护

（a）头戴式隔音耳塞　（b）头戴式隔音耳罩

图 1-27　噪声防护

五、维修车间装备

1. 举升机

汽车举升机的作用是在汽车维修过程中举升汽车。操作时，先将汽车开到举升机工位，通过人工操作可使汽车举升一定的高度，便于进行车底盘的维修保养工作。常见维修用汽车举升机有立柱式举升机（图 1-28）和剪式举升机。电动汽车维修中还会用到动力电池举升机，即电动汽车的高压电池举升平台，用于动力电池的拆装，如图 1-29 所示。

2. 车间诊断设备

在维修车间，随着计算机信息技术的发展，车间信息系统和诊断系统都进行网络化、程序化、在线化，所以计算机是车间最常见的诊断设备，图 1-30 为宝马维修车间的诊断设备，该系统集成了诊断、测量和维修手册的功能。

图 1-28　立柱式举升机

图 1-29　高压电池举升平台

图 1-30　宝马维修车间的诊断设备

六、高压电维修特殊工具

新能源汽车的维修，特别是高电压的电动汽车，会影响维修技师的人身安全，所以高压电汽车的维修，有一些特殊的维修工具，目的是保障维修技师的人身安全。维修新能源汽车常用到的高压防护工具如表 1-1 所示，使用时一定要检查安全防护等级是否符合要求，以及绝缘防护功能是否有效。

表 1-1　高压防护工具

工具名称	设备作用	实物图片
绝缘手套	处理绝缘保护损坏的模块时内层保护	
车辆状态标签	标记车辆带电状态	
高压隔离墩及截至带	用于隔离高压操作工位	
高压警示锥筒	对高压危险部件警示	
急救绝缘钩	触电发生时紧急救援	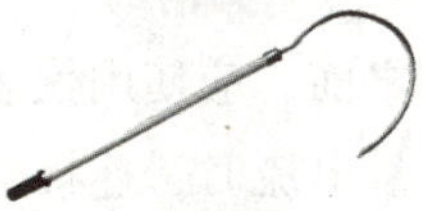
灭火器	出现火烧时紧急灭火	

此外，新能源汽车在进行常规维护时，会使用到如下几个特殊的高压电设备，规范正确地使用这些设备，不仅能顺利完成车辆的维护工作，而且能保证车辆的安全，保护操作人员不受高压电的危险。

1. 两极电压测试仪

两极电压测试仪是作为测量仪、测量装置、非指示性量具和校准器的仪器。所以两级电压测试仪是用来测试高压部件是否带电、是否导通的仪器。如图 1-31 所示，两极电压测试仪是每个电工的必备工具，它也是符合职业安全标准，并确保隔绝电压的唯一一种测试仪器。虽然电压测试仪价格不便宜，但它在任何条件下都可以持续使用许多年，这足以证明其高性价比。因此两极测试仪具有多功能、坚固耐用、测量范围广、符合人体工程学等特点，并且还具备很多实用、额外的功能。

图 1-31　两极电压测试仪

创新的两极电压测试仪具有广泛的性能范围和实用的单手操作功能。它可以在没有手指接触的情况下进行测试，并且由于具有比较高的安全等级，CATIV1000V 也可以用于混合动力和电动车辆以及光伏装置的测量。两极电压测试仪优势如下。

（1）比较高的安全等级 CATIV1000V。

（2）大型照明液晶显示器。

（3）电压指示高达 1 000 V AC 和 1 400 V DC。

（4）电阻测量高达 1 999 kΩ。

（5）频率指示高达 500 Hz。

2. 高压数字万用表

绝缘万用表是电动汽车维护中不可或缺的电气测量仪表，可用于测量或测试 AC/DC（交流/直流）电压和电流、电阻、电容、二极管等电量参数，高压数字万用表，如图 1-32 所示。使用高压数字万用表时，请阅读万用表说明书，另外如选择合适量程、正确挡位和合理连接表笔等，以规范测量方法。

图 1-32　高压数字万用表

高压数字万用表是一台精密电子仪器，为避免电击及人员伤害，应在使用前阅读说明书中的“安全信息”和“警告及注意点”，此外还需要注意一些规范事项。

（1）如果仪表损坏，应勿使用。使用仪表之前，检查外壳，并特别检查接线端子旁的绝缘情况。

（2）检查表笔是否有损坏的绝缘或裸露的金属；检查表笔的通断；在使用之前，应更换损坏的表笔。

（3）使用之前，应使用仪表测量一个已知的电压来确认仪表是正常的。

（4）当测量电流时，连接仪表到电路之前，请关闭电路的电源。

（5）必须根据手册规定的方法使用仪表、维护仪表、保管仪表，否则仪表所提供的保护措施可能会失效。

（6）保持手指一直在表笔的挡板之后。

（7）为避免得到错误的读数而导致的电击危险或人员伤害，应在仪表指示低电压时，马上更换电池。

（8）测量前应检查按要求检查仪表适用的 CAT 等级。

3. 钳式电流表

钳式电流表又叫电流钳，是利用电流互感器原理制成的，分为指针式和数字式两种。它与普通的数字万用表相比具有高精度、大量程、更安全等显著优点，所以在新能源汽车上得以广泛使用。

钳式电流表使用方法：在检查和校零电流钳后，按紧扳手，使钳口张开，将被测导线放入钳口中央，然后松开扳手并使钳口闭合紧密，以确保读数准确；读数后，将钳口张开，将被测导线取出，将挡位置于电流最高挡或 OFF 挡。需要注意的是，不可同时钳住两根导线。钳式电流表，如图 1-33 所示。

4. 绝缘电阻测试仪

实时、定量地检测高压电气系统相对车辆底盘的电气绝缘性能，及时解决电动汽车绝缘故障，可以保证乘客安全、车辆电气设备正常工作和车辆安全运行。MS5205 绝缘电阻测试仪是一款多功能数字式电量多参数测量仪表，如图 1-34 所示。

绝缘电阻检测方法如下。

（1）将测试探头插入“+”和“-”输入端子。

（2）将旋钮转至“INSULATION”（绝缘）位置。当开关调至该位置时，仪表将起动电池负载检查。如果电池未通过测试，显示屏下部将出现电池图标和“bat”符号，提醒必须更换万用表电池。

（3）按“range”键选择电压。

（4）将探头与待测电路连接，仪表会自动检测电路是否通电。

（5）按住探头上“test”键开始测试，显示屏的下端出现“test”图标，同时显示屏会显示被测电路上所施加的测试电压，主显示位置显示高压符号并以 MΩ 或 GΩ 为单位显示绝缘电阻值。

图 1-33　钳式电流表

图 1-34　MS5205 绝缘电阻测试仪

思政链接

新能源汽车研发获得巨大突破。鉴于中国科技的快速发展，新能源汽车研发技术实现了新的提高。近些年来，中国在新能源技术应用上实现了极大的发展，从而对新能源汽车研发产生了非常大的便利。如今，运用相当广泛的氢氧燃料车就是运用氢氧化学反应所释放处理的化学能作为机动车的驱动力，不但节约了资源，还保护了环境，减少了空气的污染。

新能源汽车的研发资金充足。为更好地践行可持续发展之理念，国家积极支持新能源汽车的研发工作，专门出台了新能源汽车的财政补贴政策，还对新能源汽车上牌予以便利，从而较好地促进了消费者购置新能源汽车的需求。同时，国家的财政支持也促使新能源汽车生产商在新能源汽车研发上能够投入更大的人、财、物力，推动新能源汽车实现更好地推广与运用。

新能源汽车被大量运用。在国家政策的大力支持之下，大量消费者会倾向于购置新能源汽车。这是因为其对环境友好，污染比较小，已经得到了愈来愈多消费者的青睐。如今，已有越来越多的消费者用新能源汽车替换了自己的传统燃油汽车，使得空气污染状况得到了较大的改善。

课后练习

一、填空题

1. 底盘又可分为________、________、________、________四部分。

2. 传动系统的基本作用是将________的动力（转矩）按要求传递到驱动轮上，使地面对驱动轮产生________，汽车能够在起步、变速及爬坡等工况下正常行驶，并具有良好的________和________。

3. 汽车的转向系统主要是用来________或________汽车________或________方向的一系列装置。

4. 对于新能源汽车而言，其行驶系统与传统燃油汽车相比________，保持着与传统汽车基本一样的________和________。

5. 汽车制动系统的功用是按照需要使汽车________或________；下坡行驶时保持________；使停驶的汽车可靠驻停。

二、简答题

1. 新能源汽车底盘系统与传统汽车底盘系统有何区别？

2. 新能源汽车底盘各部分的作用是什么？

项目二 传动系统的认识与检修

项目概述

在传统燃油车中，传动系统用于传输和改变发动机转速和扭矩，同时将其传递到驱动轮上。根据驱动桥安装位置，传动系统可分为前轮驱动、后轮驱动和四轮驱动。对于传动系统的功能来说，新能源汽车与传统燃油车基本一致，而机构组件中最大的区别就是变速器部分。

一辆汽车的每个驱动机都在一定的转速范围内工作，空转速度和最高转速为其上限和下限。功率和扭矩并不是均匀提供的，最大值只在部分范围内可用。由于驱动机的转速变化会使扭矩发生变化，为了将发动机输出的转速与扭矩转变为实际中我们需要的转速与扭矩，也就是发动机输出功率与实际所需功率的良好匹配，因此变速器根据车辆的牵引力需要改变发动机扭矩和发动机转速，这样功率基本保持恒定。此外，在前进和倒车时变速器的旋转方向是不同的。由于新能源汽车驱动装置布置方式有多种，这些布置方式的不同，造成了底盘不同的变速器结构。本项目将以高端品牌宝马车型为例，介绍不同布置方式的变速器结构与原理。

学习目标

知识目标

◆能够掌握新能源汽车传动系统的分布方式。

◆能够理解新能源汽车传动系统的工作原理。

能力目标

◆能够区分串联式布置方式和并联式布置方式。

◆能够叙述自动变速箱的工作原理。

素质目标

◆通过学习，使学生提升科技创新能力、提高创新素质。

思政目标

◆培养学生传承技术发展的使命感与责任感。

任务工单

一、实训内容

1. 实训任务前的准备

① 对高电压车辆周围布置好明显的警示标识。

② 检查车辆，确保车辆无故障，主要是高压漏电类故障。

③ 制作高压标识，用于在实训过程中标识高压部件。

警示：未经教师允许，不得随意触动车辆！举升车辆期间，禁止车辆周围站立人员！

④ 识读电路图，查找相关部件位置。

2. 实训步骤

（1）检查变速驱动桥油位

变速驱动桥油不足或过量都会引起某些故障。将车辆停在平坦的路面上，要使用纯正的变速驱动桥油。

① 拆下加液口塞。

② 确保距加液口塞孔 0~5 mm 内有变速驱动桥油。行驶后，换油时重新检查变速驱动桥油位（变速驱动桥油量为 3.8 L）。

③ 如果油量较少，检查是否漏油。

④ 用新衬垫安装加液口塞。力矩为 39 N · m。

（2）检查机油泵油压

在机油正常工作温度 50~80 ℃下进行测试。

① 顶起车辆。

② 拆下机油泵罩塞并安装专用工具 SST。

③ 设置鼓风机开关为 HI。

④ 打开空调开关。

⑤ 踩下制动踏板，按下电源开关，起动发动机（起动混合动系统）。

⑥ 保持发动机转速为 1 200 r/min，测量油压。油压为 9.8 kPa 或更大。

⑦ 安装新 O 形圈和机油泵罩塞。力矩为 7.4 N · m。

（3）检查变速杆

① 混合动力系统起动时检查。

a. 将钥匙插进钥匙孔。

b. 将钥匙随身携带或将其插到钥匙孔里（车辆配有智能进入和起动系统）。

c. 踩下制动踏板的同时，打开电源开关（READY 灯亮）。

检查齿轮是否按照换挡操作模式变化。如果检查结果异常，则更换变速杆总成。

② 停止时，关闭电源开关。

③ 电源状态为 IG 时，检查所有电子组件工作状态，但不能起动混合动力系统。

a. 将钥匙插入钥匙孔。

b. 将钥匙随身携带或将其插到钥匙孔里（车辆配有智能进入和起动系统）。

④ 不踩制动踏板，打开电源开关一次。

a. 电源开关每按下一次，它将在 OFF、ACC 和 IG 之间切换。

b. 检查齿轮是否按照换挡操作模式变化。如果检查结果异常，则更换变速杆总成。

c. 电源状态为 IG 时，换挡操作模式如图 2-1 所示。

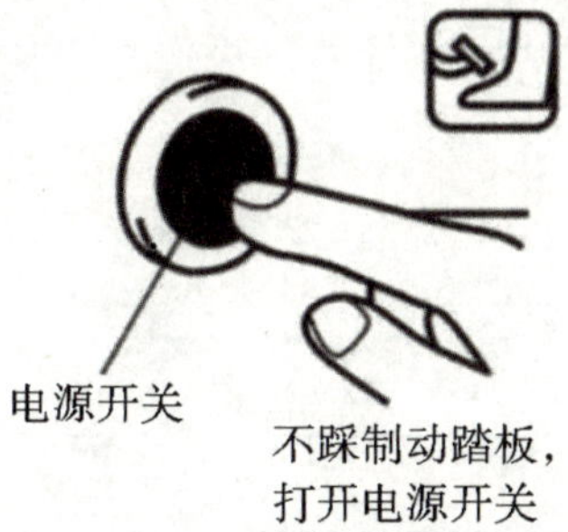

（a）

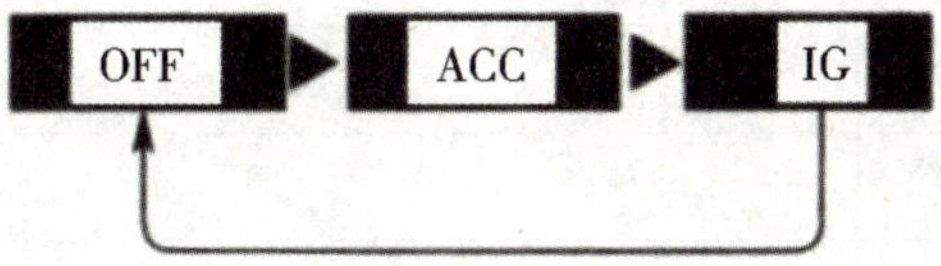

（b）

图 2-1　换挡操作模式

（4）更换换挡控制执行器总成

① 拆卸。

a. 断开插接器。

b. 拆下 3 个螺栓，从混合动力汽车变速驱动桥上拆下变速器壳盖。

c. 拆下 3 个螺栓，从混合动力车辆变速驱动桥上拆下换挡控制执行器总成。

② 安装。

换挡控制执行器总成如图 2-2 所示。

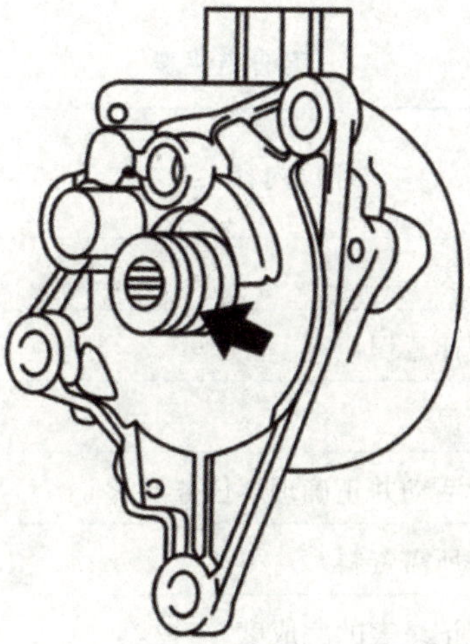

图 2-2　换挡控制执行器总成

a. 给 O 形圈涂少量 ATFWS。

b. 用 3 个螺栓将换挡控制执行器总成安装到混合动力车辆变速驱动桥上。力矩为 16 N·m。

c. 用 3 个螺栓将变速器壳盖安装到混合动力车辆变速驱动桥上。力矩为 7 N·m。

d. 连接插接器。

二、实训记录

实训记录单

实训项目			
姓名		学号	
班级		日期	
实训地点			
小组组长	小组成员		
小组成员分工			
实训过程内容与流程记录			
（请填写安排的任务内容）			
实训任务回顾与总结			
任务收获与结果			
建议和行动计划			

三、实训测评

实训测评表

项目名称	评价内容	分值	评价分数		
			自评	互评	师评
职业素养考核项目（40%）	考勤、仪容仪表	10 分			
	责任意识、纪律意识	10 分			
	团队合作与交流	10 分			
专业能力考核项目（60%）	积极参与教学活动并正确理解任务要求	10 分			
	认真搜集任务所需资料	10 分			
	任务实施过程记录表的完成度	10 分			
	对传动系统知识的掌握程度	20 分			
	对变速箱拆卸实训的完成程度	20 分			
合计：综合分数________（自评×20%+互评×20%+师评×60%）		100 分			
综合评语		教师（签名）：			

任务一　串联式布置方式

串联式混合动力系统以宝马集团的 i3 为代表。宝马 i3 是宝马集团第一款纯电动汽车，由于一些客户需要更长的续航里程或更大程度的灵活性，宝马为部分车型加装了增程发动机，使续航里程提高了 130 km，从而使该发动机驱动电机高电压蓄电池充电状态保持恒定，使得车辆能够继续使用电能行驶。这种布置方式构成了串联式混合动力系统。

一、变速器结构

变速箱需要执行以下任务。

（1）将电机的转速和扭矩传输至半轴。

（2）在两个半轴和驱动车轮之间进行转速补偿。

（3）防止车辆溜车。

为了执行上述任务，变速箱带有下列子组件。

（1）带两个圆柱齿轮对的齿轮传动机构（中央减速器）。

（2）集成在变速箱壳体内的差速器。

（3）电动机械式驻车锁。

由于电机可提供较大有效转速范围，变速箱只需要一个挡位，即只有一个固定传动比。传统内燃机转速为零时不提供扭矩，而新能源汽车电机则完全不同，从零转速起便开始提供较高扭矩，变速箱也不需要离合器来进行起步或更换挡位。

变速箱总传动比为 9.7：1，因此变速箱输入端的转速是变速箱输出端的 9.7 倍。该传动比通过两个圆柱齿轮对来实现，因此在变速箱内输入轴旁还有一个中间轴。变速箱输出端处的圆柱齿轮与差速器壳体固定连接在一起并驱动差速器。差速器将扭矩分配给两个输出端并在两个输出端之间进行转速补偿。变速箱结构如图 2-3 所示。图 2-4 所示的结构示意图以简化形式展示了变速箱内的扭矩传输情况。

（a）左后视图

（b）右后视图

①-啮合轴用于连接电机驱动轴；②-变速箱输入轴；③-输入轴上的圆柱齿轮；④-中间轴上的圆柱齿轮 2；⑤-变速箱输出端处的圆柱齿轮 4；⑥-差速器；⑦-左侧半轴接口；⑧-中间轴；⑨-中间轴上的圆柱齿轮 3；⑩-右侧半轴接口。

图 2-3　变速箱结构

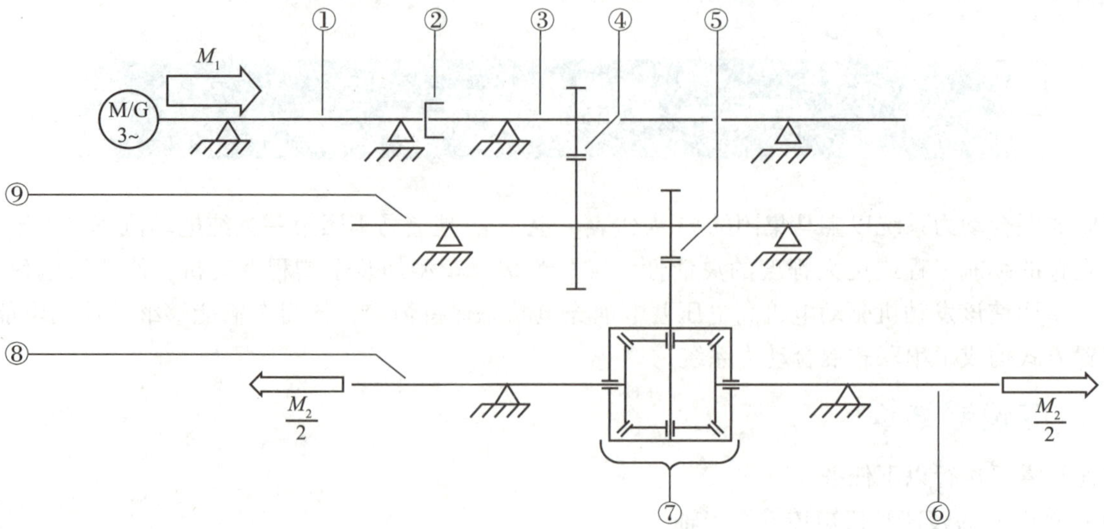

M_1-电机扭矩=变速箱输入端扭矩；M_2-变速箱输出端扭矩；$\frac{M_2}{2}$-半轴上的驱动力矩；①-电机驱动轴；②-电机与变速箱之间的结构连接；③-变速箱输入轴；④-圆柱齿轮1和2配对；⑤-圆柱齿轮3和4配对；⑥-右侧半轴；⑦-差速器；⑧-左侧半轴；⑨-中间轴。

图 2-4　变速箱结构示意图

二、机械接口

（一）固定和承受扭矩

固定和承受驱动力矩不仅涉及变速箱本身，而且涉及由电机、变速箱和电机电子装置组成的整个驱动单元。重力和驱动力矩通过支撑臂和稳定杆连杆传输至后桥模块并由此传递到车身上。外部可见的变速箱组件如图 2-5 所示。

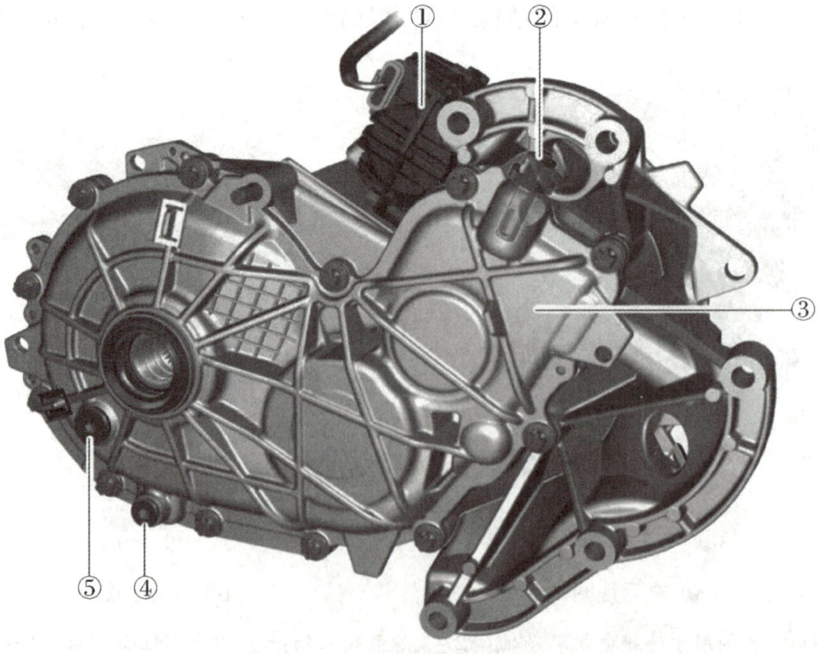

①-驻车锁模块；②-排气口；③-变速箱壳体；④-放油螺塞；⑤-加注螺塞。

图 2-5　外部可见的变速箱组件

（二）电机接口

通过结构连接方式将扭矩从电机驱动轴传输至变速箱输入轴，为此两个轴都带有花键。不过没有针对两个轴设计规定的定心部位。变速箱的机械接口如图 2-6 所示。

①-后桥模块；②-右侧半轴；③-变速箱壳体；④-X 形密封环；⑤-左侧半轴；⑥-带花键的变速箱输入轴；⑦-O 形密封环；⑧-用于与电机机械连接的开孔。

图 2-6　变速箱的机械接口

三、驻车锁

（一）简介

与在传统自动变速箱车辆上一样，驻车锁负责固定车辆以防溜车，即使上坡/下坡坡度最高达到 32%，该变速器驻车锁也能使车辆安全保持静止状态。但与传统车辆一样，在此同样配有额外的驻车制动器固定车辆以防溜车。

驾驶员可通过选挡开关上的 P 按钮挂入驻车锁。在特定条件下也会自动挂入驻车锁，例如，识别到驾驶员离开车辆时（驾驶员车门打开，驾驶员安全带松开且未操作踏板）就会自动挂入驻车锁。与传统车辆不同，在此有一项附加条件，满足该条件时无法松开驻车锁。该条件可在连接充电电缆的情况下防止驾驶员无意间起步。

（二）结构和工作原理

驻车锁由变速箱壳体内的一个电动机械部分（驻车锁执行机构）和一个机械部分（驻车锁棘爪和驻车锁止轮）构成。机械部分作用于变速箱输入轴处，变速箱结构示意图和剖面图，如图 2-7 所示。

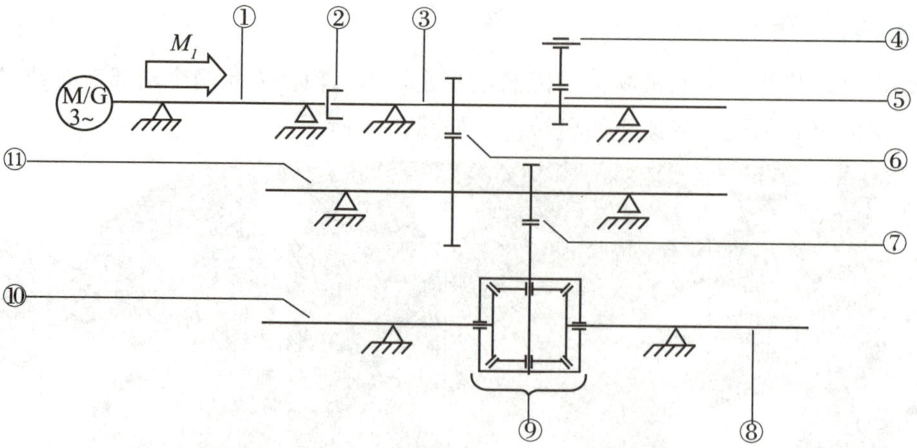

①-电机驱动轴；②-电机与变速箱之间的结构连接；③-变速箱输入轴；④-驻车锁棘爪；⑤-驻车锁止轮；⑥-圆柱齿轮1和2配对；⑦-圆柱齿轮3和4配对；⑧-右侧半轴；⑨-差速器；⑩-左侧半轴；⑪-中间轴。

图 2-7　变速箱结构示意图和剖面图

驻车锁模块作用于操纵轴。在操纵轴端部带有一个锁销，该锁销随操纵轴转动（约 70°）而一起旋转。这样可将驻车锁棘爪推入驻车锁止轮内并使变速箱输入轴卡止。通过锁销复位可重新释放驻车锁棘爪，通过回位弹簧将其从驻车锁止轮内拉出并使变速箱输入轴开锁。通过一个固定元件，使操纵轴固定在与“挂入”和“松开”状态相对应的两个位置，固定元件卡入凸轮盘上相应凹槽内。通过移动方式或变速箱作用力不会将杆从上述位置推出，因此在不提供辅助能量的情况下两个位置保持稳定状态。驻车锁机械部分结构如图 2-8 所示。

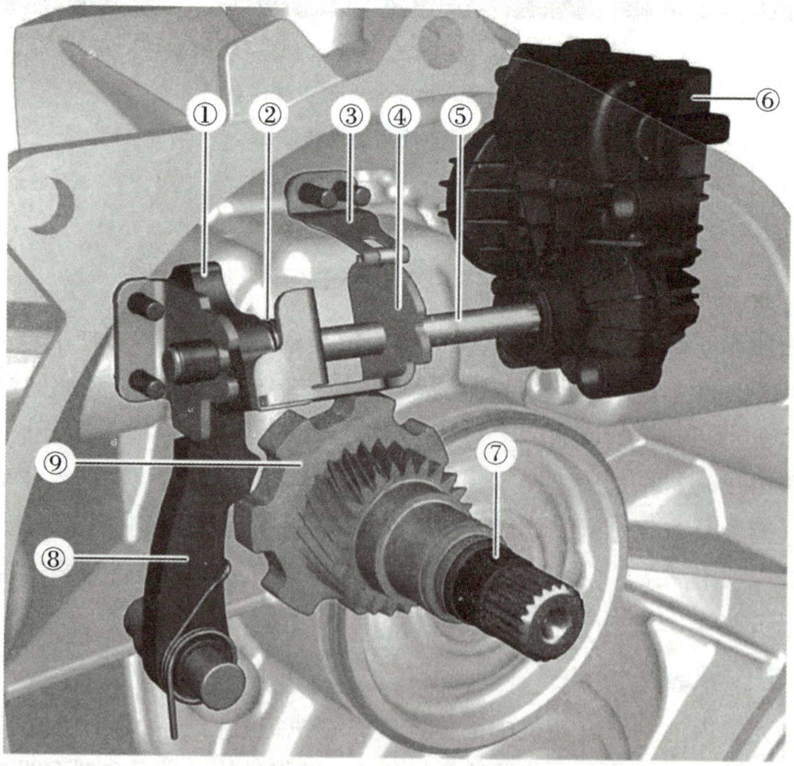

①-锁销；②-回位弹簧；③-固定元件；④-带两个卡止位置的凸轮盘；⑤-操纵轴；⑥-驻车锁模块；⑦-变速箱输入轴；⑧-带回位弹簧的驻车锁棘爪；⑨-驻车锁止轮。

图 2-8　驻车锁机械部分结构

驻车锁执行机构本身是一个带齿轮蜗杆传动机构和两个位置传感器的直流电机。所有这些部件均位于同一壳体内，并构成一个单元。驻车锁模块通过三个半沉头螺栓固定在变速箱壳体上。

由电机电子装置内的一个输出级直接控制驻车锁模块内的电机。该输出级以限制电流方式防止因短路造成损坏。此外为了防止电机过载还会测量耗电量，并在电机电子装置软件内限制电流。

电机一直处于通电状态，直至位置传感器显示驻车锁已启用所需状态。位置传感器依据霍尔原理工作，探测驻车锁模块传动机构移动情况。由于驻车锁功能与安全有关，因此使用两个冗余位置传感器来确保达到所需可靠性。如果故障导致传感器信号失灵，可通过冗余功能完成刚刚启用的挂入或松开过程。位置传感器产生信号，由电机电子装置进行信号分析。

由于位置传感器探测驻车锁模块内的电机移动而非实际驻车锁机械机构的移动，因此必须进行一次初始化，从而根据传感器信号确定驻车锁状态。图 2-9 展示了驻车锁模块的电气结构以及与电机电子装置之间的电气连接。

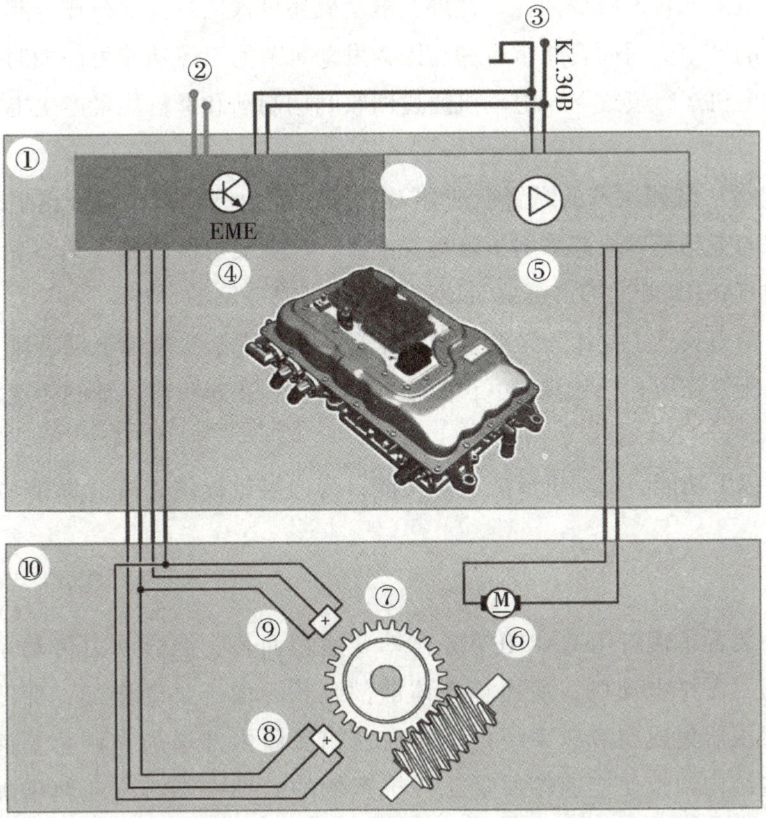

①–电机电子装置（整体）；②–数据总线接口；③–供电；④–EME 控制单元；⑤–驻车锁模块输出级；⑥–电机；⑦–驻车锁执行机构传动机构；⑧–依据霍尔原理工作的第一个位置传感器；⑨–依据霍尔原理工作与第一个方向相反的第二个位置传感器；⑩–驻车锁模块（整体）。

图 2-9　驻车锁模块的电气结构以及与电机电子装置之间的电气连接

任务二　并联式布置形式

采用并联式混合动力装置的动力传动系统，电动机的转子与内燃机的曲轴和自动变速箱的变矩器连接，因此内燃机和电动机两个驱动装置的扭矩可以同时施加到变速箱输入轴上。

一、轻混合动力变速器

（一）简介

与曲轴连接、位于内燃机和变速箱之间的电动机可在起步和加速期间为发动机提供最大 210 N · m 扭矩支持。电动机可通过降低转速减少油耗。此外，电动机还可根据行驶情况作为起动机或发电机使用。

这一点对于拥堵的城市交通而言非常有利，因为发动机节能启停功能可以随时启用，而且几乎不会产生任何干扰。在发电机运行模式下，电动机通过回收利用制动和滑行能量产生电能并将其存储在锂离子蓄电池内。

以德国采埃孚（ZF）集团生产的纵置变速器 GA8HP70Z 为例，采埃孚公司生产的 8 速电控自动变速器，作为高端品牌的宝马和奥迪都采用了该类变速器。该款变速器采用了诸多新技术，而 GA8HP70Z 变速器是基于较早的 GA8HP 开发的，需要对该型号变速器有一定的了解。

由于并联式混合动力装置主要作为轻混合动力车型，车辆无法实现纯电动行驶，因此在电动机与内燃机之间无需连接。所以在所有行驶状态下，曲轴、电动机和变速箱输入轴的转速均相同。因此电动机始终朝一个方向旋转。

电动机用于执行以下功能：发动机节能启停功能；为内燃机提供支持（助推功能）；制动能量回收利用。

（二）结构

相对于传统驱动装置车辆所用 GA8HP70Z 自动变速箱而言，混合动力传动系统的变速箱壳体必须进行相应调整。为了支撑电动机，变速箱壳体前部延长。由于长度增加，变速箱壳体内部也需要加固。为了将液压蓄压器集成到液压系统内，在变速箱壳体内部增加和调整了液压通道。针对混合动力车型进行的这些结构调整使变速箱质量比传统车辆的 GA8HP70Z 变速箱增加约 4 kg。该混合动力驱动装置可提供 700 N · m 的最大扭矩。由于相对于传统车辆的发动机而言扭矩明显增大，因此液力变矩器也需要相应加强。行星齿轮组也需要针对性的进行加强。其他变速箱组件已满足该最大扭矩设计要求，因此相对于传统车辆的 GA8HP70Z 自动变速箱的结构没有变化。GA8HP70Z 自动变速箱在车辆上的安装位置如图 2-10 所示。

①-内燃机；②-电动机；③-自动变速箱的变矩器；④-自动变速箱。

图 2-10　GA8HP70Z 自动变速箱在车辆上的安装位置

二、全混合动力变速器

ZF 集团通过将应用于轻混合动力汽车的自动变速器 GA8HP70Z 进行技术升级，生产出了 GA8P70HZ 变速器，该变速器主要应用于后驱型全混合动力汽车，例如，宝马的 5 系 ActiveHybrid 车型。GA8HP70Z 自动变速箱内部结构如图 2-11 所示。

图 2-11　GA8P70HZ 自动变速箱内部结构

（一）结构和功能

1. 简介

在结构空间相同的情况下，GA8P70HZ 变速箱（图 2-12）中电动机、一个至内燃机的分离离合器、一个扭转减震器和一个电动附加机油泵集成在 8 挡自动变速箱内。此外，还针对在混合动力汽车中使用而调整了不同的部件。

①-扭转减震器；②-分离离合器；③-电动机；④-片式制动器 B；⑤-电动附加油泵。

图 2-12　GA8P70HZ 变速箱

GA8P70HZ 变速箱中有四个新组件：

扭转减震器、电动机、分离离合器、用于变速箱输入轴静止时提供变速箱油压力的电动附加油泵。由于取消了液力变矩器，因此更改了自动变速箱的片式制动器 B。除了其本身的功能外，该部件作为换挡元件还用于车辆起步和缓慢行驶。

图 2-13 显示了 GA8P70HZ 变速箱的新组件如何集成在自动变速箱内。

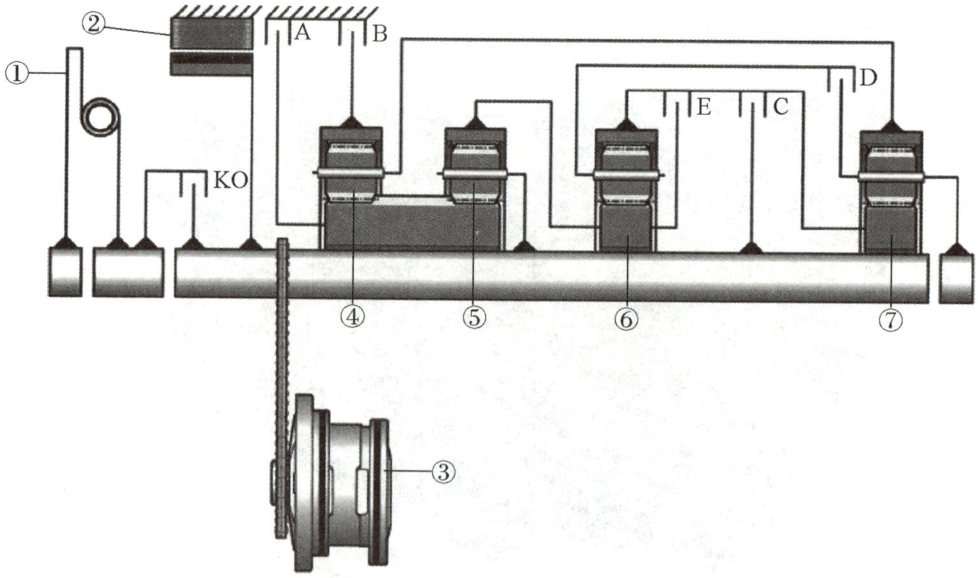

①-扭转减震器；②-电动机；③-机械油泵；④-齿轮组 1；⑤-齿轮组 2；⑥-齿轮组 3；⑦-齿轮组 4；A-片式制动器 A；B-片式制动器 B；C-片式离合器 C；D-片式离合器 D；E-片式离合器 E；KO-分离离合器。

图 2-13　GA8P70HZ 变速箱的结构示意图

2. 扭转减震器

在某些转速和运行状态下，内燃机不平稳运行和由此产生的扭转震动可能引起“嗡嗡”声或“嘎嘎”声。为隔开扭转转动，GA8P70HZ 自动变速箱使用一个扭转减震器。扭转减震器将内燃机飞轮与自动变速箱分离离合器以机械方式连接在一起。扭转减震器损坏时可以更换。

GA8P70HZ 变速箱的扭转减震器的安装位置如图 2-14 所示。

图 2-14　GA8P70HZ 变速箱的扭转减震器的安装位置

3. 电动机

GA8P70HZ 变速箱的其他创新之处是，电动机和分离离合器集成在变速箱内。这些组件位于扭转减震器后。电动机和分离离合器与扭转减震器一起占用了液力变矩器的结构空间。GA8P70HZ 变速箱内的电动机的安装位置如图 2-15 所示。

图 2-15　GA8P70HZ 变速箱内的电动机的安装位置

4. 分离离合器

GA8P70HZ 变速箱装备了一个分离离合器。分离离合器和电动机位于一个共用壳体内。分离离合器采用湿式片式离合器结构，以便在某些运行状态下将内燃机与电动机和传动系其余组件分离。例如，在纯电动行驶时以及车辆“滑行”时分离。为了保证不感觉到内燃机的接合和分离，分离离合器具有较高的位置精度。只要分离离合器处于接合状态，电动机、变速箱输入轴和内燃机就会以相同转速转动，除了分离离合器内出于噪声考虑用于调节滑差的部分外。

与自动变速箱的所有离合器和片式制动器一样，分离离合器也由机械电子模块操纵。无压力时该部件处于分离状态，因此需利用变速箱油压力使离合器接合。该压力通过电动附加油泵或机械油泵提供。

分离离合器分离时机械油泵由电动机驱动，所以电动机失灵且变速箱油温度低于 0 ℃时分离离合器无法接合，因此车辆无法起步。分离离合器的结构如图 2-16 所示。

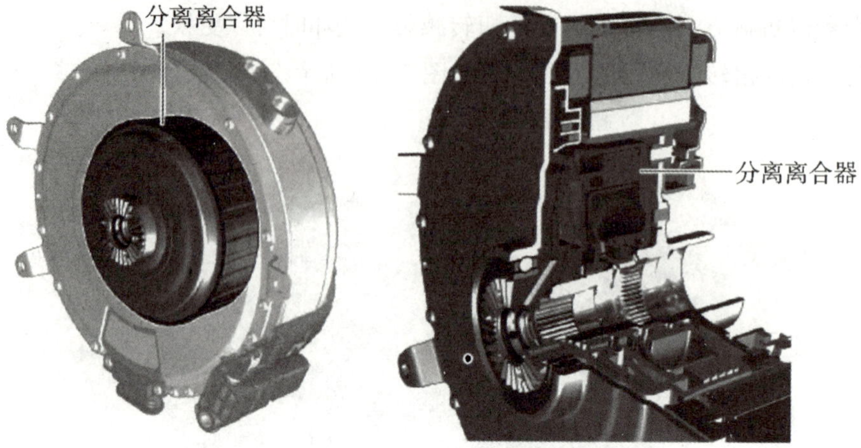

（a）　　　　（b）

图 2-16　分离离合器的结构

与 GA8HP70Z 变速箱中的液力变矩器一样，分离离合器也能够通过滑差微调将发动机的转动不平稳性与传动系其余组件隔开，因此可在发动机转速很低时，显著降低车辆内的噪声水平。

5. 换挡元件

换挡元件是指可以切换或改变所有挡位的制动器和离合器的元件称。与 GA8HP70Z 变速箱一样，GA8P70HZ 变速箱中也使用以下换挡元件。

（1）两个固定安装的片式制动器（制动器 A 和 B）。

（2）三个旋转的片式离合器（离合器 C、D 和 E）。

片式制动器（A 和 B）将力矩作用在变速箱壳体上，片式离合器（C、D 和 E）将驱动力矩传入行星齿轮箱，系统以液压方式使离合器和制动器接合。为此液压油压力施加在活塞上，以便活塞将摩擦片套件压在一起。

GA8HP70Z 变速箱的换挡元件在数量和布置方面与 GA8P70HZ 变速箱相同，因此 8 个挡位也以相同的方式和方法产生。表 2-1 为挡位换挡元件的接合。

表 2-1　挡位换挡元件的接合

挡位	制动器 A	制动器 B	离合器 C	离合器 D	离合器 E
1	·	·	·		
2	·	·			·
3		·	·		·
4		·		·	·
5		·	·	·	
6			·	·	·
7	·		·	·	

续表

挡位	制动器 A	制动器 B	离合器 C	离合器 D	离合器 E
8	·			·	·
R	·	·		·	

注：表中 · 代表挡位与换挡元件连接。

由于取消了液力变矩器，因此更改了自动变速箱的片式制动器 B。在 GA8P70HZ 中车辆起步和缓慢行驶通过片式制动器 B 实现。为此增加了摩擦片数量并增大了其直径。为此根据使用目的有更多变速箱油流过片式制动器 B，以保证冷却效果。

6. 机械电子模块

机械电子模块由液压控制单元和电子控制单元组合而成。该部件安装在变速箱油底壳内。液压控制单元包含变速箱控制系统的机械组件，例如，阀门、减震器和执行机构。电子控制单元包含变速箱的整个电子控制单元。电子控制单元以防油方式焊接，机械电子模块已针对在 GA8P70HZ 变速箱中使用进行了调整，因此 GA8HP70Z 变速箱内探测变速箱转速的转速传感器，在 GA8P70HZ 变速箱中用于探测第一个齿轮组行星架的转速。为此转速传感器的脉冲信号轮与第一个齿轮组的行星架连接。这可用于起步时确定片式离合器 B 的滑差。在 GA8P70HZ 变速箱内借助动机的转子位置传感器确定变速箱输入转速。GA8P70HZ 变速箱的机械电子模块如图 2-17 所示。

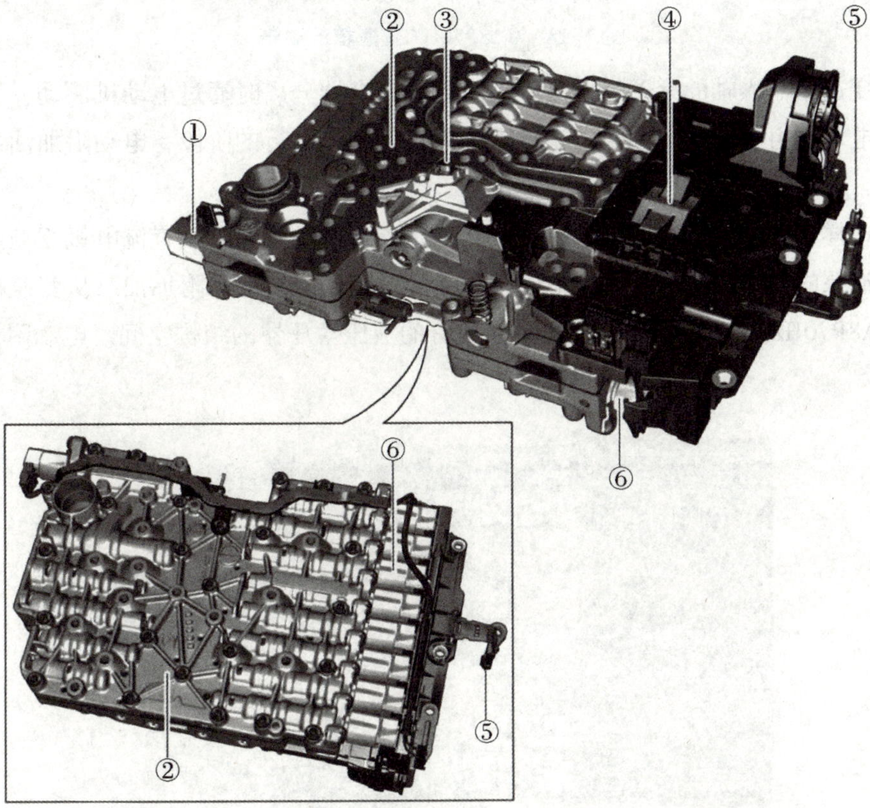

①-驻车锁电磁铁；②-液压控制单元；③-齿轮组 1 行星架转速传感器；
④-电子控制单元；⑤-输出转速传感器；⑥-电子压力控制阀和电磁阀。

图 2-17　GA8P70HZ 变速箱的机械电子模块

7. 机油供给系统

GA8P70HZ 变速箱的机油循环回路在其基本功能方面与 GA8HP70Z 变速箱相同。在此机油任务有润滑、控制换挡元件、冷却。

机油供给系统采用一种普通压力循环系统，除了源自 GA8HP70Z 的机械油泵外，GA8HP70HZ 自动变速箱内还集成了一个电动附加油泵，如图 2-18 所示。

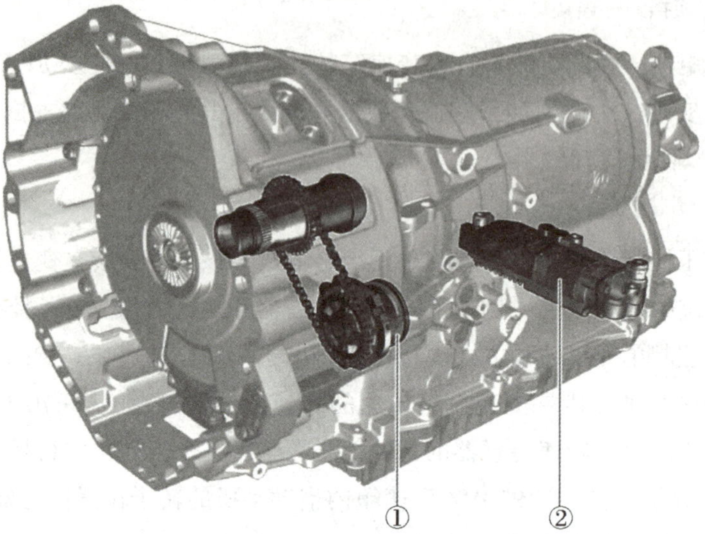

①–机械油泵；②–电动附加油泵。

图 2-18　GA8P70HZ 变速箱的油泵

机械油泵由变速箱输入轴的滚子齿形链驱动。分离离合器分离时通过电动机驱动，分离离合器接合时通过内燃机和电动机组合驱动。在变速箱输入轴以过低转速运行的阶段，电动附加油泵可以保证提供变速箱油压力。

与机械油泵一样，电动附加油泵也是一个叶片泵。该泵由一个无电刷直流电机驱动。控制电子装置集成在电动附加油泵的壳体内，由变速箱电子控制系统进行控制。电动附加油泵从变速箱油温度 0 ℃起可以运行，在 GA8P70HZ 变速箱中该部件占用了原有的液压蓄压器的结构空间。电动附加油泵的安装位置如图 2-19 所示。

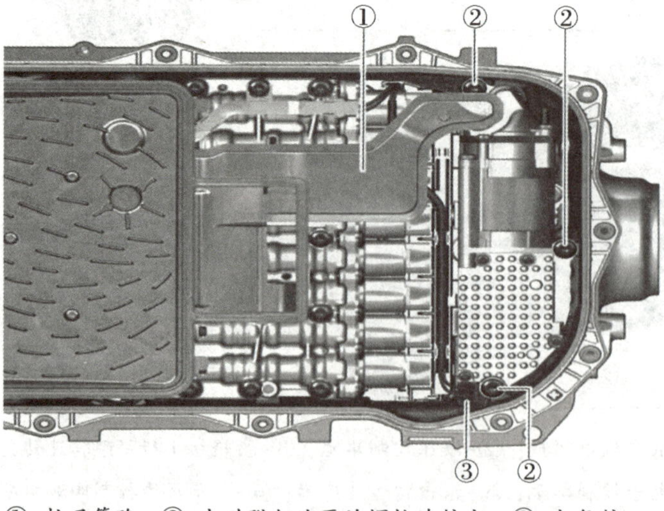

①–抽吸管路；②–电动附加油泵的螺栓连接点；③–电气接口。

图 2-19　电动附加油泵的安装位置

任务三　插电式混合动力变速器

一、概述

插电式混合动力汽车与其他混合动力汽车最大的区别是电池和高压组件部分，而对于变速器的变化相对较小。对于插电式混合动力汽车的变速器，我们依旧选用技术处于世界领先地位的采埃孚股份有限公司生产（ZF）的变速箱 GA8P75HZ 来说明。

自动变速箱 GA8P75HZ 基于 GA8HP70Z 变速箱，而且也由采埃孚股份有限公司生产（ZF）。因此，GA8P75HZ 自动变速箱的结构与 GA8HP70Z 变速箱相似。GA8P75HZ 自动变速箱的结构如图 2-20 所示。

图 2-20　GA8P75HZ 自动变速箱的结构

二、结构和功能

（一）简介

为了满足插电式混合动力汽车的要求，对自动变速箱进行了相应调整。为此对一些现有组件进行了调整或用其他组件进行了替代。此外将部分减震系统从变速箱范围分离出来并作为集成有离心摆式减震器的双质量飞轮与内燃机牢固连接在一起。通过花键与变速箱连接。

由于电机较大且带有附加扭转减震器，GA8P75HZ 变速箱壳体比 GA8P70HZ 变速箱加长了 30 mm。GA8P75HZ 变速箱内的混合动力装置包括：双质量飞轮；附加扭转减震器；分离离合器；电机；在 GA8P70HZ 基础上改进的电动附加油泵，用于在变速箱输入轴静止时提供变速箱油压力。

与 GA8P70HZ 变速箱一样，在 GA8P75HZ 变速箱内也通过增加直径和摩擦片数量对片式制动器 B 进行了加强并配备了主动控制式机油冷却系统。这是因为除执行换挡元件功能外，还需要用于车辆起步和缓慢行驶。PHEV 车型 GA8P75HZ 变速箱如图 2-21 所示。GA8P75HZ 变速箱结构示意图（图 2-22）展示了新组件如何集成在自动变速箱内。

①-双质量飞轮（包括扭转减震器和离心摆式减震器）；②-附加扭转减震器；
③-分离离合器；④-电机；⑤-片式制动器 B；⑥-电动附加油泵。

图 2-21　PHEV 车型 GA8P75HZ 变速箱

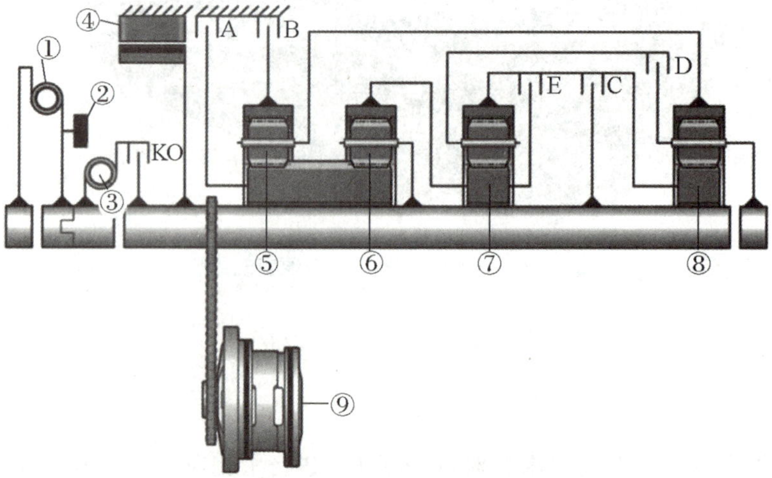

①-扭转减震器；②-离心摆式减震器；③-机械油泵；④-电机；⑤-齿轮组 1；
⑥-齿轮组 2；⑦-齿轮组 3；⑧-齿轮组 4；⑨-机械油泵；
A-片式制动器 A；B-片式制动器 B；C-片式离合器 C；
D-片式离合器 D；E-片式离合器 E；KO-分离离合器。

图 2-22　PHEVGA8P75HZ 变速箱结构示意图

（二）双质量飞轮

为了降低耗油量和二氧化碳排放量，在此使用高负荷发动机、减少汽缸数量并降低可行驶转速。但这些措施会使因做功行程加速以及压缩行程减速而产生的曲轴转动不均匀性增高。这种转动不均匀性会导致所连接的传动系统扭转震动。

为隔开扭转震动，GA8P75HZ 自动变速箱使用一个双质量飞轮。双质量飞轮使内燃机曲轴与电机之间形成机械连接。它由扭转减震器和离心摆式减震器构成。双质量飞轮重约 11 kg，出现故障时可单独更换。GA8P75HZ 变速箱的双质量飞轮如图 2-23 所示。

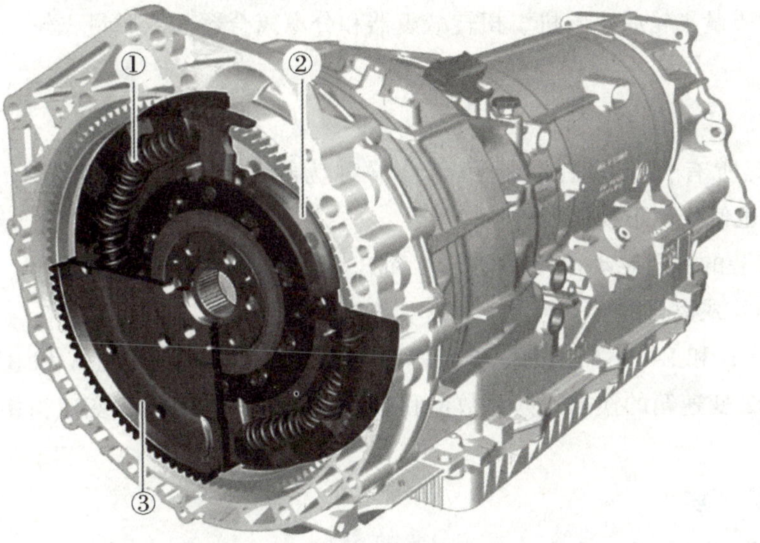

①-扭转减震器；②-离心摆式减震器；③-双质量飞轮。

图 2-23　GA8P75HZ 变速箱的双质量飞轮

离心摆式减震器集成在双质量飞轮内，几乎可以完全消除出现的扭转震动。它由一个法兰构成，在该法兰上减震器配重块可在规定轨道上移动。在法兰和减震器配重块内都集成有用作运行通道的弧形曲线轨道。减震器配重块分别通过两个滚子与法兰连接，可沿曲线轨道来回移动。GA8P75H 离心摆式减震器的结构和工作原理如图 2-24 所示。

离心摆式减震器由多个摆动的配重块（减震器配重块）组成。其震动方向与内燃机的扭转震动相反，并对后者进行补偿。转速较低时，严格来说即出现明显干扰性震动时，减震器配重块的摆幅非常大，这样可改善车内声音效果。

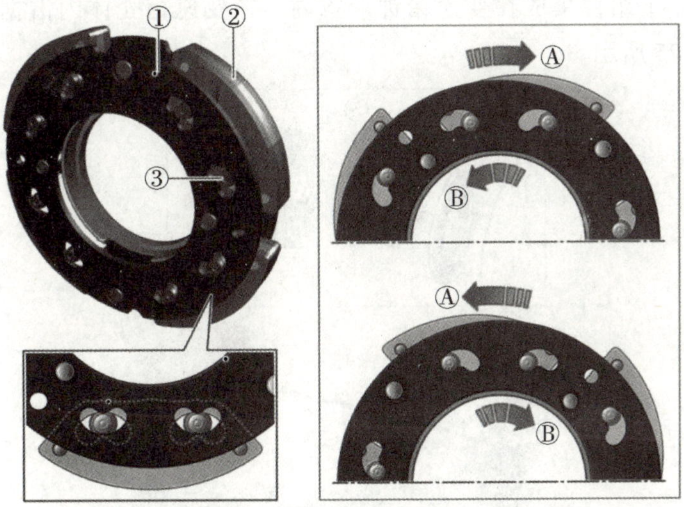

①-法兰；②-减震器配重块；③-滚子；

Ⓐ-摆动的减震器配重块；Ⓑ-发动机的扭转震动。

图 2-24　GA8P75H 离心摆式减震器的结构和工作原理

（三）电机

GA8P75HZ 变速箱的其他创新之处还包括将电机、附加扭转减震器和分离离合器集成在变速箱壳体内。这些组件位于双质量飞轮后。电机、扭转减震器和分离离合器与双质量飞轮一起占据了液力变矩器的安装空间。

（四）换挡元件

可以切换或改变所有挡位的制动器和离合器称为换挡元件。与 GA8HP70Z 变速箱一样，在 GA8P75HZ 变速箱内也使用以下换挡元件。

（1）两个固定安装的片式制动器（制动器 A 和 B）。

（2）三个旋转的片式离合器（离合器 C、D 和 E）。

片式离合器（C、D 和 E）将驱动力矩传入行星齿轮箱。片式制动器（A 和 B）将力矩作用在变速箱壳体上。GA8HP75Z 变速箱的换挡元件在数量和布置方面与 GA8HP70Z 变速箱相同，因此 8 个挡位也以相同方式产生。

（五）机械电子模块

机械电子模块由液压换挡机构和电子控制单元组合而成。控制单元位于变速箱下部区域，被油底壳所包围。液压换挡机构包含变速箱控制系统的机械组件，例如阀门、减震器和执行机构。

机械电子模块已针对插电式混合动力车型，在 GA8P75HZ 中使用进行了相应调整，例如现在可通过传感器的转速信号计算出起步离合器（片式制动器 B）的滑转率。在 GA8P75HZ 变速箱内借助电机的转子位置传感器确定变速箱输入转速。

（六）机油供给系统

GA8P75HZ 变速箱机油循环回路的基本功能与 GA8HP70Z 变速箱相同。

三、电机系统

电机系统

混合动力组件作为单个组件集成在变速箱钟形罩内，在变速箱壳体内占据液力变矩器的结构空间如图 2-25 所示。

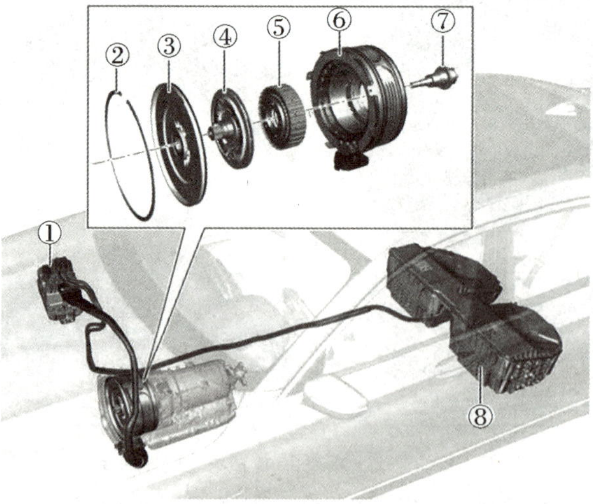

①-电机电子装置；②-卡环；③-电机端盖；④-附加扭转减震器；⑤-分离离合器；⑥-分离离合器；⑦-空心轴；⑧-高电压蓄电池单元。

图 2-25　在变速箱壳体内占据液力变矩器的结构空间

电机的主要组件包括转子和定子、接口、转子位置传感器、冷却。

宝马新款五系的混合动力系统是并联式混合动力系统。内燃机和电机均与驱动轮机械连接。驱动车辆时不仅可以单独而且可以同时使用两种动力传动系统。

（一）转子和定子

电机采用内部转子结构如图 2-26 所示。“内部转子”表示带有永久磁铁的转子以环形方式布置在内侧。用于产生旋转磁场的绕组布置在外侧，构成定子。此外，电机有 8 个极对。

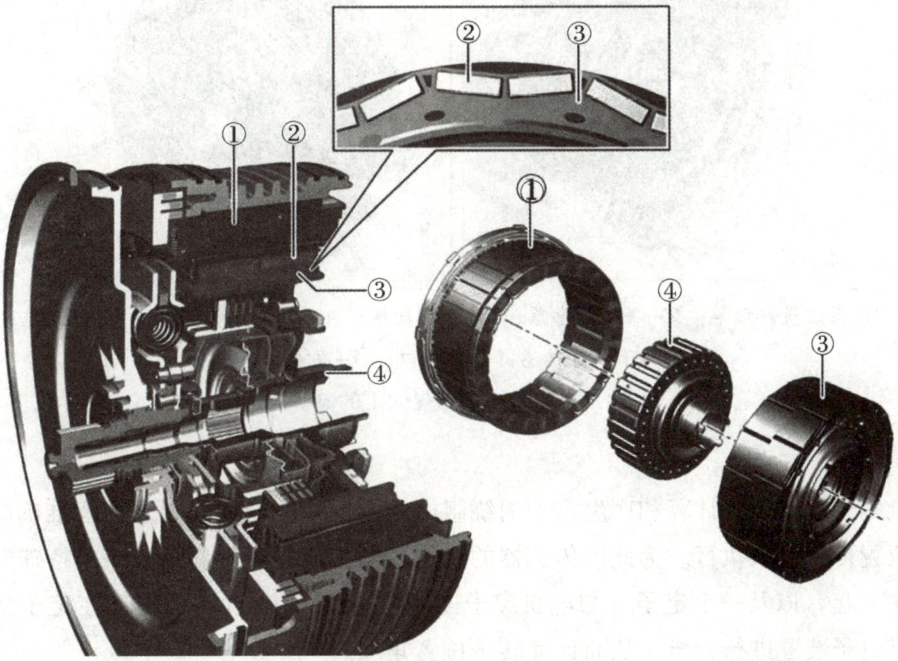

①-定子；②-永久磁铁；

③-转子；④-带分离离合器外壳的空心轴。

图 2-26　电机的转子和定子的结构

转子通过一个法兰支撑在转子空心轴上，空心轴以形状连接方式与变速箱输入轴连接。

（二）变速箱外壳上的接口

如图 2-27 所示在自动变速箱壳体上有温度传感器、冷却系统（通过变速箱油）、转子位置传感器、高电压导线 4 个电机接口。

系统通过高电压接口为电机绕组提供电能。高电压接口通过一根三相屏蔽高电压导线将电机电子装置与电机连接在一起。高电压插头通过螺栓拧在电机电子装置和电机上。

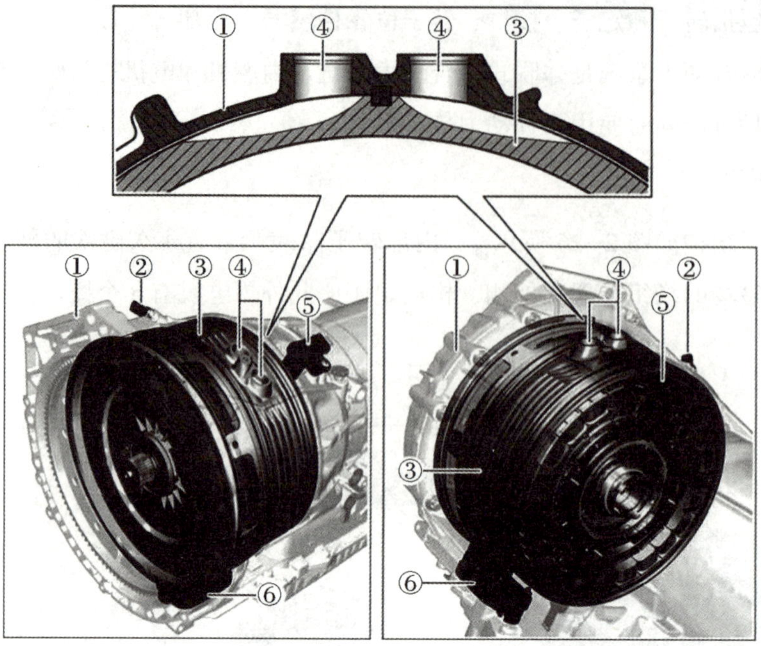

①–变速箱钟形罩；②–温度传感器；③–冷却通道；④–冷却介质接口（变速箱油）；
⑤–转子位置传感器电气接口；⑥–高电压接口。

图 2–27　自动变速箱壳体上的电机接口

（三）传感器

为确保电机电子装置正确计算和产生定子内绕组电压的振幅和相位，必须了解准确的转子位置。这项任务由转子位置传感器来执行。为此该传感器的结构与同步电机类似，带有一个特殊形状的转子（与电机转子连接在一起）以及一个定子（与电机定子连接在一起）。通过转子转动在定子绕组内产生的感应相电压由电机电子装置进行分析，从而计算转子位置角度。

更换自动变速箱或电机电子装置时，需借助诊断系统校准转子位置传感器。暂时不允许在售后服务维修车间更换转子位置传感器。

运行时电机组件不得超过特定温度。在此通过一个温度模型和一个温度传感器来监控电机温度。该传感器设计为采用负温度系数（NTC）的可变电阻，用于测量自动变速箱壳体上的冷却液输出温度。NTC 越热，其电阻越小。

电机电子装置分析温度传感器信号并将其与温度模型计算值进行比较；如果电机温度接近最大允许值，就会根据需要降低电机功率。

在某个定子绕组上不再安装单独的温度传感器。

（四）分离离合器

与 GA8P70HZ 变速箱相同，在此也通过一个分离离合器使内燃机与电机和传动系统其余组件分离。在宝马插电式混合动力车型中这个分离离合器布置在附加扭转减震器和电机之间。

分离离合器以固定方式集成在电机壳体内，如图 2–28 所示。作为湿式片式离合器采用断开设计并以此优化摩擦损失，它用于在特定运行状态下使内燃机与电机和传动系统其余组件分离。例如，在纯电动行驶时以及车辆“滑行”时分离。

①-附加扭转减震器；②-分离离合器。

图 2-28 变速箱的分离离合器

为了确保不感觉到内燃机的接合与分离，分离离合器具有较高的位置精度。只要分离离合器处于接合状态，电机、变速箱输入轴和内燃机就会以相同转速转动。

与自动变速箱的所有离合器和片式制动器一样，分离离合器也由机械电子模块操纵。无压力时该部件处于分离状态。因此需利用变速箱油压力使离合器接合。通常情况下，该压力由机械变速箱油泵提供。

由于分离离合器分离时机械变速箱油泵由电机驱动，因此电机失灵且变速箱油温度低于-15 ℃时分离离合器无法接合，从而造成车辆无法起步。在电机失灵等特殊情况下，也可通过电动变速箱油泵使分离离合器接合。但是这会影响舒适性。

与传统变速箱中的液力变矩器一样，分离离合器能够通过滑差微调将内燃机的不平稳转动与传动系其余组件隔开。这样可在发动机转速很低时显著改善车内噪声情况。

在某些转速和运行状态下，4 缸汽油发动机不平稳运行和由此产生的扭转振动可能会产生较大的“嗡嗡”声或“嘎嘎”声。为隔开这些扭转振动，在插电式混合动力中电机前除双质量飞轮外还有一个扭转减震器。扭转减震器使内燃机的双质量飞轮与分离离合器之间形成机械连接。

（五）电机冷却系统

为在任何情况下都能确保电机的热运行安全性，会通过变速箱油对其进行冷却。为此将电机接入变速箱的冷却循环回路内如图 2-29 所示。

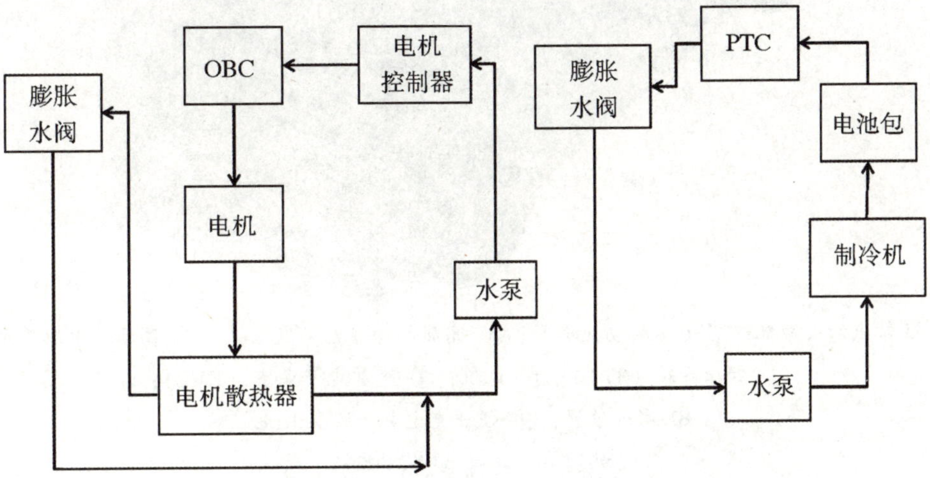

图 2-29 电机接入变速箱冷却循环回路内

定子支架与自动变速箱壳体之间有一个冷却通道用于冷却定子绕组，变速箱油经过该通道。该冷却通道前后分别通过两个密封环进行密封。

在此同样通过变速箱油对转子进行冷却，变速箱油以油雾形式吸收热能并在变速箱油冷却器处将其释放到环境空气中。

任务四　四驱型插电式混合动力 PHEV 传动系统

一、概述

宝马集团于 2016 年 9 月份进一步推出了混合动力版汽车。其特点是基于前驱版宝马 X1 进行开发，采用混合动力技术，将一台 3 缸汽油发动机与电力驱动装置进行整合，在效率和可持续性方面设立了该类汽车领域的新标准。

该车型驱动系统如图 2-30 所示包括：双排气涡轮增压技术的 3 缸汽油发动机、前驱动轮上的 6 速自动换挡装置以及驱动后驱动齿轮的电机。与传统动力的 X1（代号 F49）相比，混合动力车型中所使用的混动技术的主要优势是进一步增加了驱动功率，同时降低了油耗。使其百公里加速时间为 7.4 s，百公里油耗降低至 1.8 L 的平均值，二氧化碳排放量降低至 44 g/km。

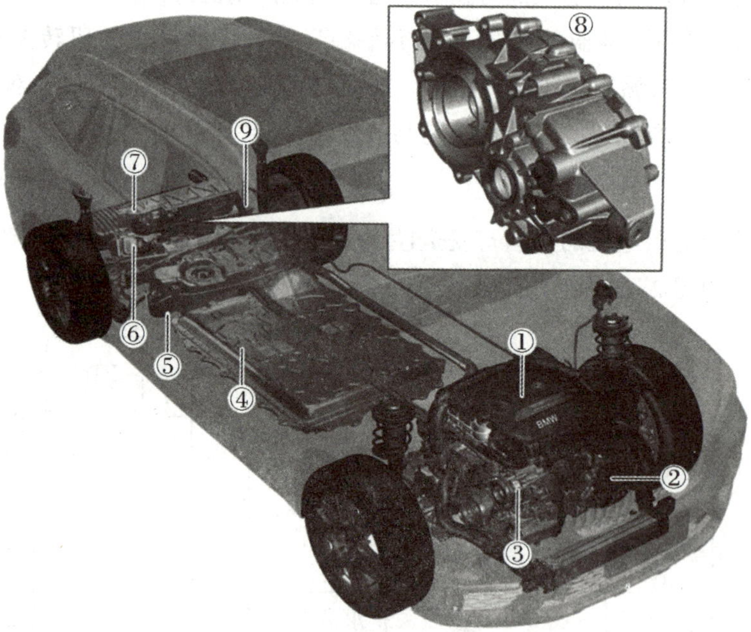

①-3 缸汽油发动机；②-6 速自动变速箱；③-高压起动器电动发电机；④-高压蓄电池单元；
⑤-加压油箱（35 L）；⑥-电机；⑦-电机电子装置（EME）；
⑧-减速装置；⑨-便捷充电电子装置 KLE。

图 2-30　宝马 X1 驱动系统

利用后轮电驱动装置使该汽车在不超过 120 km 时速的行驶状态下实现零排放。电动行驶的最大里程为 60 km。在高压蓄电池单元充分充电的条件下，如果电力驱动更为高效，混动起停功能同样可以确保内燃发动机的恒定关停状态。这种状况比较常见，例如，时走时停的交通、等交通信号灯或堵车时。

二、发动机改进

（一）皮带传动的改装

混合动力车型发动机的传动皮带必须根据高压起动电动发电机和不同的载荷进行改装。人们配置了一款新的皮带张紧装置，用来确保皮带装置实现最大 60 N · m 的传动，从而确保起动电动机发电机在发动机运行过程中进行发电。因为作用力加大，机械冷却液泵的驱动轴轴承进行了改进，传动皮带加宽，带有改装版断开皮带轮的减震器与改装要求相匹配。皮带传动系统的改变详细内容，如表 2-2 所示。

表 2-2　皮带传动系统的改变

传动皮带的组件	替换组件	背景
空调压缩机	电动空调压缩机	在电动行驶过程中，内燃发动机处于备用状态，因此无法为空调压缩机提供动力。这也是为何使用电动空调压缩机的原因
12 V 发电机	高压起动器 电动发电机	汽车静止时仍然可以为高压系统提供高压电流，因此高压起动电动发电机与汽油发动机的传动皮带集成为一体。这种布置即便在汽车静止和发动机运行状态下也可以提供高压电流
皮带张紧器	皮带摆动张紧装置	摆动皮带张紧器可确保传动皮带在所有驾驶状态（eBOOST/能量回收）下具备必要的张紧状态，从而实现所产生的所有扭矩的可靠传输
驱动皮带 6 PK	驱动皮带 8 PK	为了确保通过传动皮带实现高等级传动以及回收高压起动电动发电机输出的能力，应采用加固的传动皮带
带集成式橡胶隔离组件的减震器	带集成弓形弹簧的减震器	带有集成式弓形弹簧的减震器可以实现更大的转动角。高压起动电动发电机通过这种配置可以便捷地耦合
曲柄箱侧面的冷却液泵	曲柄箱前侧的冷却液泵	高压起动电动发电机需要较大的安装空间，因此对冷却液泵的安装位置进行了改动。此外，因为传动皮带作用力更高，所以对叶轮轴承进行了加固

（二）高压起动电动发电机

宝马 X1 插电混合动力车型，采用首次在 BMWi8 中使用的高压起动电动发电机。这是一种带齿的起动电动机系统，确保在所有条件下均可起动内燃发动机。高压起动电动发电机同样可用于能量回收 eBOOST 功能。

高压起动电动发电机的功能包括如下几点。

（1）对高压蓄电池单元进行充电。

（2）起动内燃发动机。

（3）增加内燃发动机的负载点。

（4）内燃发动机的能量回收功能。

因此混合动力车型发动机不再配备传统的起动电动机。汽油发动机只可通过高压起动电动发电机起动如图 2-31 所示。

①-机械冷却液泵；②-多楔带；③-皮带摆动张紧装置；
④-高压起动器电动发电机；⑤-带集成弓形弹簧的减震器。

图 2-31 宝马 X1PHEV 中的高压起动电动发电机

（三）皮带摆动张紧装置

摆动皮带张紧器的壳罩通过三个螺丝直接安装在高压起动电动发电机壳罩上。张紧弹簧产生夹固作用力并通过连个张紧轮传动至传动皮带。两个张紧轮可以朝着对方旋转，并通过同心轴承朝着壳罩旋转。

通过这种智能设计，摆动皮带张紧器时刻与传动皮带相匹配，传动皮带取决于负载情况，从而确保传动皮带的充分装进。

维修时，可以通过开口扳手松开摆动皮带张紧器，并通过组装螺栓保留在原位。图 2-32 中显示了所提供的摆动皮带张紧器的安装位置。

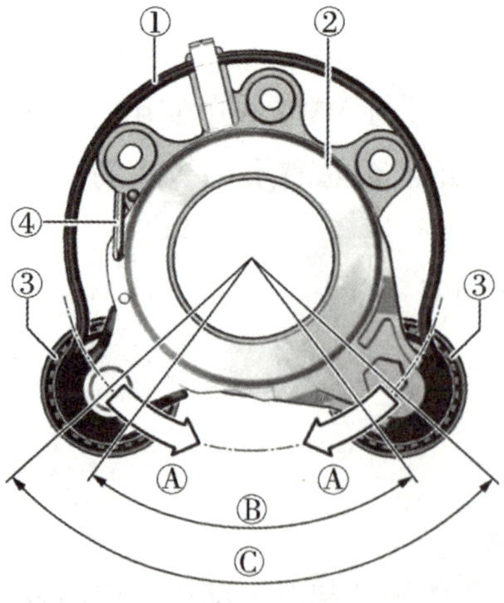

Ⓐ-夹固作用力；Ⓑ-中性位置；Ⓒ-安装位置；
①-张紧弹簧；②-壳罩；③-张紧轮；④-组装螺栓。

图 2-32 摆动皮带张紧器在发动机内的安装位置

摆动皮带张紧器固定在壳罩上后，传动皮带已经合理放置，组装螺栓必须拆除。采用开口扳手呈逆时针防线松开摆动皮带张紧器，直至可以拆下组装螺栓。

1. 起动发动机

宝马发动机被称为右旋转发动机。如果在作用力输出侧端面的对面进行观察，曲柄轴呈顺时针方向旋转。在起停阶段及电动行驶阶段起动内燃发动机时，高压起动电动发电机必须旋转内燃发动机。传动皮带的上部被拉紧，下部呈松弛状态。为了防止传动皮带打滑，可旋转摆动皮带张紧器使下部处于张紧状态，如图 2-33 所示。能量回收功能状态下摆动皮带张紧器的操作原理与起动时的操作原理相同。

①-摆动皮带张紧器作用力的方向；

②-高压起动电动发电机为内燃发动机供能时的作用力方向。

图 2-33 高压起动电动发电机在电动模式下的皮带传动

2. 能量回收

如果通过高压起动电动发电机回收能量，该装置从内燃发动机提取能量。此时，内燃发动机为高压起动电动发电机供能。传动皮带的下部被拉紧，上部呈松弛状态。为了防止皮带在能量回收过程中打滑，可旋转摆动皮带张紧器使皮带上部保持张紧状态。

三、自动变速箱

宝马传动动力车型的 6 速自动换挡装置的主要功能与技术数据与其他品牌基本相同，不在此赘述。本书仅列述 PHEV 汽车需要进行的改动。

宝马 X1PHEV 选装熟悉的 Aisin6 速自动变速器，如图 2-34 所示。挡位执行机构通过常规电缆进行操作。

①-挡位杆的电缆；②-变速箱通气孔；③-电子变速控制装置 EGS；④-减震器；
⑤-左前变速箱输出轴；⑥-恒温器至变速器油冷器的变速箱机油管路；
⑦-变速器油冷器至恒温器的变速箱机油管路；⑧-电动变速器油泵；
⑨-恒温器；⑩-起动电动机的密封盖；⑪-右前变速箱输出轴。

图 2-34　PHEV 中 6 速自动变速器

（一）变速箱燃油供给

变速箱燃油供给与所有自动变速器转换器类似，内部同样在变速器输入装置处配备一个机械变速器油泵，负责为液压系统供油。但是，该款汽车存在内燃机关闭状态下使用电动机的驾驶模式。根据自动变速器的配置，这就意味着变速器输入装置（扭矩转换器）没有速度，因此无法通过机械变速器油泵供油。但是，变速器输出装置（差速器）处通过转轮应用速度。速度差值通过自动变速器消除。从而通过附加的电动变速器油泵保障必要的润滑作用，如图 2-35 所示。

Ⓐ-旋转方向；Ⓑ-输入；Ⓒ-输出

①-差速器；②-机械变速器油泵；③-液压扭矩转换器；
④-变速器油泵的电子控制装置；⑤-电动变速器油泵（80 W）。

图 2-35　PHEV 中的变速器供油装置

此外，还可以通过发动机自动起停功能（MSA）随时关停内燃发动机。如果出现这种状况，自动变速器机电一体化装置中的变速器机油（因内部自然泄露）回流至储油槽。为了确保机电一体化装置不会出现空转，并且为变速机构输送充足的变速器机油，在变速箱中同样安装了一个电动变速器油泵，如图 2-36 所示。

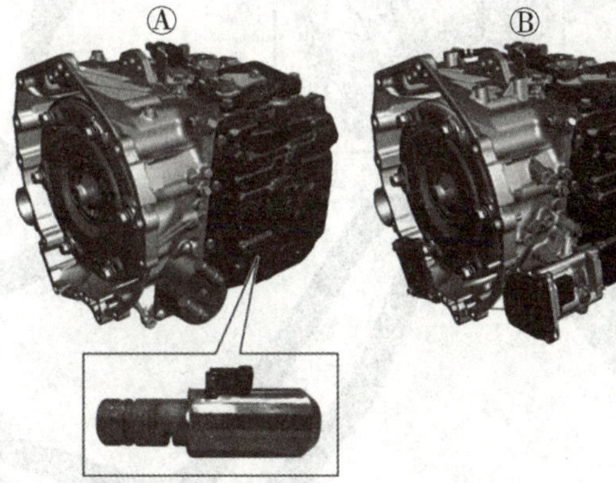

Ⓐ-燃油车型中的电动变速器油泵（DC）；Ⓑ-PHEV 中的电动变速器油泵（AC）。

图 2-36　燃油车型与 PHEV 车型中的电动变速器油泵概况

在没有配备电力驱动装置的汽车中，当发动机自动起停功能停止发生时，同样通过附加电动变速器油泵为自动变速器供油。这是一种通过低压直流电压（DC）驱动的电动机。因为驾驶中不需要这种装置，所以它的功率明显偏低。

在宝马 X1PHEV 车型中，电动变速器油泵通过低压交流电压（AC）供能，需要较高的输出。变速器油泵电子控制装置需要配备转换器（DC/AC 转换器）。电子控制装置及电动变速器油泵位于同一个单元。

电动变速器油泵的开关切换要求来自电子变速器控制单元。电子控制装置不具备诊断功能。此类装置仅能读取相应的报告，并根据请求启用电动变速器油泵的电动机。

（二）变速箱燃油冷却

空调冷凝器及高温散热器之间存在一个附加变速器冷油器。当达到相应的变速器油温时，油回路借助恒温器直接穿过变速器冷油器，如图 2-37 所示。图 2-38 为变速器冷油器的恒温器。

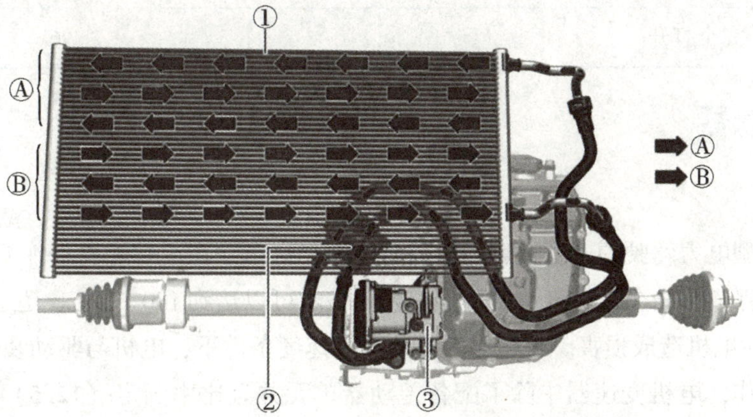

A-恒温器至变速器冷油器的油路；B-变速器冷油器至恒温器的油路；

①-变速器冷油器；②-恒温器；③-电动变速器油泵。

图 2-37　自动变速器的冷却油回路

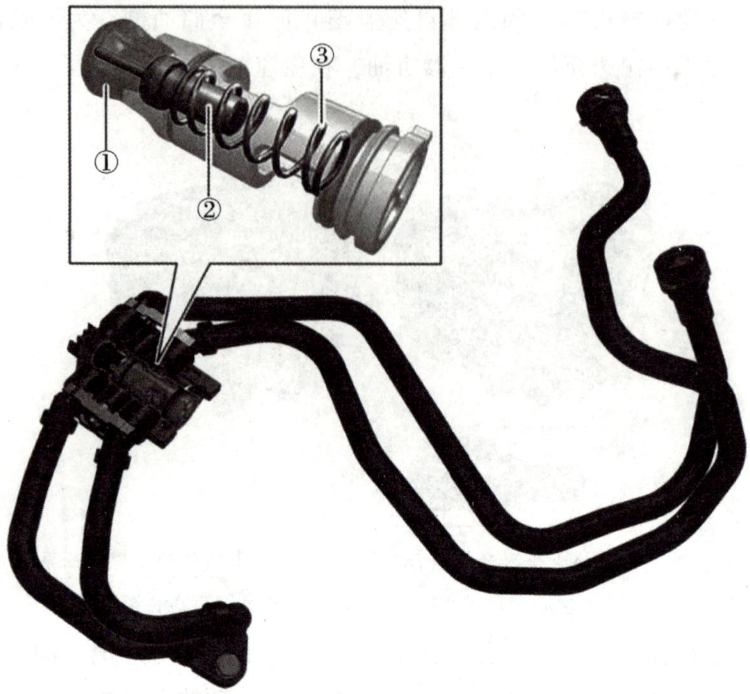

①-滑块；②-石蜡元件；③-弹簧。

图 2-38 变速器冷油器的恒温器

恒温器通过石蜡元件控制，石蜡元件经变速器机油加热膨胀。因此，滑块挤压弹簧，变速器机油返回口被释放。自动变速器与变速器冷油器之间形成一个油回路。表 2-3 列出了恒温器打开和关闭时的温度概况。

表 2-3 恒温器打开和关闭时的温度概况

恒温器位置	温度/℃
闭合	<76
完全打开	96

四、电机变速器

（一）概述

宝马 X1PHEV 车型电力驾驶的速度远远高于后驱型混动汽车。在这种配置条件下，宝马 X1PHEV 纯电力驾驶的速度可以达到 120 km/h，与汽油发动机混合驾驶时可以达到 130 km/h。超过这一速度后，电力驱动不再工作，甚至会对电机造成损害。在相对较高的驾驶速度条件下，电机与驱动装置断开。

为了实现这一操作，电机变速器中除了配备差动器单元并且比率固定（12.5）外，该装置中还配备了一个电起动离合器，如图 2-39 所示。

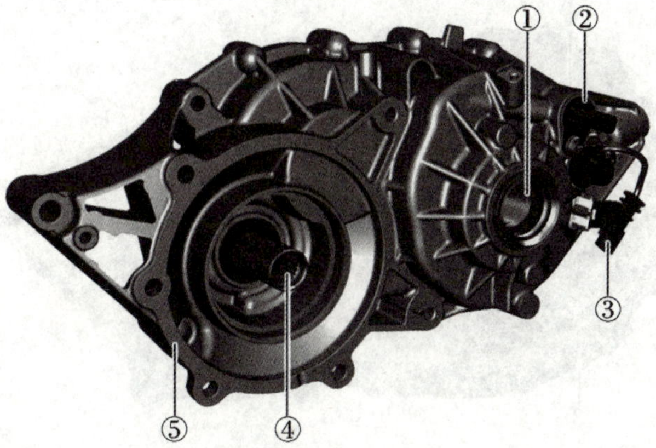

①-右侧输出；②-执行机构（螺线管）；③-挡位传感器（霍尔效应传感器）；
④-带花键套筒的驱动装置；⑤-电机法兰。

图 2-39　电机变速器

（二）结构与功能

电机变速器通过螺丝连接在电机上，并且附于后桥支撑上，如图 2-40 所示。12.5∶1 的固定齿轮比通过壳式离合器（电机离合器）将电机的速度和扭矩传送至后驱动轮，在能量回收过程中，还会回传至电机。

①-输入轴尺寸（23 齿）；②-变速器小齿轮（24 齿）；③-电机变速器壳罩；
④-变速器大齿轮（81 齿）；⑤-差动器单元齿轮（85 齿）；⑥-电机离合器。

图 2-40　电机变速器中的独立组件

如果需要并提出要求，电机通过电机离合器与后轮驱动恒定连接。但是，如果超出下述速度阀值，电机离合器打开，从而阻断通过后桥进行的电力驱动。

（1）ECOPRO 模式下：100 km/h。

（2）AUTOeDRIVE（与汽油发动机组合运行）：130 km/h。

该装置支持内燃发动机，并且如有必要会显示电动四轮驱动装置。为了防止高速行驶对电机造成损害，电机离合器在时速超过 130 km 后保持恒定打开状态。电机变速器通过变速器中的变速器机油进行润滑。变速器机油无需更换，仅需在进行检修时将机油加满即可。因此，变速器壳罩配备两个螺丝，通过螺丝可以进行放油和注油，如图 2-41 所示。

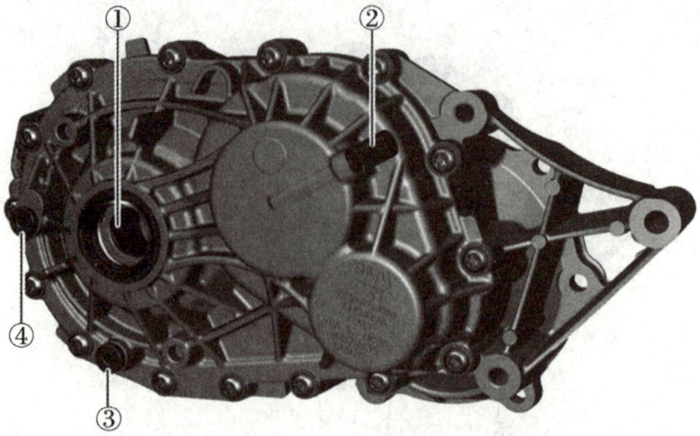

①–左侧输出；②–带盖板的通气接口；③–带密封环的放油塞；④–带密封环的注油塞。

图 2–41　电机变速器

电机变速器未安装驻车锁止器。驻车锁止器锁止前驱动轮，位于自动变速器内。电机变速器质量为 21 kg 左右。

（三）电机离合器

通过与电机变速器壳罩集成为一体的电机离合器，建立起动力传输装置，并且在电机和爪式驱动轮（爪式离合器）断开。电机的无缝耦合与解耦通过适应电机速度和对侧通过驱动轮的速度（差速器壳）实现，如图 2–42 所示。速度传送至电动机电子装置，并通过电机转子位置传感器和驱动轮速度传感器进行评估。

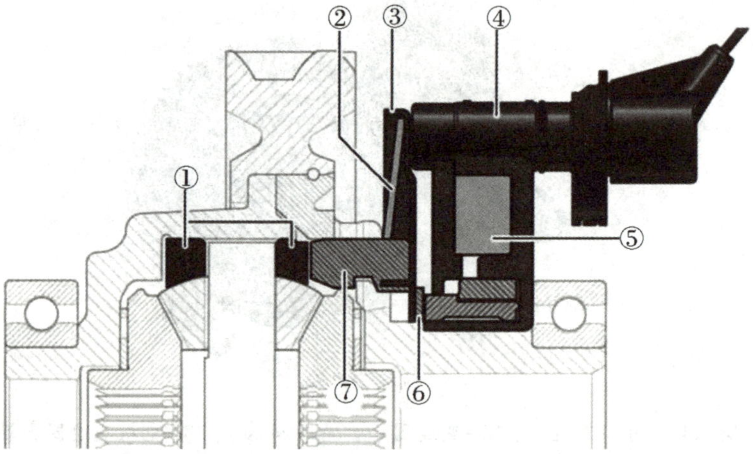

①–爪式离合器；②–膜片弹簧；③–霍尔效应传感器的传感器盘；④–传感器盘的位置检测传感器（霍尔效应传感器）；⑤–线圈（执行机构）；⑥–止推垫圈；⑦–凸轮环。

图 2–42　电机离合器

知识拓展

严禁对带电高压组件进行检修。在开始涉及高压组件的每项操作前，必须断开高压系统的电源，并确保不会重新连接后方可进行检修。

只有符合所有条件要求的检修人员方可对指定高压组件进行检修：合理的资质、符合安全规则、符合维修说明规定的程序。

在进行检修时，电机离合器可以单独替换。安装/拆除该装置时，电机轴必须清理之前涂抹油脂。此外，必须小心操作，确保电机转子轴不承受负载，以免损害电机的带槽球轴承。

一个霍尔效应传感器记录爪的位置通过脉冲宽度调制信号（PWM 信号）传送至电机电子（EME）装置。如果发送关闭电机离合器的请求信号，会产生一个 2.3~3.2 A 的启用电流。电机离合器闭合后，电机即刻驱动后桥上的从动轮，并且线圈上的电流减少（1.2 A 保持电流），确保充分保持爪式离合器的投入。这是因为相关爪的作用力还用于此处的摩擦式连接。

如果线圈无作用电流，线圈作为执行机构“抵制”电机离合器的盘式弹簧，预拉紧盘式弹簧确保离合器被打开。通过调整电机速度，电机离合器的摩擦式连接（可能处于负荷状态）进行附加释放，确保电机离合器的释放状态，电机离合器的工作原理，如图 2-43 所示。

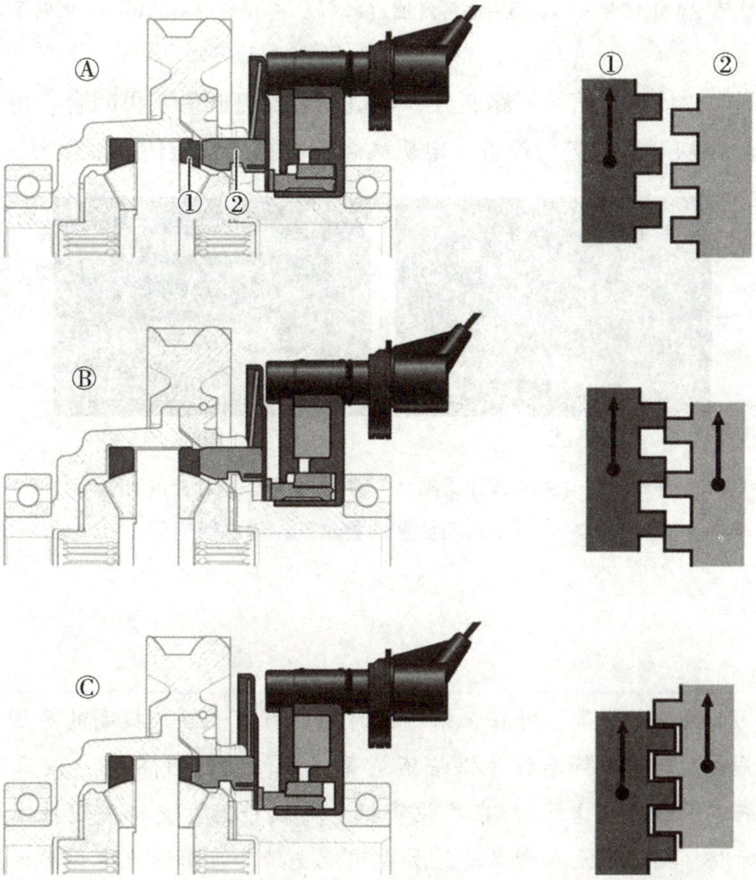

Ⓐ-离合器打开；Ⓑ-待定状态的离合器；Ⓒ-离合器闭合；①-爪式离合器；②-凸轮环。

图 2-43　电机离合器的工作原理

通过电机离合器进行的壳式动力传动（通过电动机电子装置 EME 启用）在特定驾驶条件下用来断开电机。例如，这一动作在时速超过 130 km 后的最后一步执行，或者在滑行状态执行。

霍尔效应传感器提供信号来判定离合器位置。但是，信号可以拥有不同的数值，电机离合器的线路连接方式如图 2-44 所示。

（1）电机离合器闭合：90%。

（2）电机离合器打开：10%。

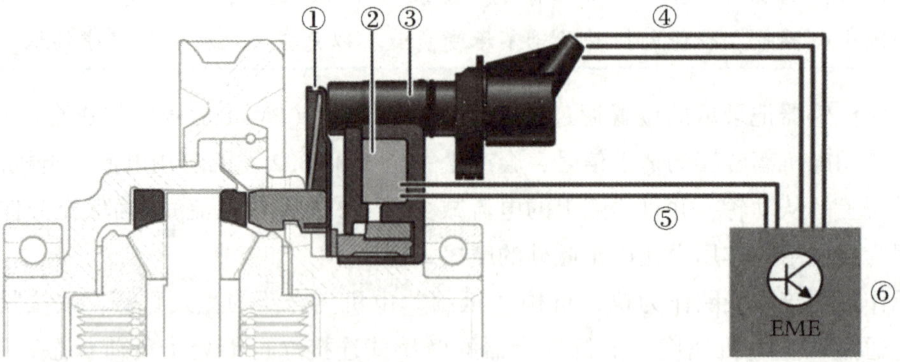

①-霍尔效应传感器的传感器盘；②-线圈（执行机构）；③-传感器盘的位置检测传感器（霍尔效应传感器）；④-与 EME 连接的 PWM 信号回路；⑤-启用线圈（执行机构）的电路；⑥-电机电子装置（EME）。

图 2-44　电机离合器的线路连接方式

如果出现故障，例如，传感器信号线路断开，电机离合器打开后不再闭合。可以利用宝马诊断系统 ISTA 中含有的各类试验模块对系统进行检查，电机离合器的霍尔效应传感器信号，如图 2-45 所示。

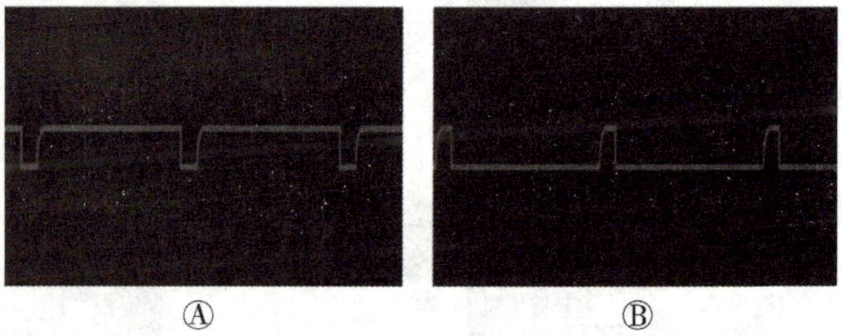

Ⓐ-电机离合器闭合（90%工作周期）；Ⓑ-电机离合器打开（10%工作周期）。

图 2-45　电机离合器的霍尔效应传感器信号

思政链接

针对我国居民汽车保有量提高，并在未来一段时间还有可能继续提高的原因，出于对目前城市停车难问题的现实考量，为解决停车设施供给不足等问题，2015 年 8 月，国家发改委发布了《关于加强城市停车设施建设的指导意见》。在建设审批、财政补贴、支持关键技术研发等方面适度予以倾斜，统一充电标准、拓宽多元融资渠道、加大用地支持力度加速充电设施的建设。

特别是规定，新建住宅原则上配建停车位应 100%建设充电设施或者预留建设安装条件，大型公共建筑物配建停车场、社会公共停车场建设充电设施或预留建设安装条件的车位比例不低于 10%，每 2 000 辆电动汽车至少配套建设一座公共充电站。对于充电设施的建设，应该优先建设公共交通领域的充电设施，稳步推进用户专用充电桩建设，鼓励向社会公众开放使用。结合现有高速公路，建设“四纵四横”的城际快充网络，满足居民的城际出行需求。鼓励利用社会资本设立充电基础设施发展专项基金，发行充电基础设施企业债券，探索利用基本养老保险基金投资支持充电基础设施建设。

以哈尔滨市为例。为深入贯彻落实国家和省消费品以旧换新工作总体部署，加快促进哈尔滨市汽车更新消费，激发市场活力、释放消费潜力，推动经济社会持续健康发展，哈尔滨市在全市范围内开展汽车以旧换新补贴活动。2024 年 4 月 26 日至 12 月 31 日，对个人消费者报废国三及以下排放标准燃油乘用车或 2018 年 4 月 30 日前（含当日）注册登记的新能源乘用车，并购买纳入工信部《减免车辆购置税的新能源汽车车型目录》的新能源乘用车或 2.0 升及以下排量燃油乘用车，给予一次性定额补贴。对报废上述两类旧车并购买新能源乘用车的，补贴 1 万元；对报废国三及以下排放标准燃油乘用车并购买 2.0 升及以下排量燃油乘用车的，补贴 7 000 元。

课后练习

一、填空题

1. 对于传动系统的功能来说，新能源汽车与传统燃油车________，而机构组件中最大的区别就是________。

2. 与在传统自动变速箱车辆上一样，驻车锁负责________________，即使上坡/下坡坡度最高达到____________，该变速器驻车锁也能使车辆安全____________。

3. 驻车锁执行机构本身是一个带__________和________的直流电机。

4. GA8P75HZ 变速箱内的混合动力装置包括：________；________；________；________。

5. 高压起动电动发电机的功能包括：_____________________、________________、增加内燃发动机的负载点、内燃发动机的能量回收功能。

二、简答题

1. 串联式布置方式与并联式布置方式分别应用于什么情况？

2. 简述自动变速箱的工作原理。

项目三 转向系统的认识与检修

项目概述

新能源动力汽车追求的目标是节省燃油、减少二氧化碳和有害物质的排放，因此新能源汽车几乎都采用电动机械式助力转向系统，机械转向系统是减少了二氧化碳的排放量系列措施中的一项，同时取消了助力油液，也在环保方面有了提升，工作时不使用液压组件（泵、储液罐、冷却器、管路、液压油），因此是一种干燥的、有利于环保的系统。各汽车品牌都希望尽可能将这种转向系统推广到更多车型上。

学习目标

知识目标

◆掌握机械转向系统和动力转向系统的结构。

◆掌握机械转向系统和动力转向系统的工作原理。

能力目标

◆能够叙述转向系统各部分的工作原理。

◆能够对转向系统进行简单的故障判断。

素质目标

◆能够发现学习过程中的问题，并通过团队协作解决问题，提高团队协作素质。

思政目标

◆认同并维护我国科教兴国战略，勇担民族复兴使命，发扬时代精神。

任务工单

一、实训内容

1. 转向盘维护

车辆固定在平坦坚实的地面，车轮朝向正前方，依次检查。

（1）前后左右晃动，检查转向盘的旷动情况，检查是否松动或发出“吱吱”声；如果发现缺陷，应进行维修或更换。

（2）检查转向盘的自由间隙，转向盘自由间隙是指用较小的力量轻轻左右转动转向盘但不要使车轮发生偏转，转向盘所能转过的角度，其范围为 10~15°或者 0~30 mm。

如果转向盘运动不在规定的自由间隙范围内，检查以下部位，如果发现缺陷，应及时更换。

（1）转向横拉杆球头是否磨损。

（2）下部球接头是否磨损。

（3）转向轴接头是否磨损。

（4）转向小齿轮或齿轮齿条是否磨损或破裂。

（5）其他部件是否松动。

2. 转向力的检查方法和步骤

（1）汽车停放在水平路面上，转向盘放置在平直向前位置。

（2）检查轮胎充气压力是否符合指定要求。

（3）起动车辆。

（4）将点火开关置于 ON 挡时，从相切方向用弹簧秤钩住转向盘，匀速拉动弹簧秤测量转向力。转向力至少为 35 N。

3. 转向助力功能检查

（1）在道路试车过程中，通过原地转向、低速行驶中转向，检测是否有转向沉重、助力效果不足等问题。

（2）将转向盘分别向左右打至极限位置，检测是否有转向盘抖动、转向机异响等故障。

4. 转向横拉杆状态的检查

转向横拉杆球头的间隙、紧固程度及防尘套状态检查，按照下列步骤进行作业。

（1）举升车辆（车轮悬空），通过摆动车轮和转向横拉杆来检查间隙。

（2）检查转向横拉杆球头的固定螺母是否牢固。

（3）检查转向横拉杆的防尘套有无损坏和安装位置是否正确。

二、实训记录

实训记录单

实训项目			
姓名		学号	
班级		日期	

续表

实训地点	
小组组长	小组成员
小组成员分工	
实训过程内容与流程记录	
（请填写安排的任务内容）	
实训任务回顾与总结	
任务收获与结果	
建议和行动计划	

三、实训测评

实训测评表

项目名称	评价内容	分值	评价分数		
			自评	互评	师评
职业素养考核项目（40%）	考勤、仪容仪表	10 分			
	责任意识、纪律意识	10 分			
	团队合作与交流	10 分			
专业能力考核项目（60%）	积极参与教学活动并正确理解任务要求	10 分			
	认真搜集任务所需资料	10 分			
	任务实施过程记录表的完成度	10 分			
	对转向系统知识的掌握程度	20 分			
	对转向系统检测实训的完成程度	20 分			
合计：综合分数______	（自评×20%+互评×20%+师评×60%）	100 分			
综合评语		教师（签名）：			

任务一 机械式转向系统

汽车转向系概述

一、汽车转向系概述

（一）转向系的作用与类型

用来改变或保持汽车行驶或倒退方向的一系列装置称为汽车转向系统（steering system，SS）。汽车转向系统的功能就是按照驾驶人的意愿控制汽车的行驶方向。

根据转向动力的不同，转向系统分为机械转向系统和助力转向系统。机械转向系统以驾驶人的体力作为转向能源，其中所有传力件都是机械的。机械转向系统通常由转向操纵机构、转向器和转向传动机构组成。

（二）汽车转向条件

汽车转向行驶时，为了避免车轮相对地面滑动而产生附加阻力，减轻轮胎磨损，要求转向系统能保证所有车轮均做纯滚动，即所有车轮轴线的延长线都应相交于一点，此交点 O 称为转向中心，如图 3-1 所示，且应满足公式

$$\cos\alpha=\cos\beta+B/L$$

式中 α——外转向轮的偏转角；

β——内转向轮的偏转角；

B——两侧主销轴线与地面交点之间的距离，即轮距；

L——汽车轴距。

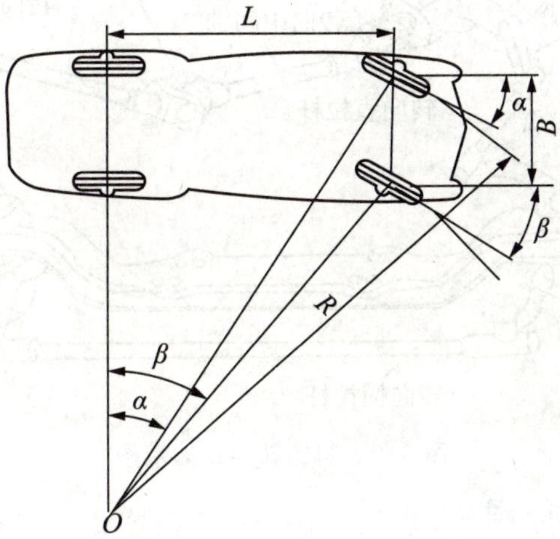

图 3-1 汽车转向示意图

因此，汽车实现正常转向，必须要有一个转向中心，内转向轮偏转角 β 必须大于外转向轮偏转角 α，且满足上述公式。通过将转向机构设计成梯形来保证内外转向轮偏转角之间的关系。

由转向中心 O 到外转向轮与地面接触点的距离 R 称为汽车的转弯半径。转弯半径越小，则汽车转向所需场地就越小，机动性能越好。

（三）转向系传动比

1. 转向器角传动比

转向盘的转角增量与转向摇臂转角的相应增量之比称为转向器角传动比，用 $i_{\omega 1}$ 表示。（货车的转向器角传动比为 16~32，轿车的为 12~20。）

2. 转向传动机构角传动比

转向摇臂转角增量与转向盘所在一侧转向节的相应转角增量之比称为转向传动机构角传动比，用 $i_{\omega 2}$ 表示。

3. 转向系角传动比

转向盘转角增量与同侧转向节相应转角增量之比称为转向系角传动比，用 i_{ω} 表示。显然，$i_{\omega}=i_{\omega 1}i_{\omega 2}$。转向系角传动比越大，转向越轻便，但传动比过大，将导致转向操纵不够灵敏。

（四）转向盘的自由行程

转向盘在空转阶段的角行程称为转向盘的自由行程。它有利于缓和路面冲击，避免导致驾驶员过度紧张，但不宜过大，否则将使转向灵敏性下降。

二、机械转向系的结构和工作原理

（一）机械转向系的结构

机械转向系以驾驶员的体力作为转向能源，又称为人力转向系。机械转向系一般由转向操纵机构（包括转向盘、转向轴、转向万向节等）、转向器和转向传动机构（包括转向摇臂、转向节臂、转向直拉杆、转向横拉杆等）三大部分组成，如图 3-2 所示。

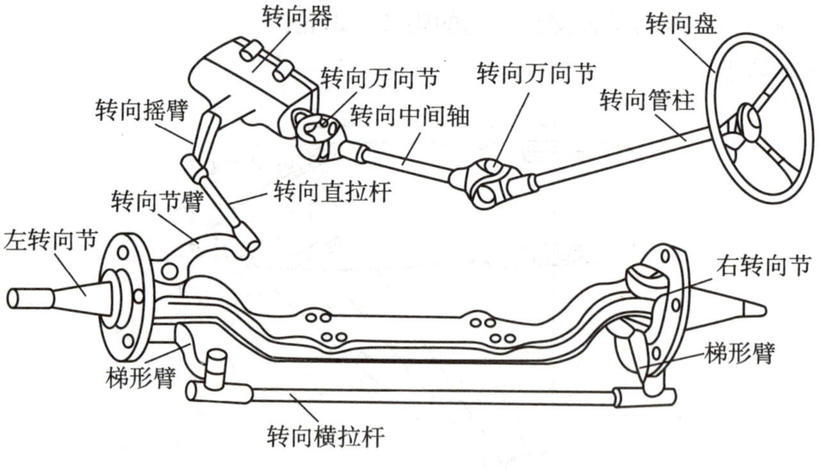

图 3-2　机械转向系的结构

（二）机械转向系的工作原理

当转动转向盘时，通过转向轴、转向万向节和转向传动轴，将转向力矩输入转向器。经转向器增大力矩后传到转向摇臂，再通过转向直拉杆传给固定在左转向节上的转向节臂，使左转向节及其上的左转向轮绕主销偏转。同时，左梯形臂经转向横拉杆和右梯形臂使右转向节及右转向轮绕主销向同一方向偏转，实现转向。

三、转向操纵机构

转向操纵机构由转向盘和转向柱组成。

（一）转向盘

转向盘（steering wheel，SW）是汽车操纵行驶方向的轮状装置。转向盘一般通过花键与转向轴相连。转向盘呈圆形，它能够将驾驶人转动转向盘的力矩传递给转向柱，转向柱再将转向力矩传递给转向器及转向传动机构，从而使转向轮偏转相应的角度。驾驶人通过控制转向盘，使汽车按照驾驶人的意图保持或者改变运动方向。当汽车发生正面碰撞交通事故时，无论是由于转向盘的后移还是驾驶人前冲碰撞转向盘，都能使驾驶人受到伤害，因此，设计转向盘时应满足下述一些基本要求。

（1）在发生正面碰撞交通事故时，使驾驶人受到的伤害尽可能小。

（2）不妨碍驾驶人观察仪表板上仪表的视野。

（3）有良好的耐磨性能。

（4）不易燃烧。

（5）不反光。

转向盘内部由金属骨架构成，骨架的外面一般包有柔软的合成橡胶或树脂，起到缓冲的作用。现代汽车的转向盘除了安装有喇叭控制开关和驾驶人安全气囊外，通常还安装有自动巡航和音响娱乐等系统的控制开关。当转向盘转动时，这些电气元件也随之转动。为了保证它们的正常工作，这些电气元件的线束连接需要使用螺旋电缆。

转向盘与转向轴之间有安装位置要求，安装时必须对准标记，否则，转向盘无法正确安装到位。拆卸转向盘时必须断开蓄电池负极，以中止安全气囊的工作电源，同时将螺旋电缆对准安装标记，以防其损坏。

转向系统中各传动部件之间存在装配间隙，并且这些间隙将随着零件的磨损逐渐增大。因此，在转向盘转动过程的初始阶段，只需要很小的力就能够转动转向盘，该力矩只是用来克服转向系统内部的摩擦，使各传动部件的间隙完全消除，通常认为这一阶段是转向盘空转阶段。此后，需要对转向盘施加较大的力，以克服车轮传递到转向节上的转向阻力，从而使转向轮偏转。转向盘在空转阶段的转动量称为转向盘自由行程，一般用角度表示。转向盘自由行程对缓和路面冲击及避免使驾驶人过度紧张是有利的，但不宜过大，以免影响转向操纵的灵敏性。转向盘从相应于汽车直线行驶的中间位置向任何一个方向的自由行程不应超过15°，当超过30°时，必须进行调整。

转向盘自由行程过大是由于转向系统各机件之间装配不当或机件的磨损所致，如果转向盘自由行程超过规定值，应检查转向拉杆接头、转向节球头、转向器齿轮齿条是否磨损或损坏，零件安装或连接是否松动，如有应更换或紧固相应零件。

（二）转向柱

转向柱位于转向盘和转向器之间，其主要的作用是将来自转向盘的转向力矩传递给转向器。转向柱主要由转向管柱、转向轴、转向传动轴、万向节和转向柱调整机构等组成，如图3-3所示。

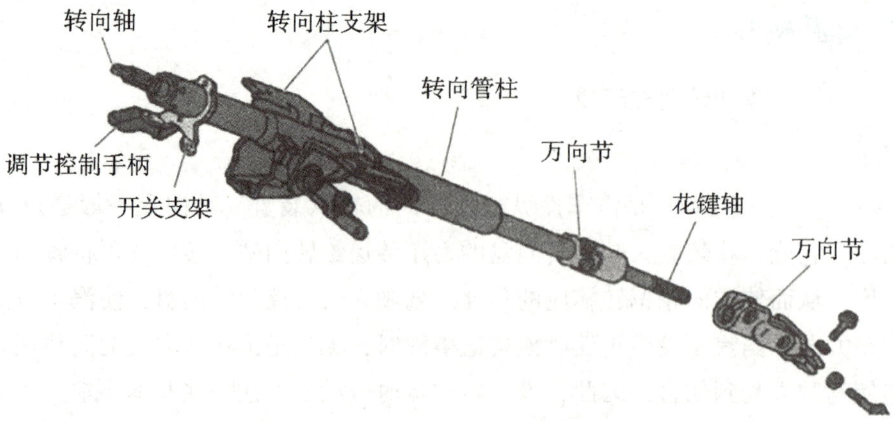

图 3-3　转向柱的组成

四、转向器

转向器是完成由旋转运动到直线运动（或近似直线运动）的一种齿轮机构，同时也是转向器中的减速传动装置，它的作用是增大转向盘传到转向节的力，并改变力的传递方向。汽车上常用的转向器有齿轮齿条式、循环球式、蜗杆曲柄指销式等。

（一）齿轮齿条式转向器

齿轮齿条式转向器主要由转向器壳体、转向齿轮、转向齿条等组成，如图 3-4 所示。转动转向盘时，转向齿轮转动，与之相啮合的转向齿条沿轴向移动，从而使左、右转向横拉杆带动转向节转动，使转向轮偏转，实现汽车转向。

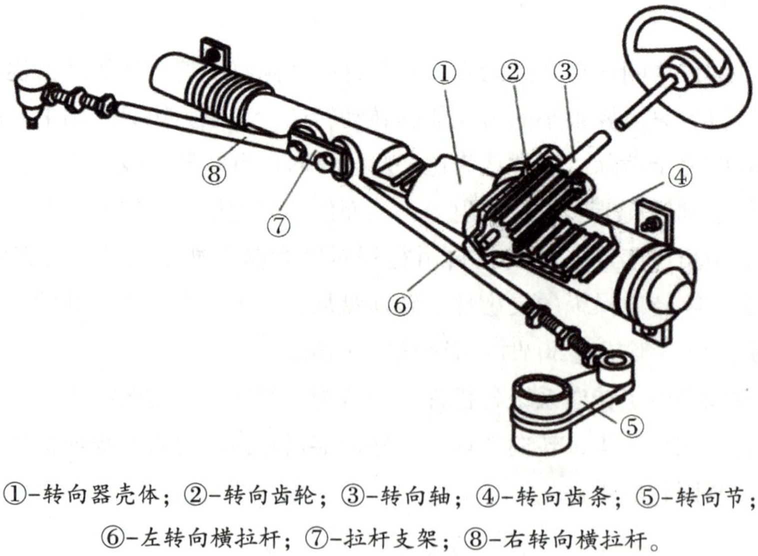

①-转向器壳体；②-转向齿轮；③-转向轴；④-转向齿条；⑤-转向节；
⑥-左转向横拉杆；⑦-拉杆支架；⑧-右转向横拉杆。

图 3-4　齿轮齿条式转向器

齿轮齿条式转向器具有结构简单、可靠性好、转向灵敏、便于独立悬架布置等特点，在各种类型汽车中应用广泛。例如，天津夏利 TJ100 型轿车、一汽捷达、一汽高尔夫、上海桑塔纳和南京依维柯轻型货车，都采用了齿轮齿条式转向器。

（二）循环球式转向器

1. 结构

循环球式转向器一般有两级传动副，第一级是螺杆螺母传动副；第二级是齿条齿扇传动副或滑块曲柄销传动副。如图 3-5 所示，循环球式转向器主要由转向螺杆、转向螺母、扇形齿轮、轴承等组成。转向螺母既是第一级转动副的从动件，又是第二级传动副的主动件。为了减少转向螺杆与转向螺母之间的摩擦与磨损，二者的螺纹不直接接触，而是做成滚珠的内外滚道，其间装有许多滚珠，以实现滚动摩擦。

转向螺母上装有两个滚珠导管，每个滚珠导管的两端分别插入转向螺母侧面的孔中。滚珠导管内装满了滚珠，形成两个各自独立的封闭通道。

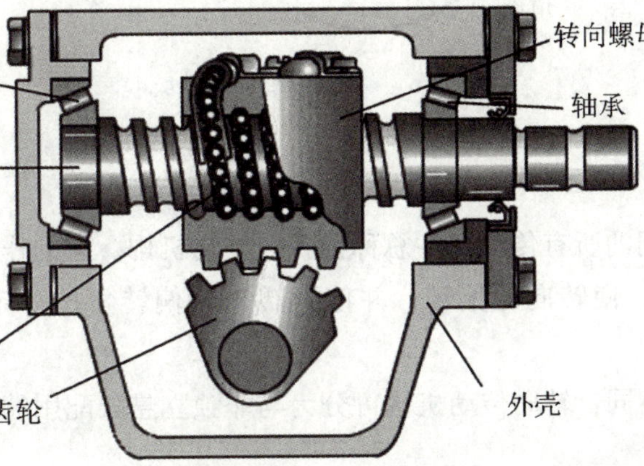

图 3-5　循环球式转向器

2. 工作原理

当转向盘转动时，转向轴带动转向螺杆旋转，通过滚珠将力传递给转向螺母，使得转向螺母沿轴向移动，转向螺母上的齿条带动扇形齿轮转动，进而带动转向摇臂转动，实现车轮的转向。

知识拓展

循环球式转向器具有操纵轻便、使用寿命长、正效率高（可达 90%~95%）等优点，其逆效率也很高，可将地面对转向轮的冲击力传递给转向盘。经常在良好路面上行驶的汽车，高逆效率对汽车影响不大，因此，循环球式转向器广泛应用于国内外汽车中。

（三）蜗杆曲柄指销式转向器

蜗杆曲柄指销式转向器主要由转向蜗杆、指销、摇臂轴等组成。转向蜗杆与指销相啮合，构成传动副。当转向盘转动时，带动转向蜗杆（主动件）转动，与其相啮合的指销（从动件）一边自转，一边以曲柄为半径绕摇臂轴轴线在蜗杆的螺纹槽内作圆弧运动，从而带动曲柄、转向摇臂转动，实现转向，如图 3-6 所示。

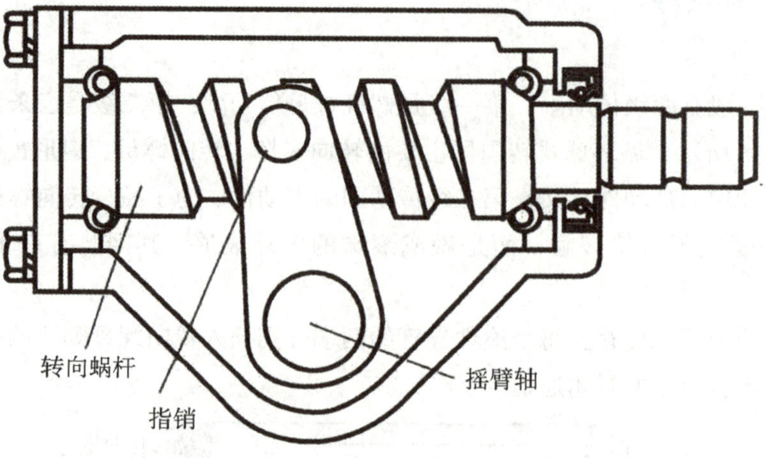

图 3-6　蜗杆曲柄指销式转向器

五、转向传动机构

从转向器到转向轮之间的所有传动杆件总称为转向传动机构。它的作用是将转向器输出的力和运动传到转向桥两侧的转向节，使转向轮偏转，并使两转向轮偏转角按一定关系变化，实现汽车的转向行驶。

根据配合的悬架系统不同，转向传动机构可分为与非独立悬架配用的转向传动机构和与独立悬架配用的转向传动机构。

（一）与非独立悬架配用的转向传动机构

与非独立悬架配用的转向传动机构主要由转向摇臂、转向直拉杆、转向横拉杆、转向节臂、梯形臂等组成，如图 3-7 所示。转向节臂、梯形臂和转向横拉杆组成转向梯形。当前桥仅为转向桥时，由转向横拉杆和左、右梯形臂组成的转向梯形机构一般布置在前桥之后，如图 3-7（a）所示。当转向轮处于汽车直线行驶相应的中立位置时，梯形臂与转向横拉杆在与道路平行的水平面内的交角 $\theta<90°$，如图 3-7（b）所示。若转向摇臂不是在汽车纵向平面内前后摆动，而是在与道路平行的平面内左右摇动，则可将转向直拉杆横置，并借球头销直接带动转向横拉杆，从而推动两侧梯形臂转动，如图 3-7（c）所示。

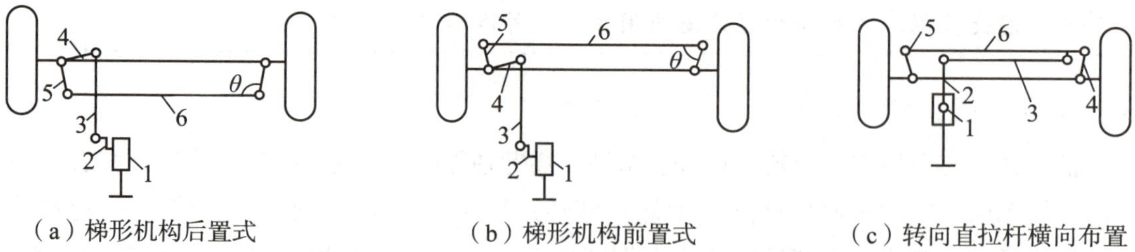

①-转向器；②-转向摇臂；③-转向直拉杆；④-转向节臂；⑤-梯形臂；⑥-转向横拉杆。

图 3-7　与非独立悬架配用的转向传动机构示意图

1. 转向摇臂

转向摇臂的作用是将转向器输出的力和运动传给转向直拉杆和转向横拉杆，进而推动转向轮偏转。转向摇臂的典型结构如图 3-8 所示，多采用铬钢类的优质钢经锻造和机械加工制成，上端加工出带细齿花键的锥孔与转向摇臂轴连接，下端通过球头销与转向直拉杆连接。根据转向传动机构的布置方式不同，转向摇臂的摆动方向有前后方向摆动和左右方向摆动两种。

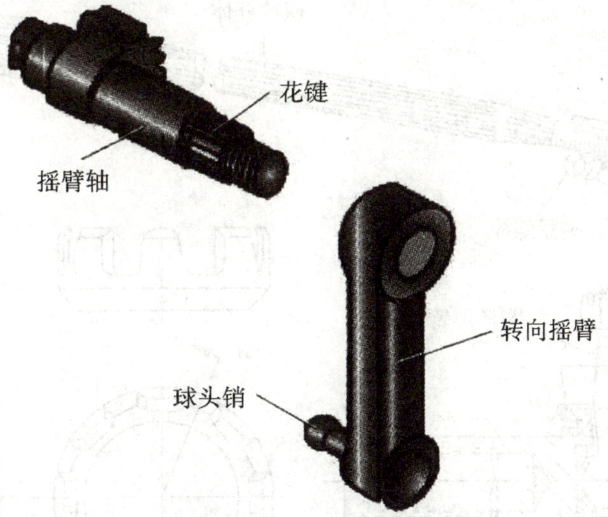

图 3-8　转向摇臂的典型机构

2. 转向直拉杆

转向直拉杆的作用是将转向摇臂传来的力和运动传给转向梯形臂或转向节臂。当转向轮偏转或因悬架弹性变形而相对于车架跳动时，转向直拉杆、转向摇臂及转向节臂的相对运动都是空间运动，为了不发生运动干涉，三者间的连接都采用球头销，如图 3-9 所示。

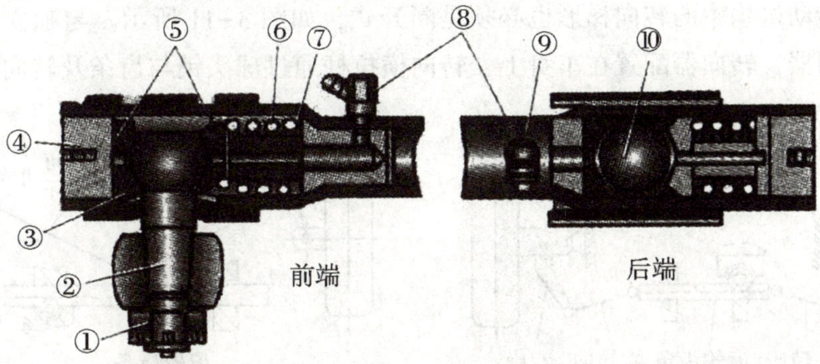

①-螺母；②-转向节臂球头销；③-橡胶防尘垫；④-螺塞；⑤-球头座；⑥-压缩弹簧；⑦-弹簧座；⑧-油嘴；⑨-直拉杆体；⑩-转向摇臂球头销。

图 3-9　转向直拉杆

3. 转向横拉杆

转向横拉杆是联系左、右梯形外臂并使其协调工作的连接杆，它在汽车行驶过程中反复承受拉力和压力，因此多用高强度冷拉钢管制造。转向横拉杆是转向梯形机构的底边，由横拉杆体和旋装在两端的接头组成，如图 3-10 所示。其中，两端接头结构相同，但螺纹的旋向相反。球头销的尾部与梯形臂（或转向节臂）相连。旋松夹紧螺栓后，转动横拉杆体，可改变转向横拉杆的总长度，从而调整转向轮前束。

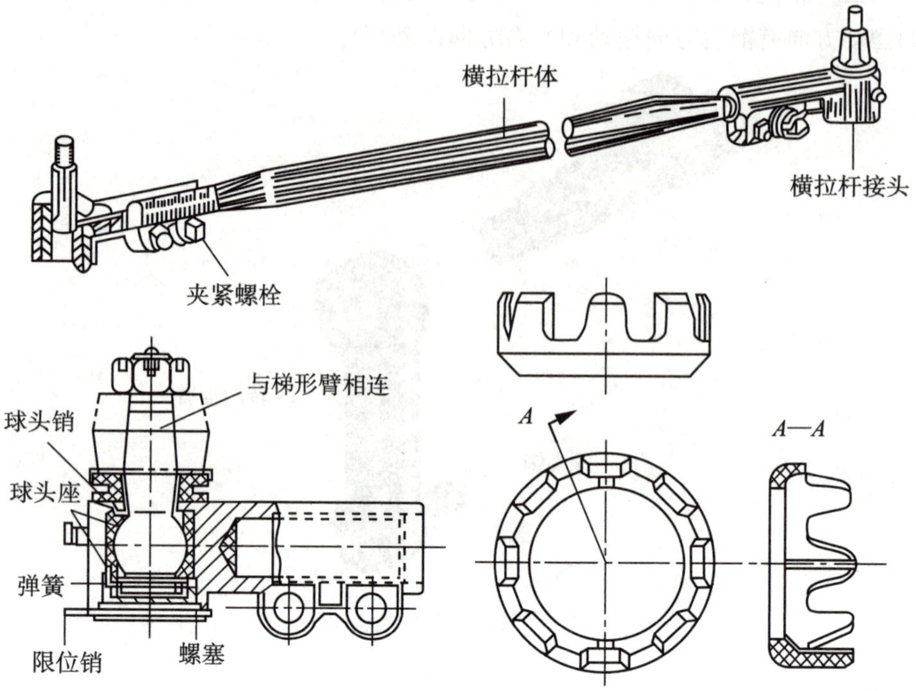

图 3-10　转向横拉杆

（二）与独立悬架配用的转向传动机构

当转向轮为独立悬架时，每个转向轮都需要相对于车架作独立运动，因而转向桥必须使用断开式；与此相对应，转向传动机构中的转向梯形也必须是断开式，如图 3-11 所示。与独立悬架配用的转向器多为齿轮齿条式转向器，转向器配置在车身上，转向横拉杆通过球头销与齿条及转向节臂相连。

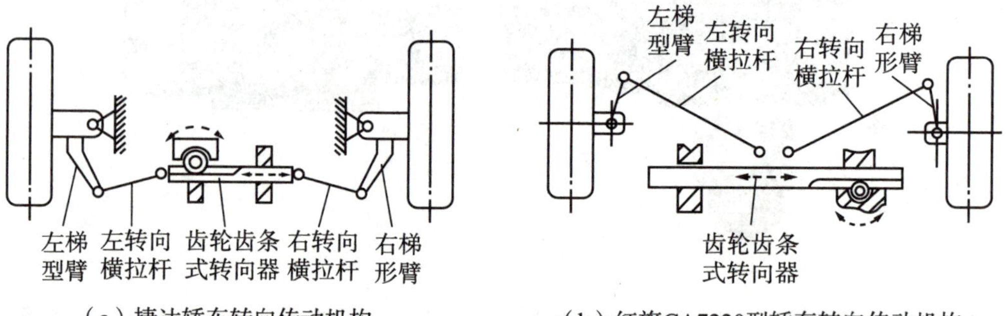

图 3-11　与独立悬架配用的转向传动机构

任务二　动力转向系统

为了减轻驾驶人作用在转向盘上的操作力，改善转向系统的技术性能，目前很多汽车都采用了动力转向装置。使用外来动力而产生转向辅助力的装置称为转向动力装置。这样可以使转向操纵更加轻便，并且不影响转向系统的响应性。采用动力转向系统的汽车在正常情况下，使汽车转向所需要的力一部分由驾驶人提供，而大部分的作用力由动力装置提供。当动力装置失效时，必须确保转向系统的机械部件仍然能够工作。常见的动力转向有液压助力、电子液压助力和电动助力三种。

一、液压动力转向系

液压动力转向系统将发动机输出的部分机械能转换为液压能，并在驾驶人的控制下，对转向器或转向传动机构的某一传动部件施加不同方向的液压作用力，以帮助完成转向。液压动力转向系统工作噪声极小，工作滞后时间短，并且能够吸收来自路面的冲击，因此广泛应用在各类汽车上。

（一）常流式液压动力转向系统的结构与工作原理

图 3-12 为常流式液压动力转向系统示意图。主要由转向油罐、转向液压泵、控制阀、转向动力缸等组成。常流式的优点是结构简单，液压泵使用寿命长，泄漏少，消耗功率也比较少。目前，汽车上使用较多的是常流式液压动力转向系统。

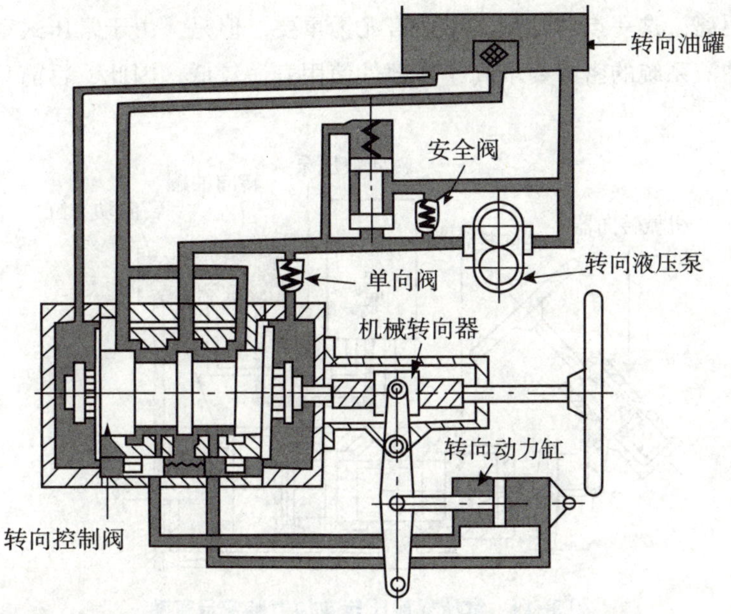

图 3-12　常流式液压动力转向系统示意图

当汽车不转向时，转向控制阀保持开启，转向动力缸的活塞两边的工作腔由于都与低压回油管相通而不起作用。液压泵输出的油液流入转向控制阀（此控制阀在液压泵内），又由此流回油罐。因转向控制阀的节流阻力很小，故液压泵输出压力也很低，液压泵实际处于空转。当驾驶人转动转向盘时，通过机械转向器使转向控制阀处于某一转弯方向相应工作位置，转向动力缸的相应工作腔与回油管隔绝，而与液压泵输出管路相通，而动力缸的另一腔则仍与回油管相通。地面转向阻力经转向传动机构传到转向动力缸的推杆和活塞上，形成比转向控制阀节流阻力高许多的液压泵输出管路阻力。于是，液压泵输出压力急剧增加，直到足以推动转向动力缸活塞为止。转向盘停止转动后，转向控制阀立即回到起始位置，动力转向系统停止工作，转向车轮便不再偏转。由此可见，采用了动力转向系统之后，转向车轮偏转的开始和终止都较转向盘转动的开始和终止要晚一些。

知识拓展

在转向过程中，转向动力缸中的油压随转向阻力而变化，两者相互平衡。如果油压过高，克服了转向阻力还有剩余，车轮将会加速转向。一旦车轮偏转角超过转向盘给定的转向角，则由转向螺母带动螺杆轴向移动。螺杆移动的方向与转向开始时移动的方向相反，从而改变控制阀油路，减小了动力缸中的油压，以保证转向车轮偏转与转向盘的转动相适应。

（二）常压式液压动力转向系统的结构与工作原理

常压式液压转向加力装置示意图，如图 3-13 所示。常压式液压动力转向系统的工作原理与常流式相似，主要区别在于常压式系统增加了储能器。与常流式相比，常压式的储能器能够积蓄一定的液压能，因而可以使用流量较小的转向油泵，而且可以在油泵不运转的情况下保持一定的转向助力能力，使汽车有可能续驶一定距离，这一点对重型汽车而言尤为重要。但是，由于常压式动力转向油液系统一直保持较高的油压，对油液系统的密封要求高，零部件使用寿命较低，因此，目前只有少数重型汽车采用常压式转向加力装置。

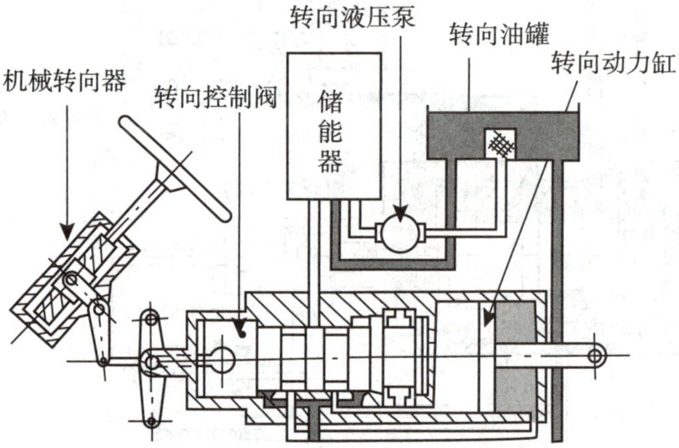

图 3-13　常压式液压转向加力装置示意图

（三）动力转向的主要部件

1. 转向油泵

转向油泵是液压助力转向系统的供能装置。转向油泵将发动机的机械能变为驱动转向动力缸工作的液压能，再由转向动力缸输出受控制的转向力驱动转向车轮转向。转向油泵有齿轮式、叶片式和转子式等。下面以目前应用较多的叶片式为例进行介绍。

图 3-14　叶片式动力转向泵

叶片式动力转向泵主要由转子、定子、叶片、前壳体、后壳体等组成，如图 3-14 所示。转子上开有均匀分布槽，叶片安装在转子槽内，并可在槽内滑动。定子内表面由两段大半径的圆弧、两段小半径的圆弧和过渡圆弧组成腰形结构。转子和定子同圆心。转子在传动轴的带动下旋转，叶片在离心力和动压作用下紧贴定子表面，并在槽内做往复运动。相邻的叶片之间形成密封腔，其容积随转子由小到大、由大到小周期变化。当容积由小变大时形成一定真空度吸油；当容积由大变小时压缩油液，由压油口向外供油。转子每旋转一周，每个工作腔各自吸压油两次，称为双作用式。双作用式叶片泵两个吸油区、两个排油区对称布置，所以作用在转子上的油压作用力互相平衡。

2. 转向控制阀

转向控制阀直接安装在动力转向器总成里。控制阀的功用是引导压力油到活塞和循环球螺母总成的一侧或另一侧。当转动转向盘时，控制阀就打开相应的通道，使压力油进入活塞和循环球螺母总成需要压力油的一侧。通常采用的控制阀有两种类型：滑阀式和转阀式。

（1）滑阀式转向控制阀

阀体沿轴向移动来控制油液流量的转向控制阀，称为滑阀式转向控制阀，如图 3-15 所示。

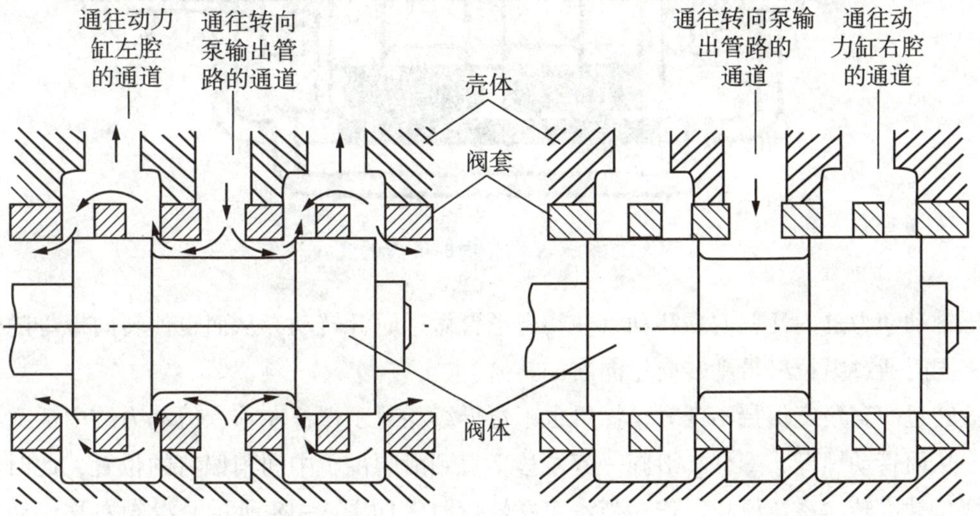

（a）常流式滑阀　　（b）常压式滑阀

图 3-15　滑阀式转向控制阀

滑阀式转向控制阀的工作原理：当汽车直线行驶时，滑阀依靠阀体内的定中弹簧保持在中间位置。由转向泵输送来的工作油，从滑阀和滑体环槽边缘的环形缝隙进入动力缸的左右腔室，又通过回油管流回储油罐，这时油路保持畅通，转向泵负荷小，工作油处于低压状态，如图 3-16 所示。

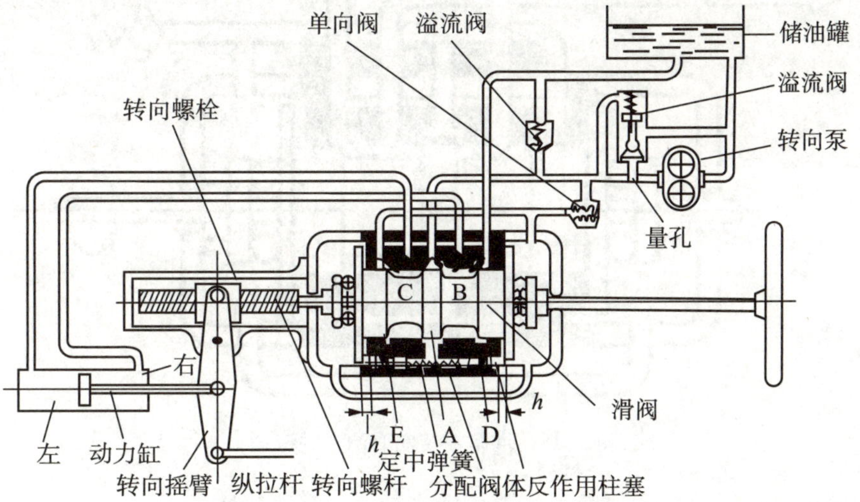

图 3-16　滑阀式转向控制阀的工作原理

当汽车右转弯时，转向盘右转，转向柱右转，与转向轴连成一体的滑阀和左旋螺杆克服回位弹簧的弹力和反作用柱塞一侧的油压力而向右移动，这时动力缸左腔与进油道相通，而右腔与回油道相通，如图 3-17 所示。

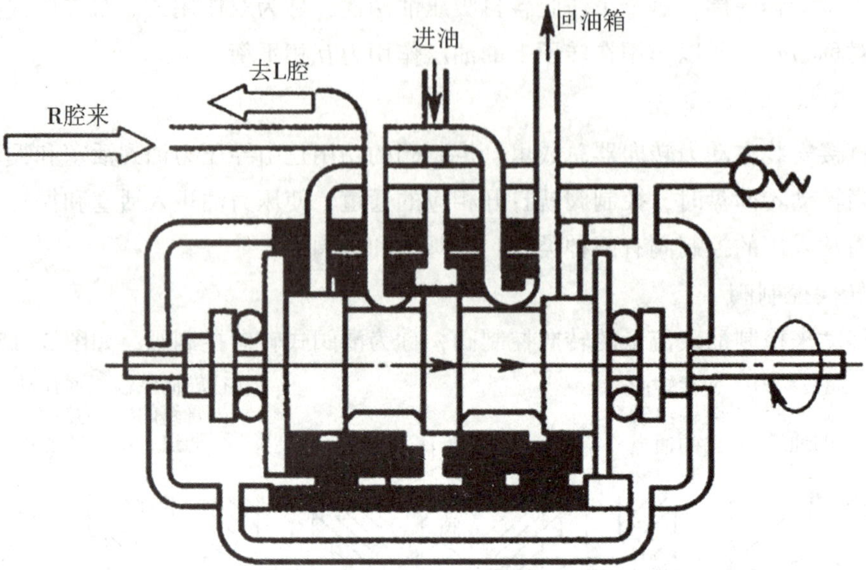

图 3-17　汽车右转向时油液的流向

左腔油压推动动力缸内活塞向右移动，使转向摇臂做逆时针转动，从而也使转向螺母随螺杆的转动而向左移动，同时通过纵拉杆带动转向轮向右偏转。

当转向盘转过一定角度保持不变时，螺母也不再继续相对于螺杆左移，但动力缸中活塞在油压作用下继续右移，从而带动螺母、螺杆和滑阀一起左移，直到滑阀位于中间稍偏右的位置，此时，活塞推力和回正力平衡，动力转向系统停止工作。当汽车左转弯时，如图 3-18 所示，滑阀左移，动力缸向相反方向加力。

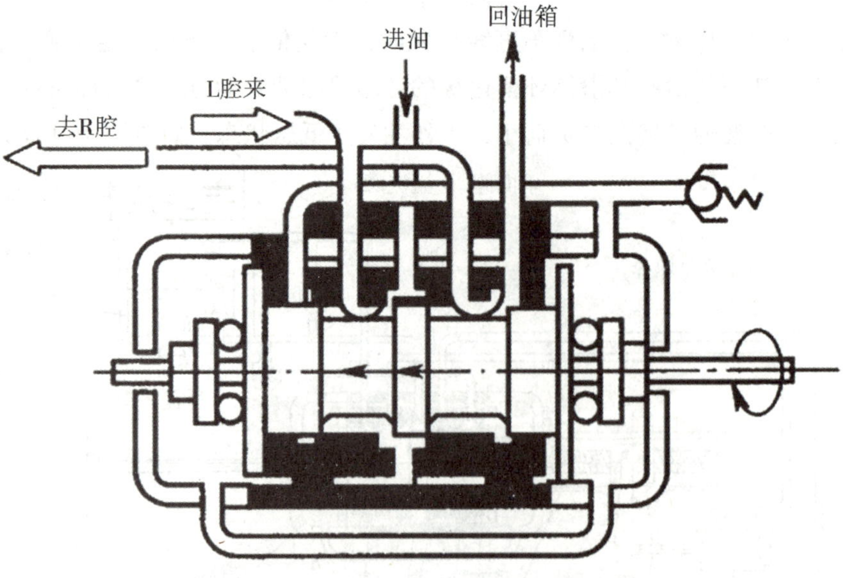

图 3-18　汽车左转向时油液的流向

(2) 转阀式转向控制阀

阀体绕其轴线转动来控制油液流量的转向控制阀，称为转阀式转向控制阀。国内轿车基本上都采用转阀式的整体动力转向器。

转向盘的转动通过转向管柱传递到安装在转向齿轮齿条机构上的转向阀。转向的旋转运动通过齿轮及齿条，转换成转向齿条的直线运动。在发动机运转及动力转向泵运行的情况下，转向器上有高压液流，提供转向助力。

当汽车处于直线向前行驶状态时，动力转向油液从动力转向泵流向转向阀。外圆柱滑阀上的狭槽与转子上的狭槽对齐，使得油液压力越过转向阀。部分压力施加到转向器液压缸的进液及回液侧，这部分压力被转向器液压缸两侧的活塞感知。由于转向器液压缸两侧的压力相等，转向保持在中间位置。由于大部分液体已经流回到储油罐里，故在活塞每一侧的压力都非常低，如图 3-19 所示。

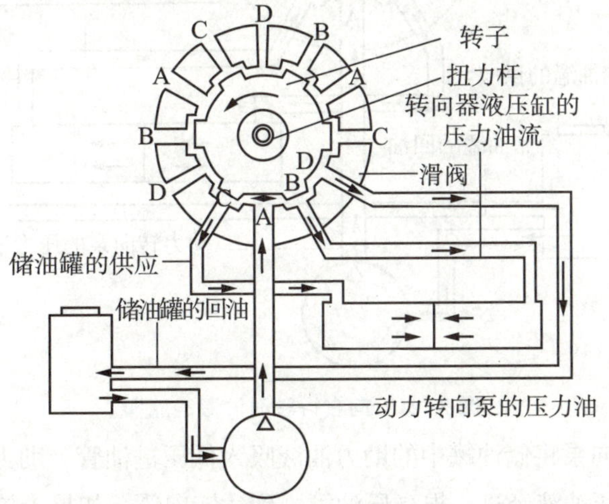

图 3-19　直线行驶时油液的流向

当转向盘逆时针转动时，转子和扭力杆也向同方向旋转。转子上的狭槽位置已经改变，不在它们的中间对齐位置上，并堵塞了至转向储油罐的回流通道。来自动力转向泵的高压液体流进转子与外圆柱滑阀上新对齐的狭槽内，液体通过对齐的狭槽被引向转向器液压缸的左侧，从而使转向器左侧液压缸压力增加。转向器右侧液压缸的回流口是开启的，允许液体从转向器右侧液压缸活塞流向动力转向储油罐。转向器液压缸活塞左侧及右侧的压力差便产生转向助力，如图 3-20 所示。

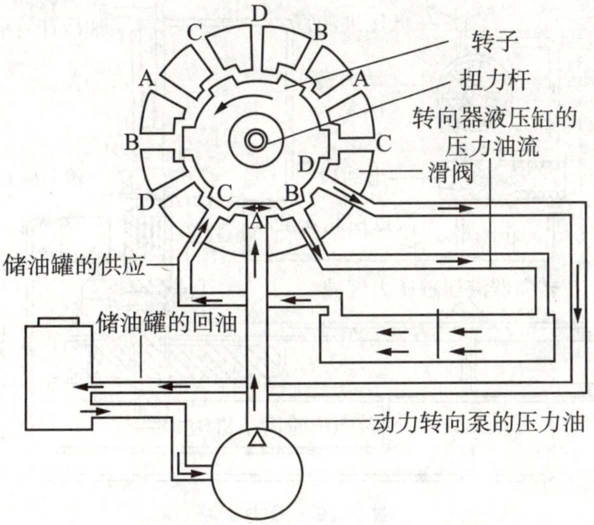

图 3-20　向左行驶时油液的流向

当转向盘顺时针转动时，转子与扭力杆也向同方向旋转。转子上的狭槽位置已经改变，不在它们的中间对齐位置上，并堵塞了至转向储油罐的回流通道。来自动力转向泵的高压液体流进转子与外圆柱滑阀上新对齐的狭槽内，液体通过对齐的狭槽被引向转向器的右侧液压缸，从而使转向器右侧液压缸压力增加。液压缸左侧的回流口是开启的，允许液体从转向器左侧活塞流向转向储油罐。转向器液压缸活塞左侧及右侧的压力差便产生转向助力，如图 3-21 所示。

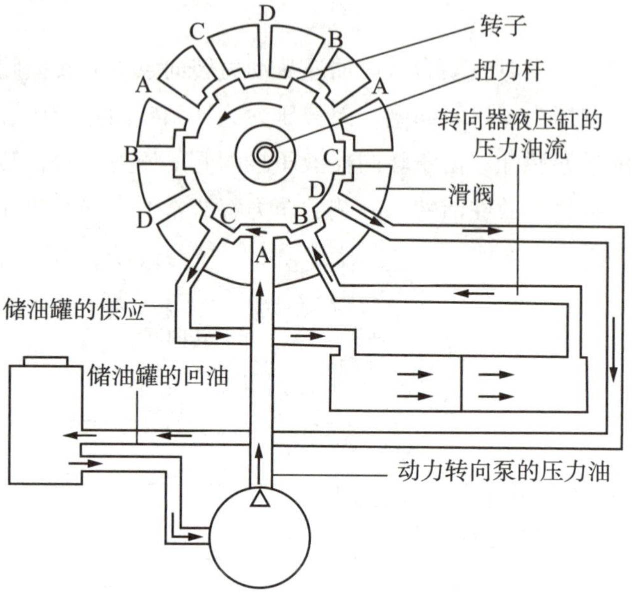

图 3-21　向右行驶时油液的流向

发动机起动后，动力转向泵将储油罐中的助力油液吸入低压进油管，助力油液经过转向动力泵后，在出油口处变成高压油液，高压油液经过一根高压油管，到达转向阀。如果未施加转向力，则转向器液压缸活塞两侧的压力相等，其余的油液从转向阀经过动力转向油冷却管，返回储油罐。如果施加了向任意一侧转向的转向力，则油液的压力被引入转向器液压缸活塞相应的一侧，提供转向助力，减少所需的转向力。

转向器液压缸中活塞运动而排出的转向动力油液，从转向阀经过动力转向油冷却管，返回储油罐。动力转向油冷却管可降低助力油液的温度，延长系统中软管及密封件的寿命，如图 3-22 所示。

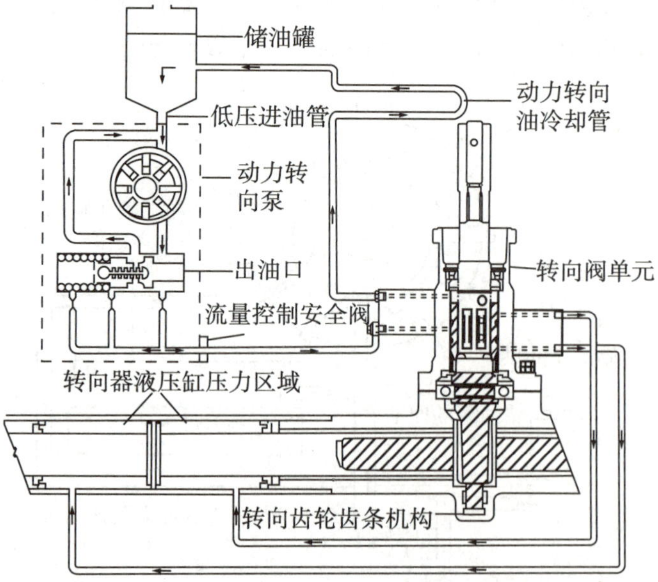

图 3-22　液力回路

3. 储油罐

储油罐的作用主要是储存、滤清并冷却液压转向加力装置的工作油液。储油罐一般是单独安装的，但也有直接装在储油泵上的。储油罐的结构如图 3-23 所示。

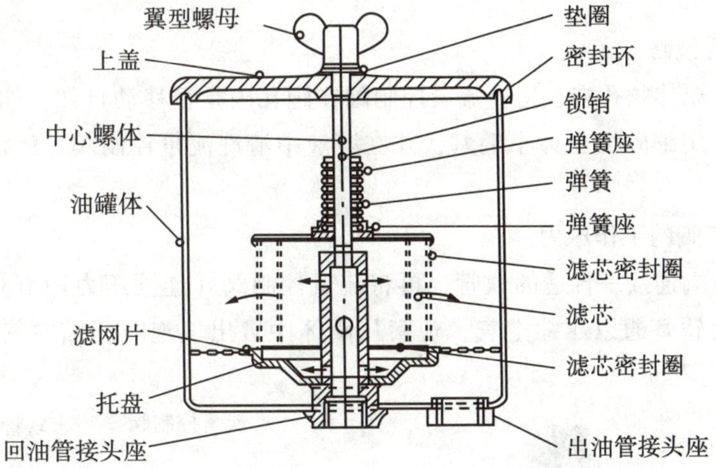

图 3-23　储油罐的结构

（四）动力转向系统的检修与故障诊断

1. 检查转子、叶片、凸轮环

在液压泵中，用于产生液压的主要零部件有凸轮环、转子和叶片。因此，在维修时应检查这些零件是否磨损。如果发现它们之间的间隙不在规定范围内，则在装配时必须更换。更换凸轮环和转子时应采用相同长度（相同标记）的零件，而叶片则应采用那些根据记号所确定的长度的叶片。此外，还必须保持适当的轴向间隙。如果轴向间隙太大，则在低速时，液压不足；但若轴向间隙太小，则可能会引起叶片发卡。

使用塞尺测量转子槽和叶片之间的间隙，如图 3-24 所示。标准间隙为 0. 025 mm，最大间隙为 0. 035 mm。叶片的测量如图 3-25 所示。

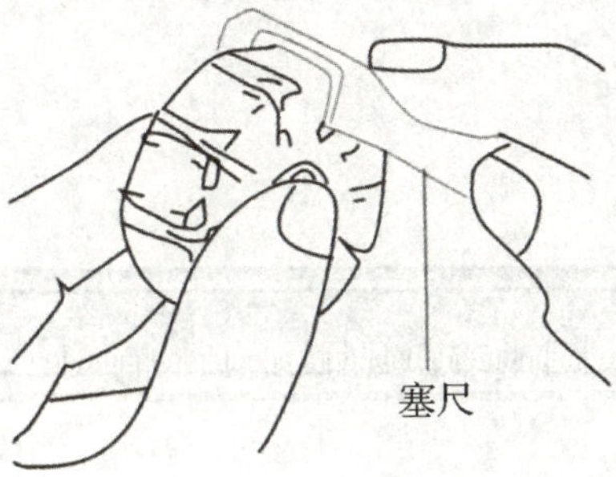

图 3-24　测量转子槽和叶片之间的间隙

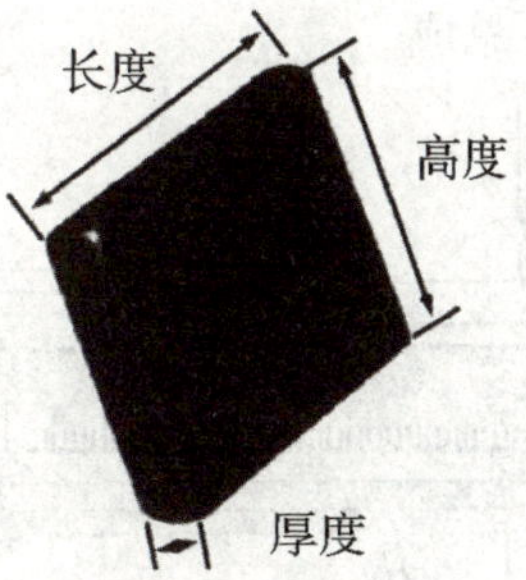

图 3-25　叶片的测量

检查叶片是否磨损或划伤，然后用千分尺测量叶片的长度、高度和厚度，最小长度为 14. 99 mm，最小高度为 8. 6 mm，最小厚度为 1. 40 mm。

如果测量的间隙大于最大值，则应更换叶片或转子。但换上的转子标记要与凸轮环上的标记相同。

2. 检查流量控制阀

流量控制阀和泵体安装孔之间的间隙是很重要的，在制造厂加工好之后，对流量控制阀的安装孔和外周的尺寸都进行了测量，并做了标记。因此当更换流量控制阀时，为了保证有正常的间隙，应使用有相同标记的零件。

（1）流量控制阀的检修

将流量控制阀装入泵体阀孔内，检查流量控制阀在阀孔内是否移动自如，如图 3-26 所示。检查流量控制阀是否有毛刺。用细砂纸去掉小毛刺，并在溶液中清洗流量控制阀。磨损或损坏的控制阀必须更换。

（2）检查压力调节阀的工作压力

在压力调节阀阀座端连接一合适的软管，再将流量控制阀（连同压力调节阀）浸入盛有转向油或溶剂的容器中，然后给软管通以压缩空气，观察从阀体中冒出气泡时压缩空气的压力值，如图 3-27 所示。

图 3-26　检查流量控制阀

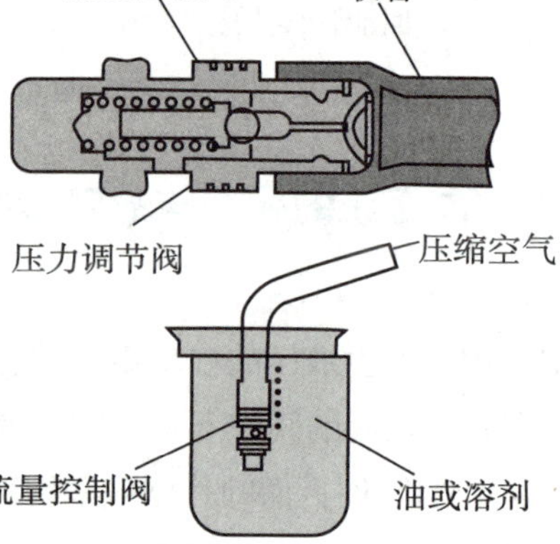

图 3-27　检查压力调节阀的工作压力

（3）流量控制阀弹簧的检查

用游标卡尺测量弹簧的自由长度，如图 3-28 所示，最小自由长度为 29.2 mm。如果不在规定范围内，则应更换转向泵总成。

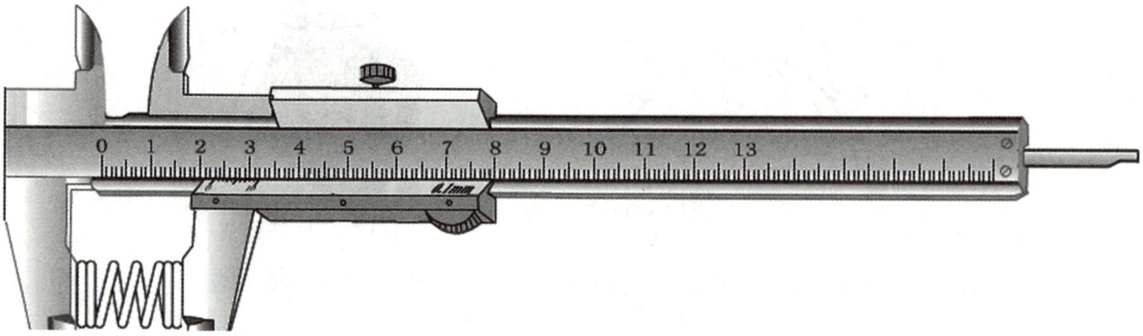

图 3-28　测量弹簧的自由长度

3. 检查轴承

检查滚柱轴承有无磨损或转动不自如的现象。若有，则更换。更换时，如图 3-29 所示，使用压力机将其从泵传动轴上拆下。

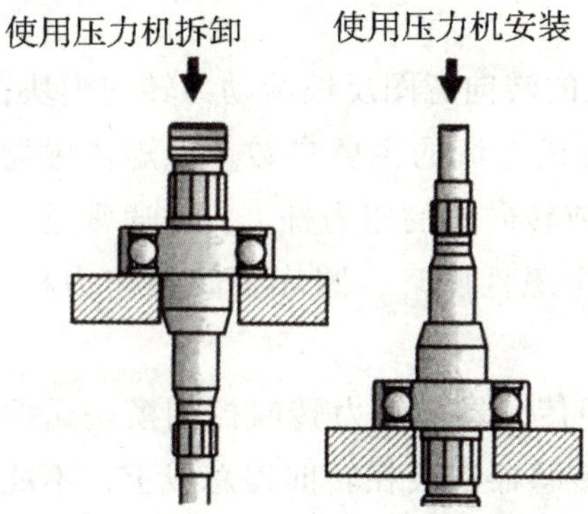

图 3-29　轴承的安装和拆卸

二、电子控制动力转向系统

电子控制动力转向系统（electric power steering，EPS）采用电动方式来实现汽车的转向动力，它是一种智能动力转向系统，能够提供汽车不同工况下转向所需的助力转矩。电动动力转向系统取消了动力转向泵，简化了转向系统的结构，同时减轻了发动机负荷，使汽车具有较好的燃油经济性。电动助力转向系统还具有可变助力转向功能、辅助回位功能和转向阻尼调节功能。

根据动力转向电机安装的位置不同，电动助力转向系统分为齿轮助力式、齿条助力式和转向柱助力式三种形式，它们的工作原理大同小异。本节以别克英朗车型电动助力转向系统为例进行介绍。

（一）电动助力转向系统的组成及原理

别克英朗车型的电动助力转向系统（rack-mount electric power steering，REPS）属于齿条助力式转向系统，它主要由转矩传感器、动力转向电机、动力转向控制模块、动力转向电机旋转传感器和转向器（齿条和双齿轮）等组成，且这些部件都集成在电动助力转向总成中。动力转向控制模块获取转矩传感器、电机转动传感器、电源电压、车速和发动机转速（通过 GMLAN 从发动机控制模块获取）等信息，以确定车辆转向所需助力转矩的大小和方向，并控制动力转向电机工作，其控制原理图如图 3-30 所示。另外，在配置电子车身稳定系统的车辆上，电动助力转向系统还会参考转向盘转角传感器信号。

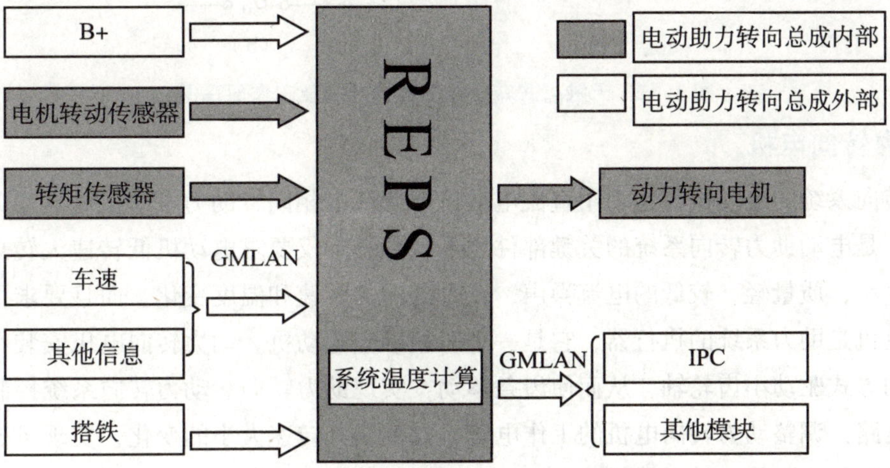

图 3-30　电子助力转向系统的工作原理图

（二）转矩传感器

图 3-31　转矩传感器

转矩传感器的作用是将驾驶人的转向意图反馈给动力转向模块，它是动力转向模块控制动力转向电机电流的主要参数。转矩传感器安装在转向器输入轴（图 3-31）或转向柱的扭力杆上，它通常是一个电磁感应传感器，其内部有一个磁性圆环，圆环中间是扭力杆，该扭力杆能够形成约 5°的转动角。

当转向盘带动扭力杆时，转矩传感器向动力转向控制模块送两个 0~5 V 的直流电压信号。转矩传感器安装在转向器总成上，不能单独更换。

转矩传感器的作用就是测量转向盘与转向器之间的相对转矩，以作为电动助力的依据之一。图 3-32 为无触点式转矩传感器的结构及工作原理图。在输出轴的极靴上分别绕有 A、B、C、D 四个线圈，转向盘处于中间位置（直线行驶）时，扭力杆的纵向对称面正好处于图示输出轴极靴 AC、BD 的对称面上。

当在 U、T 两端加上连续的输入脉冲电压信号 U_i 时，由于通过每个极靴的磁通量相等，所以在 V、W 两端检测到的输出电压信号 $U_0=0$。转向时，由于扭力杆和输出轴极靴之间发生相对扭转变形，若极靴 A、D 之间的磁阻增加，则 B、C 之间的磁阻减少，各个极靴的磁通量发生变化，于是在 V、W 之间就出现了电位差，其电位差与扭力杆的扭转角和输入电压 U_i 成正比。如果比例系数为 K，则有 $U=KU_0$、所以，通过测量 V、W 两端的电位差就可以测量出扭力杆的扭转角，于是也就知道了转向盘施加的转动转矩。

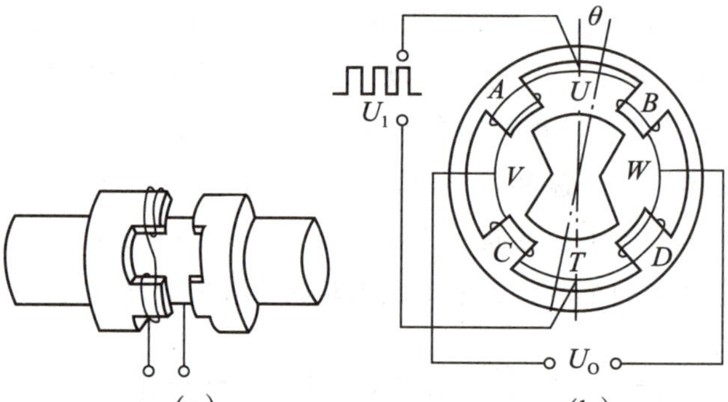

图 3-32　无触点式转矩传感器的结构及工作原理图

（三）动力转向电机

电动助力转向系统的电动机与起动用直流电动机原理基本相同，助力电动机对电动助力转向系统性能的影响很大，是电动助力转向系统的关键部件之一，系统不仅要求电动机低转速大转矩、波动小、转动惯量小、尺寸小，质量轻，较低的电流噪声，较大范围的转速和温度变化，而且要求可靠性高，易控制。动力转向电机是助力系统的执行器，它是一个三相感应电动机。动力转向电机安装在转向器上，采用蜗杆蜗轮传动方式驱动小齿轮轴，从而使齿条移动，实现助力转向。动力转向系统控制模块控制脉宽调制电机驱动电路，调整动力转向电机的工作电流，以控制其转速大小的变化，实现可变助力转向。在故障模式下，电机停止工作，转向系统以机械的方式进行工作。

（四）动力转向控制模块

动力转向控制模块作为关键部件，其基本工作原理如下：转向时，控制模块根据检测到传感器的信号以及电机的电流/电压信号，判断汽车的转向状态（转向或回正），向驱动单元发出控制指令，使电机按转向盘转动的速度和方向产生所需的助力转矩，协助驾驶人进行转向操纵。

控制模块根据各传感器输入的信号，并根据控制参数控制电动机转动，另外控制模块还需要对系统进行故障诊断，一旦发现故障，将中断对电动机供电，电动助力转向系统的故障指示灯点亮（图 3-33），并将故障以代码的形式进行储存记忆。

图 3-33　电动助力转向系统的故障指示灯

思政链接

我国的汽车产业对新能源汽车产业的发展规划是要分步实施的，以求逐步降低传统燃油车的生产总量和销售量。如今，我国所研发的新能源汽车主要有混合电动、纯电动和天然气等类型的新能源汽车。在短时间之内，使用混合动力进行驱动的汽车能够很好地带动其他类型的新能源汽车销量提高。因此，要将积极开发混合动力车视为取代传统燃油汽车的一个过渡时期，并且将今后长远发展目标聚焦于纯电动汽车产业之中。

新能源汽车对于资金与技术等要求均相当高，单一地依赖于某家汽车制造商是难以实现新能源汽车发展目标的。因为中国的汽车制造企业数量相当多，而且大多都有自身独有的特色鲜明的生产与销售方式。所以要想真正产生比较大的产业规模还非常难。此外，各新能源企业间竞争还十分激烈。虽然我国也对产业政策进行过一些调整，但还是难以和西方发达国家的汽车产业分庭抗礼。

目前国内的汽车生产商在研发新能源汽车领域的核心技术还没有成熟，主要是与国外的知名汽车制造商以合资的形式来生产销售新能源汽车。但我国为积极推动新能源汽车行业发展，对新能源汽车生产企业予以较多的财政补贴，所以要鼓励厂商努力拓展新能源汽车市场份额，进而实现新能源汽车产业的良性可持续发展。

课 后 练 习

一、填空题

1. 机械转向系统通常由______________、________和____________组成。
2. 转向传动机构一般由______________、____________、____________、__________组成。
3. 汽车上常用的转向器有____________、______________、________________等。
4. 从____________到______________之间的所有传动杆件总称为转向传动机构。
5. 常见的动力转向有__________、____________和____________三种。

二、简答题

1. 简述机械转向系统与动力转向系统的优缺点。
2. 机械转向系统与动力转向系统的工作原理有何不同，有何相同？

项目四 行驶系统的认识与检修

项目概述

对于新能源汽车而言，其行驶系统与传统燃油汽车相比并没有明显的区别，保持着与传统汽车基本相同的结构和功能。两者主要的区别在于一些原本是油液控制的动态行驶系统，通过加入电气化的组件，不仅保持了原有的功能，而且通过完全电气化降低了二氧化碳排放量并提高了控制动态性。就驾驶感而言，新能源汽车这体现在耗油量降低、舒适性提高且运动驾驶感受增强，这也是新能源汽车发展的目标。

学习目标

知识目标

◆掌握轮胎的构造及相关系统的作用。

◆掌握悬架的构造、功能及组成。

能力目标

◆能够对轮胎故障进行问题判断，并提出解决方案。

◆能够识别悬架的种类，能够阐述悬架的优点。

素质目标

◆通过实训任务，培养学生务实的工作素质，提升对工匠精神的理解。

思政目标

◆培养学生严谨的工作态度和规则意识。

任务工单

一、实训内容

1. 检查轮胎的外观

（1）将车轮至少旋转1圈，检查胎面、胎侧是否有异常磨损。

（2）检查胎面、胎侧是否有裂纹和损坏。如有较大裂纹、割痕（能看到帘布层），应更换轮胎。

（3）目视检查花纹槽内是否嵌入金属等异物。如嵌入任何金属、玻璃等颗粒，或较大石子，应取出。

2. 检查轮胎磨损程度

首先目测轮胎表面是否有异常磨损，用花纹深度尺在不同地方多次检测花纹深度，看是否超出安全的花纹深度。

注意：测量时避免磨损指示凸块；读数时目光应平视刻度线；如小于1.6 mm，应更换轮胎。

3. 检查轮胎气压

汽车轮胎胎压不应超过厂家规定的标准气压，过高或过低都会造成轮胎的异常磨损。将胎压表对准轮胎气门嘴读取数值，如果胎压不在正常值范围内，应及时调整。

（1）轮胎气压的检查应在轮胎冷却后进行。

（2）轮胎上没有表示外胎磨损程度的标记，也就是轮胎旁边槽中或△标记方向的突出部分指示磨损程度。当轮胎磨损到这部分时要更换。

4. 检查轮毂

举升车辆到相对高度后，用双手握住轮胎的上下侧，来回扳动轮胎，多次检查轮毂轴承有无松动、摆动现象，然后来回转动轮胎，多次检查有无噪声、有无卡滞。如轮毂变形或损坏严重，需更换。

5. 检查车轮动平衡

当汽车车轮高速旋转起来后，造成车辆在行驶中车轮抖动、转向盘振动的现象，就需要对车轮进行动平衡检测来校正。对车轮进行动平衡检测方法如下。

（1）清除被测车轮上的泥土、石子等杂物。

（2）拆下旧平衡铅块。

（3）检查轮胎气压，如不合规定，则充气至规定气压。

（4）根据轮辋中心孔的大小选择锥体，装上车轮，用快速锁紧螺母将车轮锁紧在转轴上。

（5）安装车轮，快速拧紧锁紧螺母。

（6）用卡尺测量轮辋宽度、轮辋边缘至机箱距离。将宽度、距离及轮辋直径数据输入动平衡机。

（7）放下车轮防护罩，按下起动键（有的是自动起动），车轮旋转，平衡测试开始，自动采集数据；运行几秒钟后，车轮自动停转（或听到提示笛声后按下停止键），车轮停转，从指示装置读取车轮内、外不平衡质量和不平衡位置信息。

（8）抬起车轮防护罩，用手慢慢转动车轮。当指示装置发出指示（音响、指示灯亮、制动、显示点阵或显示检测数据等）时停止转动。在轮辋的内侧或外侧的上部（时钟 12 点位置）加装平衡块。内、外侧要分别进行，平衡块装卡要牢固。

（9）安装新平衡块后，按第（7）步重新进行平衡试验，直至不平衡量小于 5 g，或指示装置显示“00”时为止；测试结束拆下轮胎。

二、实训记录

实训记录单

实训项目			
姓名		学号	
班级		日期	
实训地点			
小组组长		小组成员	
小组成员分工			
实训过程内容与流程记录			
（请填写安排的任务内容）			

续表

实训任务回顾与总结	
任务收获与结果	
建议和行动计划	

三、实训测评

实训测评表

项目名称	评价内容	分值	评价分数		
			自评	互评	师评
职业素养考核项目（40%）	考勤、仪容仪表	10 分			
	责任意识、纪律意识	10 分			
	团队合作与交流	10 分			
专业能力考核项目（60%）	积极参与教学活动并正确理解任务要求	10 分			
	认真搜集任务所需资料	10 分			
	任务实施过程记录表的完成度	10 分			
	对行驶系统的掌握程度	20 分			
	对轮胎检测实训的完成程度	20 分			
合计：综合分数（自评×20%+互评×20%+师评×60%）		100 分			
综合评语		教师（签名）：			

任务一　轮胎的构造

一、轮胎的分类及结构

1. 轮胎的作用与分类

车轮和轮胎作用是支承全车的质量，吸收、缓和由路面传来的冲击力；通过轮胎同路面间的附着力来产生驱动力和制动力；保证汽车正常转向行驶的同时，通过轮胎产生自动回正力矩，使汽车保持稳定的直线行驶方向；保证轮胎与路面的良好附着，以提高汽车的动力性、制动性和通过性。轮胎故障将导致汽车行驶困难或行驶油耗增加等。

汽车轮胎按胎体结构不同，可分为充气轮胎和实心轮胎。现代汽车绝大多数都采用充气轮胎。充气轮胎按组成结构可分为有内胎和无内胎两种；按其胎内工作气压分为高压胎、低压胎和超低压胎；按其轮胎胎面花纹的不同，可分为普通花纹轮胎、越野花纹轮胎和混合花纹轮胎；按其胎体内帘线排列方向的不同，又可分为普通斜交轮胎和子午线轮胎。

普通花纹轮胎的特点是花纹沟槽细而浅，花纹块的接地面积较大，因而耐磨损性和附着性较好，适用于较好的硬路面；越野花纹轮胎的特点是花纹沟槽宽而深，花纹块接地面积较小，保证了轮胎与大片接地面积的“咬合”，防滑性能好。常用在矿山、建筑工地上的行驶车辆；混合花纹轮胎兼有普通花纹和越野花纹的特点。

2. 充气轮胎的结构

（1）有内胎的充气轮胎

有内胎的充气轮胎由外胎、内胎和垫带组成。

① 外胎

外胎是用耐磨橡胶制成的强度高而又有弹性的外壳，直接与地面接触，保护内胎不受损伤，其组成如图4-1所示。

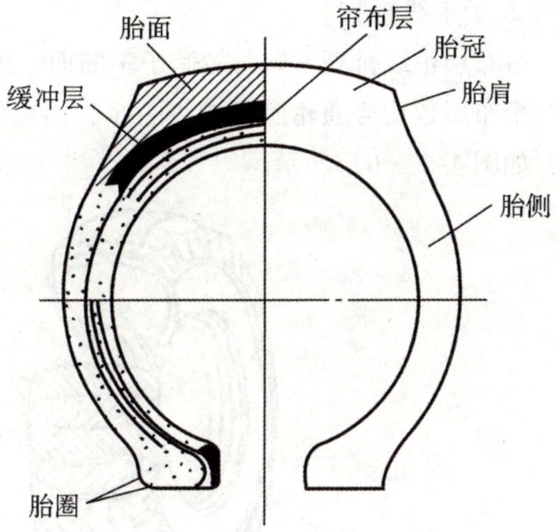

图 4-1　外胎的组成

胎冠与地面接触，直接承受冲击与磨损，并保护胎体免受机械损伤；胎肩是较厚的胎冠与较薄的胎侧间的过渡部分，一般也制有花纹，以利于防滑和散热；胎侧是贴在帘棉层侧壁的薄橡胶层，用以保护帘布层，避免受潮湿和机械损伤；帘布层是外胎的骨架，也称为胎体，其主要作用是承受荷载、保持轮胎外缘尺寸和形状。

帘布层通常用多层胶化的棉线或其他纤维编织而成，其帘线按一定角度交叉排列。

缓冲层位于胎面与帘布层之间，质软而弹性大，一般由多层较稀疏的帘线和富有较大弹性的橡胶制成，其作用是加强胎面与帘布层的结合，以防紧急制动时胎面从帘布层上脱落，同时又能减小路面对轮胎的冲击和振动。

胎圈是帘布层的根基，它有较大的刚度和强度，轮胎靠胎圈装在轮辋上。胎圈由钢丝圈、帘布层包边和胎圈包布组成。

② 内胎和垫带

内胎是一个环形橡胶管，上面有气门嘴，用于充入或排出空气，其尺寸稍小于外胎内壁尺寸，内胎具有良好的弹性、耐热性和密封性。

垫带是一个环形橡胶带，垫在内胎与轮辋之间，保护内胎不被轮辋和胎圈磨坏，并防止尘土及水汽浸入胎内。其安装位置如图 4-2 所示。

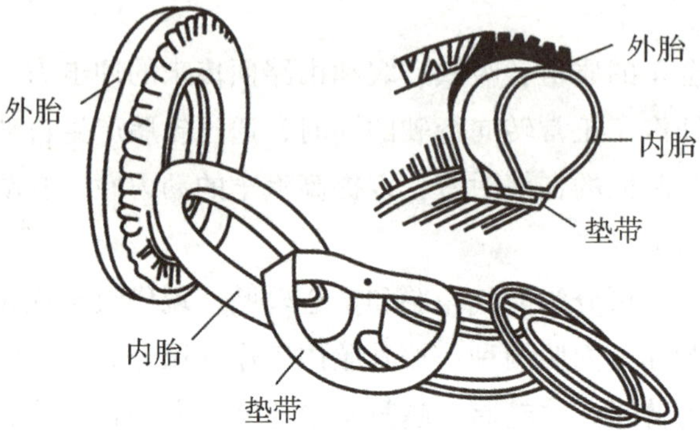

图 4-2　垫带的安装位置

（2）普通斜交轮胎和子午线轮胎

① 普通斜交轮胎

普通斜交轮胎的帘布层和缓冲层各相邻层帘线交叉，且与胎面中心线呈小于 90°角排列，帘布层通常由成双数的多层帘布用橡胶贴合而成，帘布的帘线与轮胎子午断面的交角一般为 52°~54°。相邻层帘线相交排列，缓冲层由两层帘线交叉排列，如图 4-3（a）所示。

② 子午线轮胎

帘布层帘线排列方向与轮胎子午断面一致（即与胎面中心线成 90°），能使其强度被充分利用，故它的帘布层数比普通轮胎可减少一半，因而胎体较柔软，而缓冲层层数较多，提高了胎面的刚度和强度，如图 4-3（b）所示。

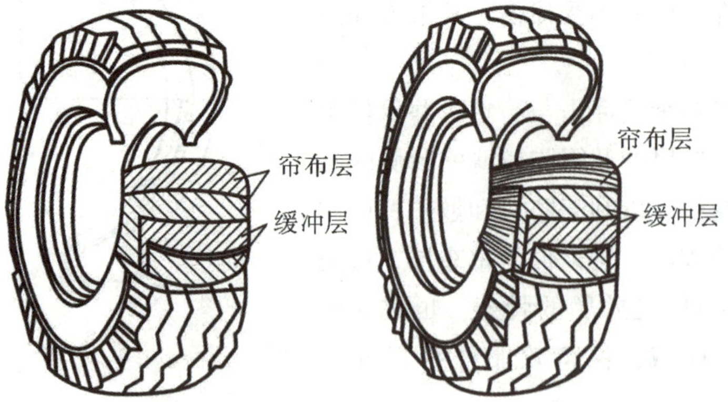

（a）普通斜交轮胎　　（b）子午线轮胎

图 4-3　普通斜交轮胎和子午线轮胎的结构

子午线轮胎的优点是弹性大、耐磨性好、滚动阻力小、附着性能强、缓冲性能好、承载能力大、不易穿刺。其缺点是外胎面刚性大、不容易吸收路面凹凸及接缝产生的冲击（主要是低速时）。此外，由于胎侧柔软，子午线轮胎被刺后伤痕易扩大。由于其优点较为显著，在现代汽车中已广泛应用。

（3）无内胎的充气轮胎

没有充气内胎，但在外胎内壁上有一层很薄的专门用来封气的橡胶密封层，胎缘部位留有余量，密封层被固定在轮辋上，钉子刺破轮胎后，内部空气不会立即泄掉，安全性能好；另外轮胎爆破后，可从外部紧急处理，目前这种轮胎在轿车上应用较多，如图 4-4 所示。

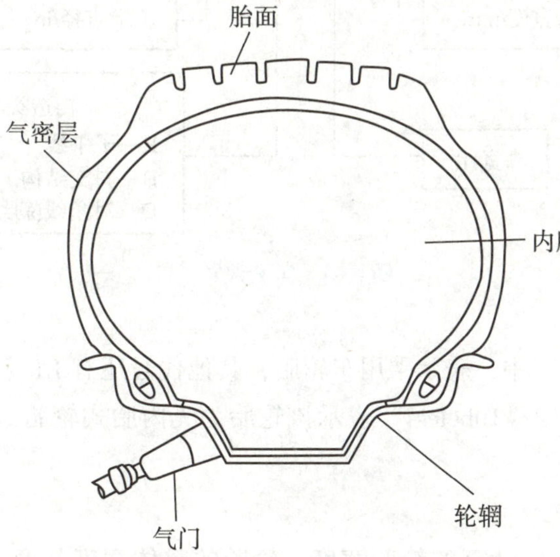

图 4-4　无内胎的充气轮胎

3. 轮胎标识

轮胎标识一般都标注在轮胎的侧面上，这些标识包含了轮胎的厂家名称、生产日期、类型、尺寸、性能等参数。车辆对轮胎规格的要求是不同的，正确识别轮胎上的标识可以帮助人们选择正确的轮胎。

标识中的“P245/75R16109s”包含了轮胎的类型、尺寸、结构、载荷指数及速度等级参数，其代码及含义如图 4-5 和图 4-6 所示。

（a）轿车　　　　（b）货车

图 4-5　轮胎标识

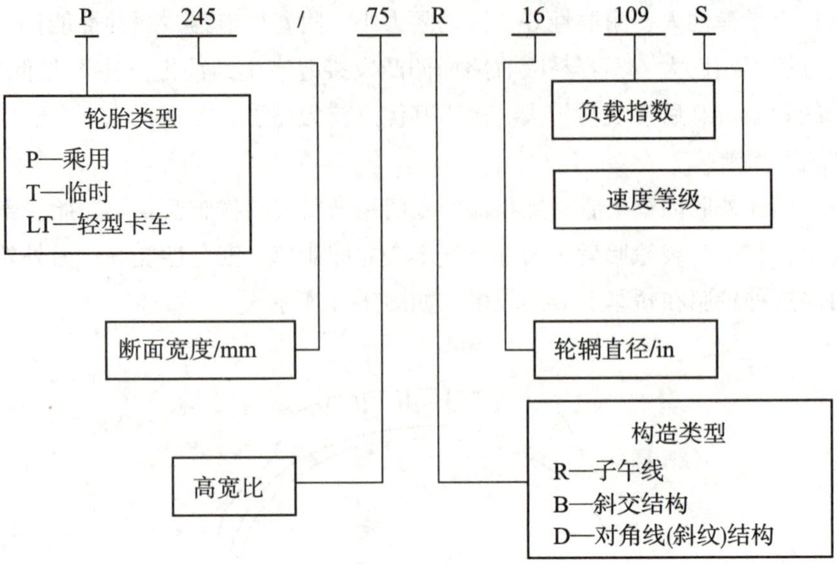

图 4-6　标识含义

（1）轮胎类型

在参数“P245/75R16109S”中，表示乘用车轮胎，其他代号还有 LT（用于轻型货车）和 T（用作临时备胎）。在轮胎类型标识中；“Tubeless”表示该轮胎为无内胎式轮胎，“TubeType”则表示该轮胎为有内胎式轮胎。

（2）轮胎宽度

数字 245 表示以毫米（mm）计算的轮胎宽度，轮胎的整体宽度是两个边缘间的距离，如图 4-7 所示。

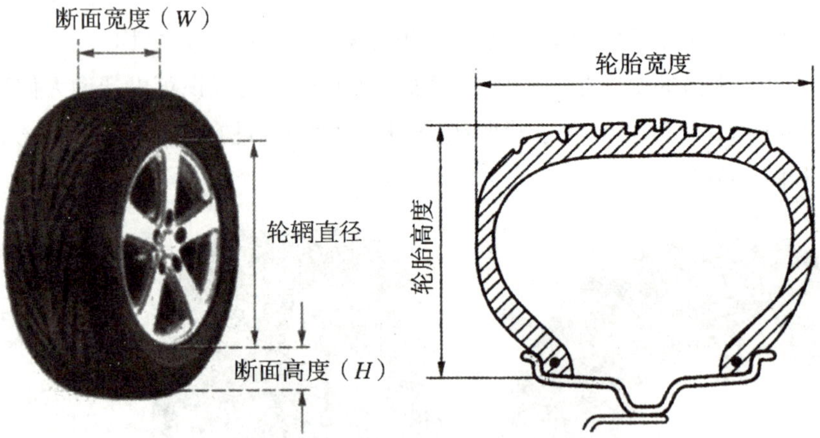

图 4-7　轮胎宽度与高度

（3）高宽比

高宽比是轮胎高度与轮胎宽度之比的百分值。高宽比越大，表明轮胎的侧壁相对于其宽度较长；高宽比越小，表明轮胎的侧壁相对于其宽度较短。高宽比大的轮胎能允许侧臂偏转时有很大的柔韧性，增加了乘坐的舒适性；高宽比小的轮胎能有较大的接地面积，增加了稳定性能和行驶的控制能力。

(4) 帘线层

在轮辋尺寸前面的字母表示轮胎的结构。R 是子午线轮胎；B 是带束斜交线轮胎；D 是斜交线轮胎。

(5) 车轮尺寸

车轮尺寸或者轮辋直径以英寸（in）为单位，是指从轮辋唇口到对边的轮辋唇口进行测量的尺寸。

(6) 载荷指数

数字 109 是载荷指数，这个数字表示全充气的轮胎能够支撑的最大载荷量。轮胎载荷指数表，见表 4-1。

表 4-1　轮胎载荷指数表

载重指数	载重能力/kg	载重指数	载重能力/kg	载重指数	载重能力/kg
65	290	87	545	109	1 030
66	300	88	560	110	1 060
67	307	89	580	111	1 090
68	315	90	600	112	1 120
69	325	91	615	113	1 150
70	335	92	630	114	1 180
71	345	93	650	115	1 215
72	355	94	670	116	1 250
73	365	95	690	117	1 285
74	375	96	710	118	1 320
75	387	97	730	119	1 360
76	400	98	750	120	1 400
77	412	99	775	121	1 450
78	425	100	800	122	1 500
79	437	101	825	123	1 550
80	450	102	850	124	1 600
81	462	103	875	125	1 650
82	475	104	900	126	1 700
83	487	105	925	127	1 750
84	500	106	950	128	1 800
85	515	107	975	129	1 850
86	530	108	1 000	130	1 900

(7) 速度等级

速度等级是一个字母标识，它表示在正常状态下最大速度的工业标准。例如，S 表示轮胎能够承受 180 km/h 的最大速度。其他部分速度等级见表 4-2。

表 4-2　轮胎速度等级表

速度级别	最高时速	适用范围
L	120 km/h	
M	130 km/h	
N	140 km/h	
P	150 km/h	
Q	160 km/h	
R	170 km/h	紧凑级轿车
S	180 km/h	
T	190km/h	
U	200 km/h	
H	210 km/h	中高端轿车
V	240 km/h	
W	270 km/h	
Y	300 km/h	大型豪华轿车、超级跑车等
ZR	超过 240 km/h	

（8）其他参数

① 性能等级

如图 4-8 所示，轮胎标识中的“TREADWEAR300”表示磨损标号。标号越大，抗磨损的能力就越高。

图 4-8　轮胎性能等级参数

“TRACTIONA”表示牵引力等级，牵引力等级表示轮胎在潮湿的硬路面上停止行驶的能力。它分为AA、A、B和C四个等级，AA代表牵引力等级最高，C表示牵引力等级最低。“TEMPERATUREA”表示温度等级，其分级为A、B和C。A、B级轮胎的耐温能力要比C级好。

② DOT标识

DOT表示此轮胎符合美国运输部规定的安全标准。在DOT代码后面的字母和数字表示制造厂商和工厂代码以及轮胎的生产日期，轮胎的生产日期以年和周来表示，如图4-9所示。

图4-9　DOT标识

③ 颜色标记

新的轮胎和轮辋上面一般标有红色或黄色的圆形标记。红色标记表示此位置是轮胎纵向刚性最大的位置，它与轮胎的销售和维修关系不大。轮辋的黄色标记表示轮辋圆周上质量最大的部位，轮胎的黄色标记代表轮胎圆周上质量最小的部位。在更换轮胎时，必须将轮胎黄色标记与轮辋黄色标记对齐，才能使车轮在行驶中保持最佳平衡。

4. 备胎

绝大多数汽车都至少配备一个备用轮胎（简称备胎）。在某个轮胎损坏的情况下，备胎可以替代受损的轮胎而使车辆继续行驶。为了节省空间和燃油经济性，备胎的尺寸一般都小于四个车轮的轮胎。

由于车型不同，备胎的存放位置也不尽相同。轿车的备胎通常安放在后备箱里面，越野汽车的备胎通常安放在汽车的尾部。

二、轮胎充气压力

出于多种原因，需要对轮胎充气压力进行最佳调节以保证最佳的行驶动力性，其原因如下。

（1）最佳行驶动力性。

（2）充分利用轮胎使用寿命。

（3）提高最大可达里程。

（4）轮胎失压识别系统可靠运行。

在此应遵守有关压力和温度的物理学原理。轮胎充气压力应适用以下原则：温度变化10 ℃时，轮胎压力升高约0.1 bar。

三、温度对轮胎的影响

（一）高温影响

由于车辆长时间高速行驶时，路面摩擦和轮胎挤压会使轮胎变热。这会使轮胎温度升高进而导致轮胎充气压力升高。环境温度与轮胎温度之间存在较大差异时将其称为高温充气压力。处于高温充气压力时应避免改变轮胎充气压力。

（二）低温影响

无论温度如何，制造商规定的轮胎充气压力适于夏季和冬季使用。但要注意，由于不同季节存在温差，需要经常检查轮胎充气压力。图 4-10 展示了与轮胎充气温度有关的轮胎充气压力曲线。

校正轮胎充气压力时需要注意以下事项。

（1）只能在低温充气压力状态下改变轮胎充气压力。

（2）每次改变轮胎充气压力后都需要进行轮胎失压识别系统初始化。

根据图 4-10，下面举例说明温度与压力之间的关系。在高温充气压力状态下为轮胎充气时，轮胎充气温度为 70 ℃。此时校准的轮胎充气压力为 2.4 bar。新的轮胎充气压力初始化顺利完成。长时间静止后，轮胎冷却至环境温度 20 ℃。这样形成了 50 ℃的温度差，以及新的轮胎充气压力 2.4 bar － 0.5 bar＝1.9 bar。

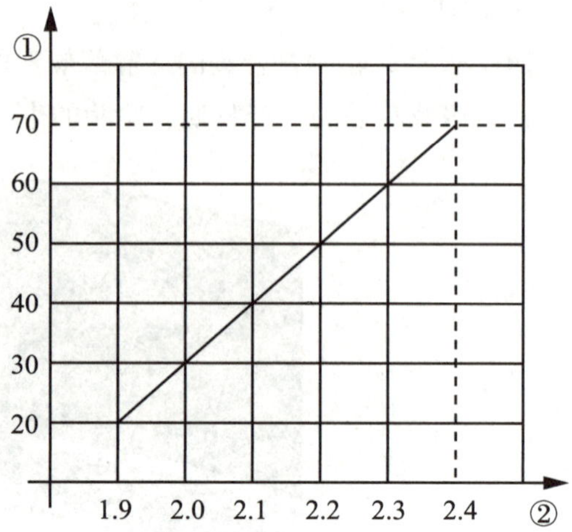

①-轮胎充气温度/℃；②-压力/bar。

图 4-10　轮胎充气压力和温度

四、轮胎压力监控系统

轮胎压力监控系统已经在很多车辆上得到了普及，新能源汽车作为现在和未来发展的主力，并且随着各个国家排放法规的日趋严厉，以及对车辆安全的要求的提高，新能源汽车的技术的应用也呈现出以高标准高配置的特点。未来的汽车发展中，轮胎压力监控系统可能作为每辆汽车的标准配置。

轮胎充气压力损失预示着轮胎多处损坏。轮胎压力监控提醒驾驶员一个或多个车轮的轮胎存在压力损失，因此可以避免轮胎前期损坏。

轮胎压力监控是一个用于行驶运行时监控轮胎充气压力的系统。目前在美国和加拿大被作为法规要求的配置。在欧洲和其他市场，将来法规也会要求安装轮胎压力监控。

胎压监测系统可分为两种，一种是间接式胎压监测系统，是通过四个车轮转速信号推测所有车轮的转角速度，从而判断轮胎是否异常；另一种是直接式胎压监测系统，通过在轮胎里面加装四个胎压监测传感器，在汽车静止或者行驶过程中对轮胎气压和温度进行实时自动监测，并对轮胎高压、低压、高温进行及时报警，避免因轮胎故障引发的交通事故，以确保行车安全。

五、间接式胎压监测系统

（一）功能

间接式轮胎监测是一项纯系统软件功能，通过该功能对所有车轮进行相对分析，并不进行实际的轮胎压力探测。通过四个车轮转速信号将所有车轮的转角速度信息发送至控制单元并进行分析。一个轮胎压力降低时，相应车轮的滚动周长和转角速度就会发生变化。通过相应车轮的车轮转速信号变化可识别出这种状态。如果超过了存储限值就会向驾驶员发出警告信息。

（二）原理

车辆全部质量由轮胎充气压力承载。如果轮胎充气压力降低，则轮胎就会愈加凹陷，因此出现挤压功，损坏的轮胎在行驶模式下迅速产生附加损坏，此时轮胎可能爆胎。

全部轮胎漏气约 80%的原因是小孔（例如被钉子扎破）。孔导致轮胎充气压力缓慢损失。许多“轮胎爆胎”可以归因于轮胎充气压力缓慢损失引起的损坏。

一个轮胎中的轮胎充气压力缓慢损失在较长时间内可能一直不被查觉。只有当轮胎几乎完全失压时，才能在行驶性能中准确识别到有缺陷的轮胎充气压力。出现轮胎充气压力损失时，轮胎半径减小且轮胎滚压周长也因此减小，相应轮胎的车轮转速就会提高。因此间接式胎压监测系统通过车轮转速传感器检测车轮转速，将各个车轮相互比较并比较平均车速，来识别轮胎充气压力损失。

（三）系统限制

由于监测原理是对四个车轮转速的差值进行识别，判断其是否存在故障，因此这种系统存在一定的功能限制，主要原因如下。

（1）因外部影响导致轮胎突然损坏时无法发出警告。

（2）在车辆静止状态下无法识别出压力降低。

（3）所有四个车轮自然、一致压力降低时便不会被识别出。

六、直接式胎压监测系统

新能源汽车向高标准高配置的特点发展，部分车型引入了成本更高的直接式胎压监测系统。直接式胎压监测系统是一个监控所有四个车轮实际轮胎充气压力的系统遥控接收器，其接收来自车轮电子系统的无线电信号，如图 4-11 所示。

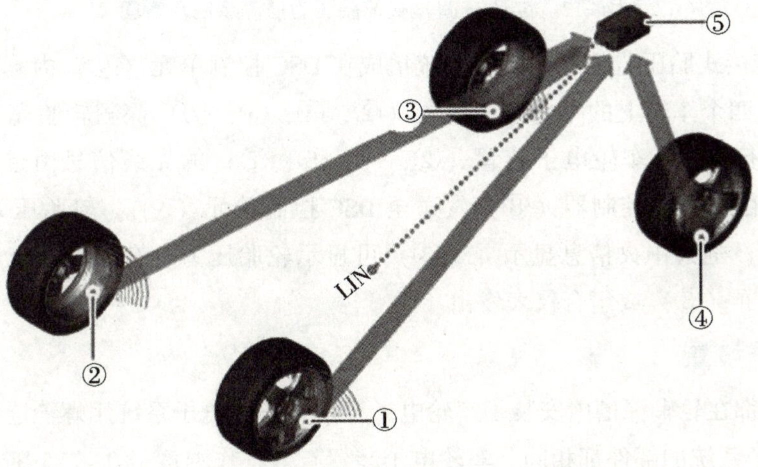

①-左前车轮电子系统；②-右前车轮电子系统；③-右后车轮电子系统；
④-左后车轮电子系统；⑤-LIN 总线上的遥控接收器。

图 4-11　集成到动态稳定控制系统

本节将以宝马纯电动汽车 i3 为例，该车型配置了直接式胎压监测系统（RDC）。图 4-12 为宝马 i3 直接式轮胎压力监测系统示意图。

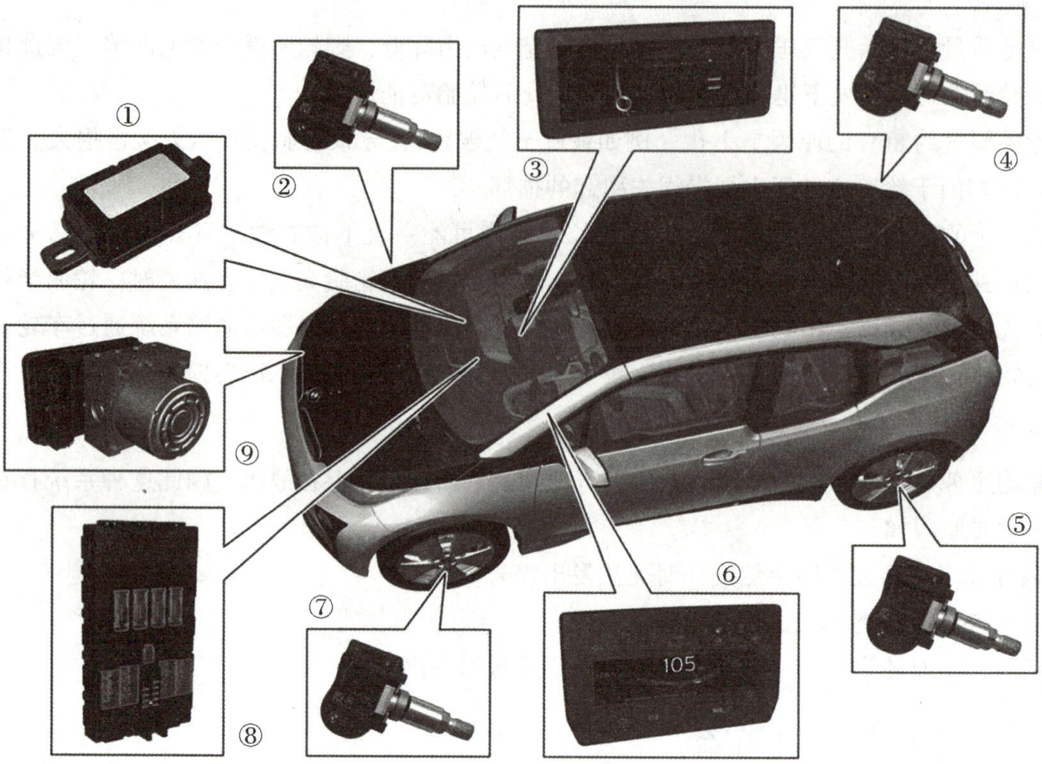

①-遥控信号接收器；②-右前车轮电子装置；③-中央信息显示屏；④-右后车轮电子装置；
⑤-左后车轮电子装置；⑥-组合仪表；⑦-左前车轮电子装置；
⑧-车身域控制器；⑨-动态稳定控制系统 DSC。

图 4-12　宝马 i3 直接式轮胎压力监测系统示意图

宝马 i3 使用的直接式胎压监测（RDC）系统集成在 DSC 控制单元（⑨）内。因此无需安装单独的 RDC 控制单元。通过四个车轮上的车轮电子装置（②，④，⑤，⑦）探测轮胎充气压力和轮胎充气温度并通过无线信号进行传输。车轮电子装置（②，④，⑤，⑦）的无线信号由遥控信号接收器（①）接收并通过车载网络由车身域控制器（⑧）发送至 DSC 控制单元（⑨）。轮胎压力分析功能在 DSC 控制单元（⑨）内执行。通过中央信息显示屏（③）可显示轮胎压力。有关轮胎充气压力过低的警告信息通过中央信息显示屏（③）或组合仪表发出。

（一）车轮电子装置

在所有车轮内，都在轮辋深槽内安装了车轮电子系统。车轮电子系统用螺栓连接在加注阀上（金属制造）。所有车轮电子系统的部件都相同。车轮电子装置有效工作温度-40～125 ℃。车轮电子系统监控轮胎内的温度，当温度高于约 115 ℃时，轮胎压力监控切换为一个功能受限的模式，还可能会关闭硬件，车轮电子装置如图 4-13 所示。

在每个车轮电子系统中都安装了一个加速传感器，加速传感器可以识别车轮是静止还是旋转。车轮静止时无信息通过遥控接收器发送到动态稳定控制（DSC），车轮电子系统处于静止模式，它提高了车轮电子系统中蓄电池的寿命。

车辆行驶速度超过 30 km/h，车轮电子系统切换到就绪模式，并开始以固定周期发送信息。车轮电子系统定期测量轮胎充气压力和温度，该测量值周期性从轮胎通过遥控接收器传递到动态稳定控制。

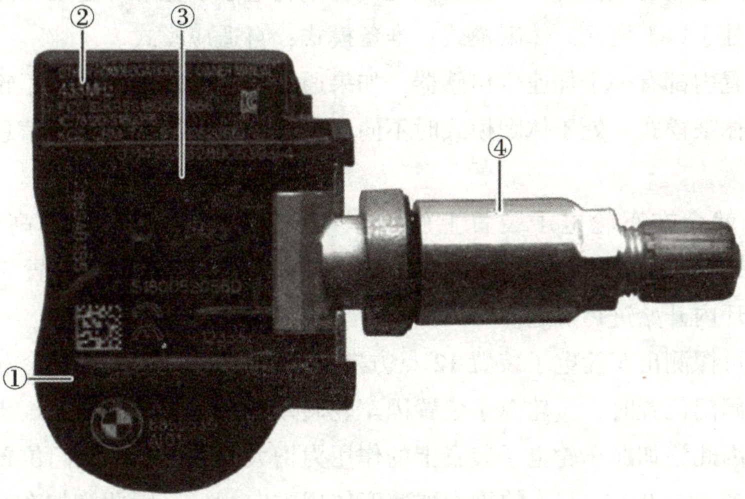

①–车轮电子系统；②–无线电频率；③–压力传感器；④–阀门。

图 4–13 车轮电子装置

通过一个锂离子蓄电池为车轮电子系统供电。其设计使用寿命为 10 年左右，剩余使用寿命以 1 个月精度的分辨率显示。

（二）车轮电子装置工作原理

图 4–14 为车轮电子装置转动识别的工作原理。

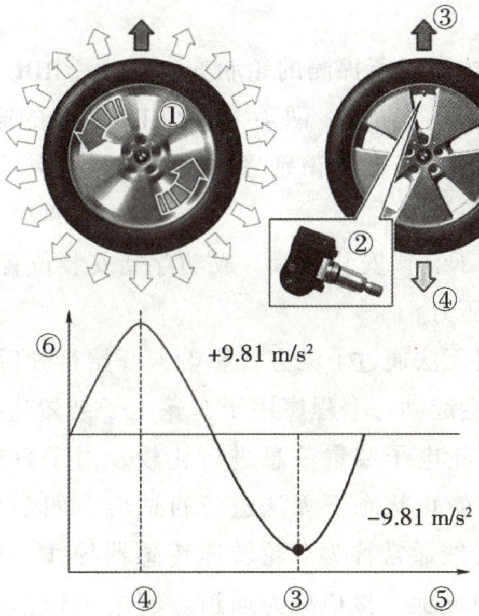

①–转动的车轮；②–车轮电子装置 12 点位置；③–与重力加速度方向相反的加速度合力；

④–与重力加速度方向相同的加速度合力；⑤–车轮转动（°）；⑥–加速度合力。

图 4–14 车轮电子装置转动识别的工作原理

物体旋转（旋转即物体围绕自身轴线转动）时会在惯性作用下产生作用力。旋转轴位于物体中心，由此朝所有方向向外产生加速度及合力。根据该规律，车轮电子装置可确定处在静止车轮还是旋转车轮上。车轮电子装置可处于以下模式。休眠模式；准备模式；自适应模式。

每个车轮电子装置内都有一个加速度传感器。如果通过加速度传感器确定车轮处于静止状态，车轮电子装置就会切换为休眠模式。处于休眠模式时不向遥控信号接收器发送任何信息，这样可提高电池使用寿命。

只要车辆移动，就会在车轮电子装置上施加作用力。作用力随车速升高而增大。速度超过约 30 km/h，车轮电子装置的加速度传感器便可探测到相应作用力。车轮电子装置切换为准备或自适应模式，并在一个规定循环内开始进行发送。

除车轮转动外还可探测出车轮电子装置 12 点方向。在旋转的车轮上，车轮电子装置承受不断变化的作用力。处于下部阀门位置时，车轮电子装置因车轮转动而朝地心方向加速，与 9.81 m/s^2 的重力加速度作用方向相同，因此施加在车轮电子装置上的作用力增大。处于上部阀门位置时，车轮电子装置朝与地心相反的方向加速，与 9.81 m/s^2 的重力加速度作用方向相反，因此施加在车轮电子装置上的作用力减小。根据该效应，车轮电子装置内的加速度传感器可探测出向上的作用力。车轮电子装置处于自适应模式时，要求准确处于车轮电子装置 12 点位置。

为了分配车轮，车轮电子系统处于学习模式。车轮旋转时产生离心力。该离心力由加速传感器在行驶速度超过约 30 km/h 时识别到。根据重力加速度，加速传感器识别到车轮电子系统向上的位置（12 点）。学习模式需要 12 点位置。在学习模式中，DSC 控制单元借助于车轮转速传感器重新配置 4 个车轮。

（三）自适应功能

为了能在中央信息显示屏 CID 内显示所探测的轮胎充气压力，RDC 系统必须通过自适应过程成功完成车轮分配。自适应过程包括以下两个阶段。图 4-15 为 RDC 系统的输入与输出关系图。

（1）检查和存储属于车辆的车轮电子装置识别号。成功存储识别号后，系统具有警告功能，但还不能显示轮胎充气压力。

（2）探测和存储不同的车轮电子装置安装位置。成功存储安装位置后，系统具有警告功能，并可通过中央信息显示器显示轮胎充气压力。

如果静止时间超过 8 min，并且无法通过手动方式影响，开始行驶后就会自动起动自适应过程。自适应过程启用后，DSC 控制单元就会起动一个程序用于车轮电子装置进行车轮分配，在此将车轮转速传感器的车轮转速信号与发送的车轮电子装置信息进行比较。由于只有行驶期间才会出现这两个信号，因此该过程必须动态进行。在静止状态下无法进行自适应。四个车轮转速传感器都分别通过一根导线与 DSC 控制单元相连。该导线通常称为车轮转速传感器导线。每根车轮转速传感器导线均通过不同电气接口连接到 DSC 控制单元上。接口称为通道。四个车轮轴承单元各自的安装位置均分配有一个通道。

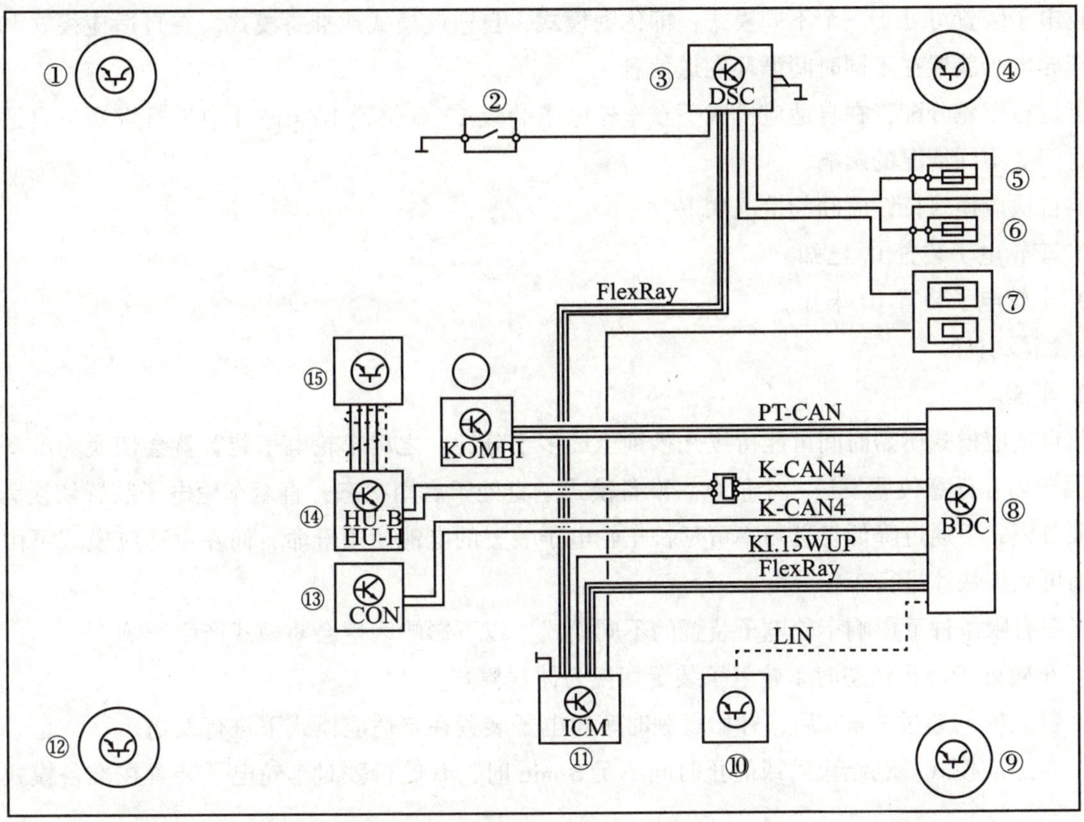

①-左前车轮电子系统；②-制动液液位开关；③-动态稳定控制系统（DSC）；④-右前车轮电子系统；⑤-保险丝盒保险丝；⑥-车身域控制器上的保险丝；⑦-前乘客侧前部配电器保险丝；⑧-主域控制器；⑨-右后车轮电子系统；⑩-遥控接收器；⑪-一体式底盘管理系统（ICM）；⑫-左后车轮电子系统；⑬-控制器（CON）；⑭—机头（HU-B、HU-H）；⑮-中央信息显示器；⑯-组合仪表（KOMBI）。

图 4-15　RDC 系统输入与输出关系图

七、遥控信号接收器

车轮电子系统信息通过高频传输距离（433 MHz）传输给遥控接收器（图 4-16）。车轮电子系统的测量周期为 3 s。每隔 30 s 向遥控接收器的发射一次。信息的当前状态通过 LIN 总线继续发送给车身域控制器。车身网域控制器将信息通过总线数据信号继续发送给 DSC 控制单元，DSC 控制单元分析这些信息。

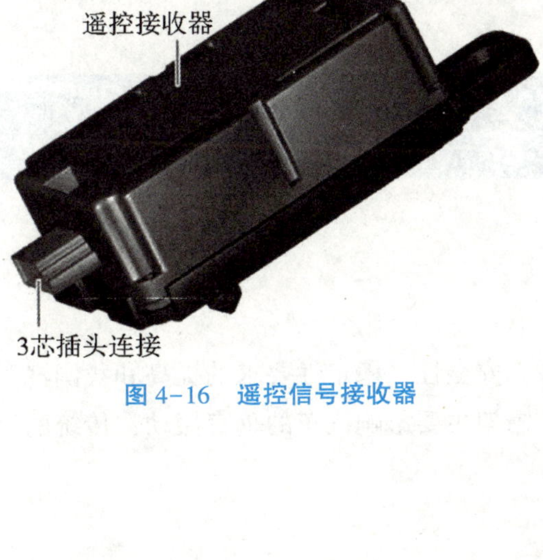

图 4-16　遥控信号接收器

车轮电子装置可处于三个不同模式：即休眠模式、自适应模式或准备模式。在自适应模式和准备模式下，车轮电子装置在不同时间循环发送信息。

为了进行车轮分配，在自适应模式下在车轮电子装置 12 点位置 16 s 循环中进行发送。自适应模式的持续时间受不同情况的影响。

影响自适应模式持续时间的情况如下。

（1）车轮电子装置 ID 已知。

（2）车轮电子装置 ID 未知。

（3）路段引导。

（4）车速。

因此自适应模式所需时间可能持续几秒钟至最多十分钟。之后车轮电子装置就会切换为准备模式并在 64 s 循环内在任意位置发送一个信息。准备模式一直处于启用状态，直至车轮电子装置切换为休眠模式。在准备模式下通过降低发送频率可延长车轮电子装置的电池使用寿命，而在自适应模式下由于发送频率较高可确保快速进行车轮分配。

只能在有限条件下影响车轮电子装置的不同模式。以下影响因素会对模式产生影响。

（1）车轮处于静止状态时车轮电子装置切换为休眠模式。

（2）静止时间超过 8 min 后，开始行驶时车轮电子装置在自适应模式下进行发送。

（3）自适应模式顺利结束后或静止时间不足 8 min 时，开始行驶时车轮电子装置在准备模式下进行发送。

为了避免操作错误，RDC 系统全自动运行。只有轮胎充气压力初始化必须由操作人员手动进行，因此进行维修时存在以下特殊事项。

停止车辆后，RDC 系统就会处于锁止状态，共 8 min。这表示车轮电子装置的位置固定存储在 DSC 控制单元内，无法改变。这样可以防止车辆停止后起动自适应过程。由于几乎不可能在 8 min 内更换车轮，因此开始行驶后车轮电子装置在准备模式下进行发送，所显示的轮胎压力与上次自适应的车轮分配有关。带有未知识别号 ID 的新车轮电子装置不在考虑之列，而且在此系统状态下无法进行自适应。

静止时间超过 8 min 时，可能已经改变了车轮位置或安装了带有其他车轮电子装置的新车轮。如果系统未对该状态做出反应，可能会导致无法识别出轮胎失压或警告信息与错误安装位置有关。因此车轮电子装置在静止时间超过 8 min 和车速约 30 km/h 后在自适应模式下进行发送，同时 DSC 控制单元起动车轮分配程序。对已知车轮电子装置 ID 进行自适应需要的时间比对新的未知 ID 进行自适应的时间要少。

任务二　悬架的构造

悬架概述

一、悬架概述

随着人们对车辆乘坐舒适性、安全性、稳定性要求的提高和我国汽车悬架技术的发展，电子控制悬架在汽车上的应用，日益广泛。悬架主要影响汽车的垂直振动，传统的汽车悬架是不可调整的，在行车中车身高度的变化取决于弹簧的变形。因此，在汽车的行驶过程中出现的制动、转弯、车载质量的变化等情况，会影响到乘客的舒适稳定性和货物的完好率。在主动式悬架还没有诞生前，平衡运动性与舒适性一直是困扰汽车生产商的一大问题。汽车技术的飞速发展，汽车主动悬架的出现，很好地解决了运动性与舒适性相矛盾这一问题，伴随着近年来汽车科学技术的进步以及人们对车辆使用的更高要求，越来越多的汽车已经纷纷换装了性能优越的电子控制式主动悬架。在豪华轿车上采用电控主动悬架是为了追求更平稳、更舒适的乘坐感，而在 SUV 上采用电子控制主动悬架则是为了平衡野外越野与公路行驶的双重需要。

二、悬架的功能

汽车悬架是车架（或车身）与车轴（或车轮）之间的弹性连接装置的统称。它的作用是弹性地连接车桥和车架（或车身），缓和行驶中车辆受到的冲击力；保证货物完好和人员舒适；衰减由于弹性系统引进的振动，使汽车行驶中保持稳定的姿势，改善操纵稳定性；同时悬架系统承担着传递垂直反力，纵向反力（牵引力和制动力）和侧向反力以及这些力所造成的力矩作用到车架（或车身）上，以保证汽车行驶平顺；并且当车轮相对车架跳动时，特别在转向时，车轮运动轨迹要符合一定的要求，因此悬架还起使车轮按一定轨迹相对车身跳动的导向作用。悬架结构形式和性能参数的选择合理与否，直接对汽车行驶平顺性、操纵稳定性和舒适性有很大的影响。由此可见悬架系统在现代汽车上是重要的总成之一。

三、悬架的组成

悬架一般由弹性元件、减震器、导向机构和横向稳定杆等组成。

1. 弹性元件

弹性元件用来承受并传递垂直荷载，缓和由于路面不平引起的对车身的冲击。弹性元件包括钢板弹簧、螺旋弹簧、油气弹簧、扭杆弹簧、空气弹簧和橡胶弹簧等。

（1）钢板弹簧

钢板弹簧由多片不等长和不等曲率的钢板叠合而成，安装好后两端自然向上弯曲。钢板弹簧除具有缓冲作用外，还有一定的减震作用，纵向布置时还具有导向传力的作用，非独立悬挂大多采用钢板弹簧做弹性元件，可省去导向装置和减震器，使结构简单。

（2）螺旋弹簧

螺旋弹簧只具备缓冲作用，多用于轿车独立悬挂装置。由于没有减震和传力的功能，还必须设有专门的减震器和导向装置。

（3）油气弹簧

油气弹簧以气体作为弹性介质，液体作为传力介质，它不但具有良好的缓冲能力，还具有减震作用，同时还可调节车架的高度，适用于重型车辆和大客车。

（4）扭杆弹簧

扭杆弹簧是将用弹簧杆做成的扭杆一端固定于车架，另一端通过摆臂与车轮相连，利用车轮跳动时扭杆的扭转变形起到缓冲作用，适合于独立悬挂车辆。

2. 减震器

减震器用来衰减由于弹性系统引起的振动，减震器的类型有筒式减震器、阻力可调式新式减震器和充气式减震器。

3. 导向机构

导向机构用来传递车轮与车身间的力和力矩，同时保持车轮按一定运动轨迹相对车身跳动。通常导向机构由控制摆臂式杆件组成，种类有单杆式和多连杆式。钢板弹簧作为弹性元件时，可不另设导向机构，它本身兼起导向作用。有些轿车和客车上，为防止车身在转向等情况下发生过大的横向倾斜，在悬架系统中加设横向稳定杆，目的是提高横向刚度，使汽车具有不足转向特性，改善汽车的操纵稳定性和行驶平顺性。

四、主动悬架

主动悬架是近十几年发展起来的、由电脑控制的一种新型悬架。它汇集了力学和电子学的技术知识，是一种比较复杂的高技术装置。从控制力的角度划分，悬架可分为被动悬架、半主动悬架和主动悬架。主动悬架有作为直接力发生器的动作器，可以根据输入与输出进行最优的反馈控制，使悬架有最好的减震特性，以提高汽车的平顺性和操纵稳定性。它由弹性元件和一个力发生器组成。电子技术控制汽车悬架系统主要由（车高、转向角、加速度、路况预测）传感器、电子控制 ECU、悬架控制的执行器等组成。

系统的控制功能通常有以下三个。

1. 车高调整

当汽车在起伏不平的路面行驶时，可以使车身抬高，以便于通过；在良好路面高速行驶时，可以降低车身，以减少空气助力，提高操纵稳定性。

2. 阻尼力控制

阻尼力控制用来提高汽车的操纵稳定性，在急转弯、急加速和紧急制动情况下，可以抑制车身姿态的变化。

3. 弹簧刚度控制

弹簧刚度控制是指改变弹簧刚度，使悬架满足运动和舒适的要求。

采用主动式悬架后，汽车对侧倾、俯仰、横摆跳动和车身的控制都能更加迅速、精确，汽车高速行驶和转弯的稳定性提高，车身侧倾减少。制动时车身前俯小，起动和急加速可减少后仰。即使在坏路面，车身的跳动也较少，轮胎对地面的附着力也较大。

五、悬架的类别

根据汽车悬架结构的不同，通常将悬架分为独立悬架和非独立悬架两大类，如图 4-17 所示。

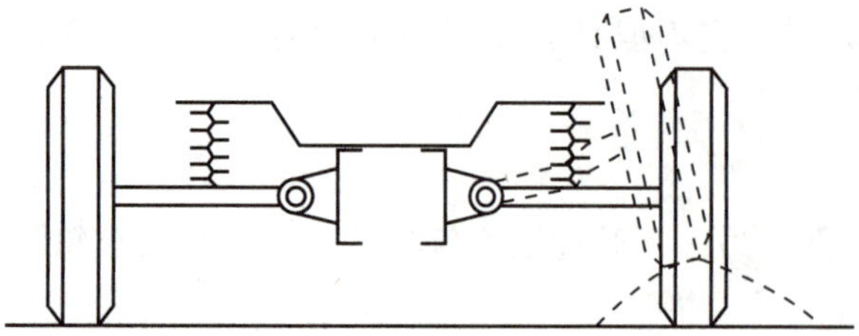

（a）独立悬架

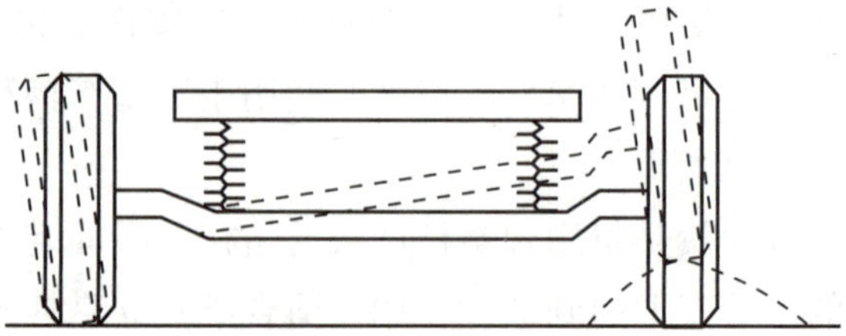

（b）非独立悬架

图 4-17　悬架的类别

1. 独立悬架

独立悬架其结构特点是车架与每一侧车轮之间的悬架连接是独立的，它的车桥为断开式，当一侧车轮上下跳动时，不会影响到另一侧车轮位置的变化。这种悬架乘坐舒适性和操纵稳定性都较好，且具有降低汽车重心、减小汽车造型受约束的效果，但其结构较复杂，造价较昂贵，所以主要应用在轿车上。双叉式独立悬架，它一般是上、下两个控制臂支承装有车轴的转向节，在上、下控制臂之间安装减震器。这种悬架可通过自由设定控制臂长度来使汽车具有良好的转弯性能、直线行驶性能及乘坐舒适性能。撑杆式独立悬架，因为减震器兼作悬架支柱，故将这种方式称为撑杆式悬架。用于前轮时称为麦弗逊式撑杆式悬架；而用于后轮时被称为查普曼式撑杆式悬架。其结构是将装有减震器撑杆的上端安装在车身上，下端借助于控制臂与车轴连接。这种悬架构件数量少，质量轻，且节省空间。

2. 非独立悬架

非独立悬架其结构特点是两侧的车轮安装在一根整体式车桥上，若一侧车轮因路面不平跳动时，会影响另一侧车轮位置的变化。这样就影响到车身的平稳和高速行驶的稳定性，但这种悬架结构简单、制造方便，故被载重汽车普遍采用。钢板弹簧非独立悬架，采用钢板弹簧作弹性元件，兼起导向装置的作用，并有一定的减振作用，大大简化了悬架的结构。钢板弹簧结构简单，具有耐久性，可降低高度，使驾驶室与车厢底板平坦。螺旋弹簧非独立悬架，一般只作轿车的后悬架，螺旋弹簧的上端装在车架上的特制支座上，而下端则固定在后桥壳的座上，并设置有纵横导向杆件，用以传递驱动力、制动力及其力矩、横向力。此外，悬架中还装有减震器。

任务三 电动主动式侧倾稳定杆 EARS

一、简介

由于现在的车型已被电动助力转向系统取代了原有的液压助力转向系统，装备有液压控制式主动侧翻稳定装置（ARS）的车辆就需要额外安装转向助力壶和相应的油液管路，这显然不是一个最佳的方案。

尤其是现在新能源汽车的迅速发展，需要寻找一个用电子装置替代的方案。宝马作为全球首开先河的汽车制造商，首先用电动主动式稳定杆取代了之前所用的液压主动式稳定杆。电动主动式稳定杆通过有针对性的利用一个电机向各个稳定杆部分施加机械力矩可减少转弯行驶时的车身侧倾。

图 4-18 以示意图形式对主动式液压稳定杆和主动式电动稳定杆进行了系统比较。

与当前使用的液压系统相比，电子动态行驶稳定装置还具备以下潜力。

（1）能量需求降低等于降低二氧化碳排放量。

（2）复杂度降低，部件减少。

（3）取消液压油的使用。

（4）电动行驶能力。

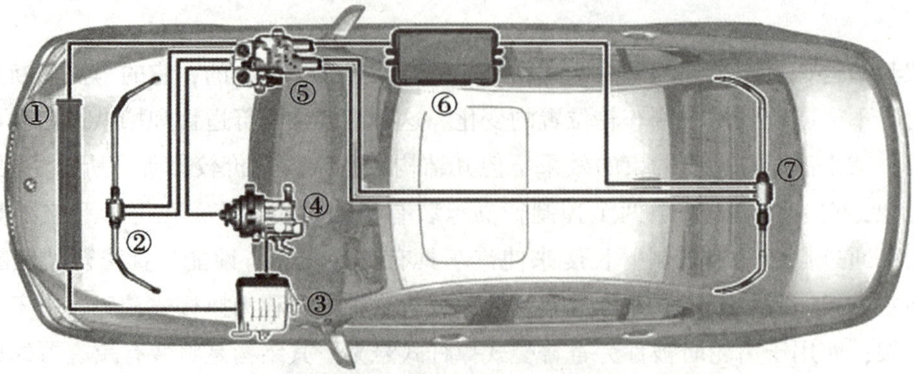

（a）液压主动式侧倾稳定杆（ARS）

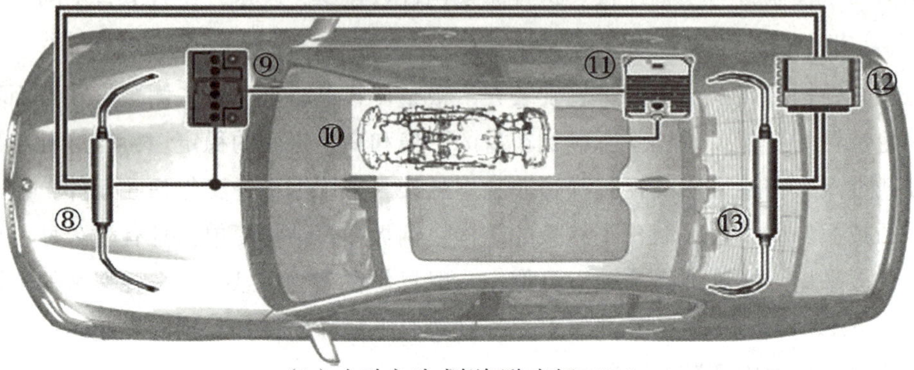

（b）电动主动式侧倾稳定杆EARS

①-机油冷却器；②-前桥液压主动式侧倾稳定杆 ARS；③-补液罐；④-液压泵；
⑤-阀体；⑥-垂直动态管理系统 VDM 控制单元；⑦-后桥液压主动式侧倾稳定杆 ARS；
⑧-前桥电动主动式侧倾稳定杆 EARSV；⑨-12V 蓄电池（车载网络支持措施）；⑩-车载网络；
⑪-电源控制单元 PCU（500WDC/DC 转换器）；⑫-垂直动态管理平台 VDC 控制单元；
⑬-后桥电动主动式侧倾稳定杆 EARSH。

图 4-18　液压主动式稳定杆和电动主动式稳定杆的系统比较

二、电子动态行驶稳定装置

电子动态行驶稳定装置带来更多驾驶乐趣，使驾驶不会产生疲劳。单方面干扰刺激时的行驶舒适性显著提高，且避免了造成不便的侧倾程度。车辆的自转向特性以及负荷变化特性明显改善，车辆可目标精确地轻快移动，因此在实现卓越的悬挂舒适性时，结合了最佳的安全行驶性能。动态行驶与舒适性通过电子动态行驶稳定装置相结合。

电子动态行驶稳定装置提供以下优点。

（1）转向时将侧倾程度最小化。

（2）提高了行驶安全性和行驶舒适性。

（3）在所有状态下高度的灵敏性和稳定性。

（4）便捷的运动型操作。

电子动态行驶稳定装置一个特别的优点是防止了所谓的复制。为此在直线行驶时，车轮通过两个半段稳定杆分离。道路颠簸（地洞，地面不平整）不再影响相对的车轮（复制）。

图 4-19 和图 4-20 分别展示了前部和后部电子动态行驶稳定装置。

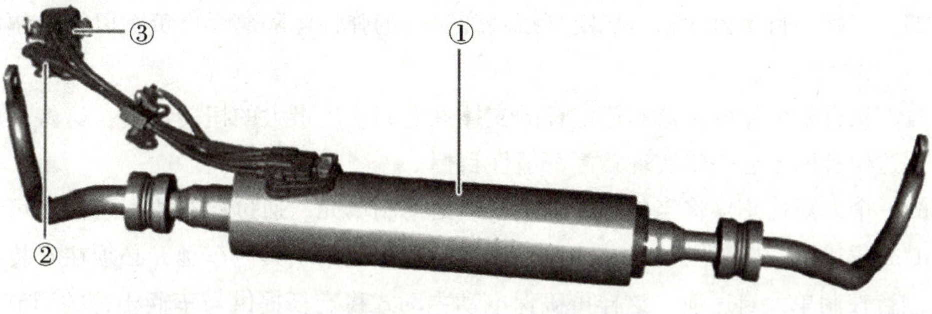

①-电子主动式前部滚转稳定控制单元（EARSV）；②-4 芯插头连接；③-2 芯插头连接。

图 4-19　前部电子动态行驶稳定装置

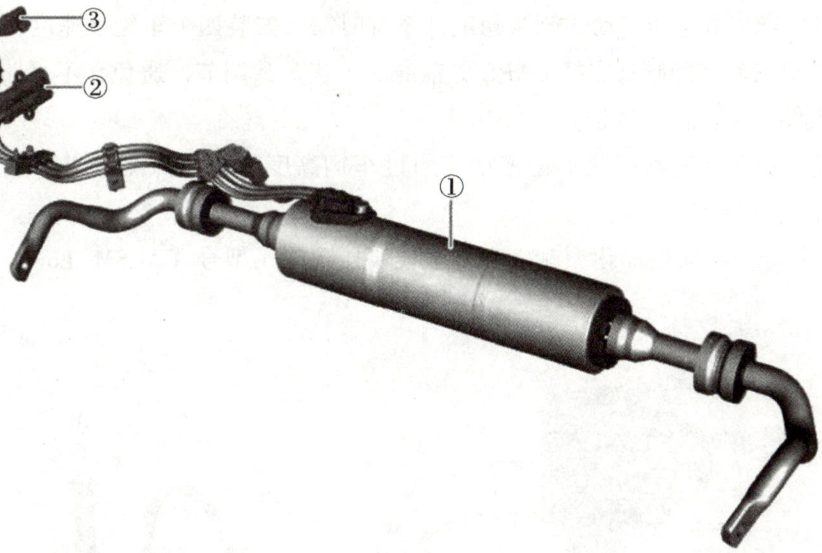

①-电子主动式后部滚转稳定控制单元（EARSH）；②-4 芯插头连接；③-2 芯插头连接。

图 4-20　后部电子动态行驶稳定装置

前后桥的稳定杆均为分体式，各自通过电子双向马达在中部连接，因此可在几分之一秒内在稳定杆上沿所需的方向提升设定的扭矩。直线行驶时，两个半段稳定杆分离。这样在单侧压缩时不会影响到真正的悬架。

以下参数主要用于计算电子稳定杆的控制。

（1）当前的横向加速度和纵向加速度。

（2）行驶速度。

（3）通过 4 个垂直加速传感器将车身和车轮加速。

（4）通过 4 个高度传感器获得高度。

控制单元集成在电子稳定杆中，因此电子稳定杆通过 FlexRay（快速底盘总线系统）与总线系统相连。通过快速的数据处理以及电子稳定杆控制，快速抵抗产生的侧倾力。

三、电子稳定杆的内部结构

通过控制双向马达，根据电流方向扭转稳定杆的两个支撑件。电流方向确定了行星齿轮变速器的旋转方向。行星齿轮的传动比约为 1：120。将电机扭矩转化为待传输稳定杆扭转力矩的三级行星齿轮箱进行动力传输，借此可提升的最大扭矩为 750 N · m。在此系统采用更高扭转力矩设计，从而补偿因路面激励形成的叠加。在此，行星齿轮箱与稳定杆扭转弹簧间的弹性体隔离元件负责以较低幅度分离高度动态的路面激励。

去耦元件允许在行星齿轮变速器和稳定杆的支撑件之间产生最大的扭转角度，这将在调节时实现扭矩的平稳提升，这样有助于进一步实现较高舒适性目标。

组件内部的一个力矩传感器将当前调节力矩反馈给控制单元。通过检查数据可信度可识别出不同故障并存储相应的故障代码。由于主动式电动稳定杆将来也会应用于其他车型，必须在安装后（通过可变设码）在车上进行控制单元自适应，这样可确保电动主动式稳定杆提供与车辆相符的调节力矩。

四、垂直加速度传感器

出于以下原因，安装备电动主动式侧倾稳定杆系统时需要安装四个车轮加速度传感器。

（1）可实现电动主动式侧倾稳定杆 EARS 更精准的干扰参数调节，避免在不平路面上从一个车轮到另一个车轮进行所谓的“复制”过程。

（2）通过车轮加速度传感器探测车轮移动并通过车辆高度传感器探测车身移动，可实现电子减震器控制系统 EDC 的精准调节。

对两种信息进行处理可实现简化型碰撞和安全模块控制单元型号（ACSM-Low）的使用。垂直加速度传感器，如图 4-21 所示。

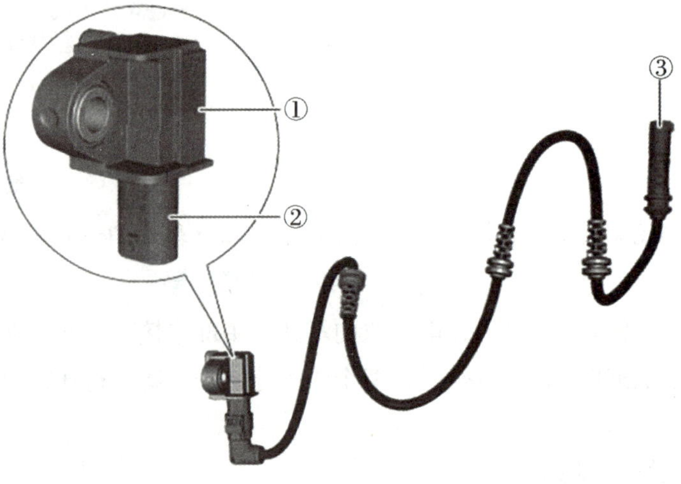

①-垂直加速度传感器；②-2 芯插头连接；③-2 芯插头连接。

图 4-21　垂直加速度传感器

垂直加速传感器电气连接在竖向动态平台（VDP）的控制单元上。原因：在 VDP 控制单元中集成了调节电子主动式侧翻稳定器的算法。通过 FlexRay 将算法从 VDP 控制单元发送至控制单元 EARSV 和 EARSH。

垂直加速传感器沿着车辆垂直轴计算车轮的加速度。垂直加速传感器固定在每个转向节上。垂直加速传感器测量加速度。传感器具有一个敏感的车桥，在该车桥上震动体可移动排列，确定影响震动体的惯性力，由此可以确定是否发生了速度增加或速度减少。

五、辅助蓄电池及动力控制单元（PCU）

图 4-22 展示了以约 30%能量回收利用进行驾驶操控时，电动主动式稳定杆的耗电量和输出电流。需要注意，该图所示为瞬间情况。根据驾驶操控，电动主动式稳定杆的控制功率与能量回收利用功率存在显著差异。

为使 12 V 电压网络用电器不受两个电动主动式稳定杆较高负荷电流的影响，通过一个 DC/DC 转换器（500 W）使稳定杆与基础型车载网络分离。所需控制能量由位于发动机室内的一个附加 12 V 蓄电池提供，因此不会由于能量消耗较高影响其他用电器。该蓄电池是一个附加蓄电池，可根据车辆配置为电压网络提供能量，因此车辆未配备主动式电动稳定杆时也可使用该蓄电池。

辅助电池以及动力控制单元（PCU）用于支持车载网络。车载网络分为两个部分。

（1）带有车辆电池、起动马达、发电机和用电器的标准型车载网络。

（2）带辅助电池的附加车载网络。

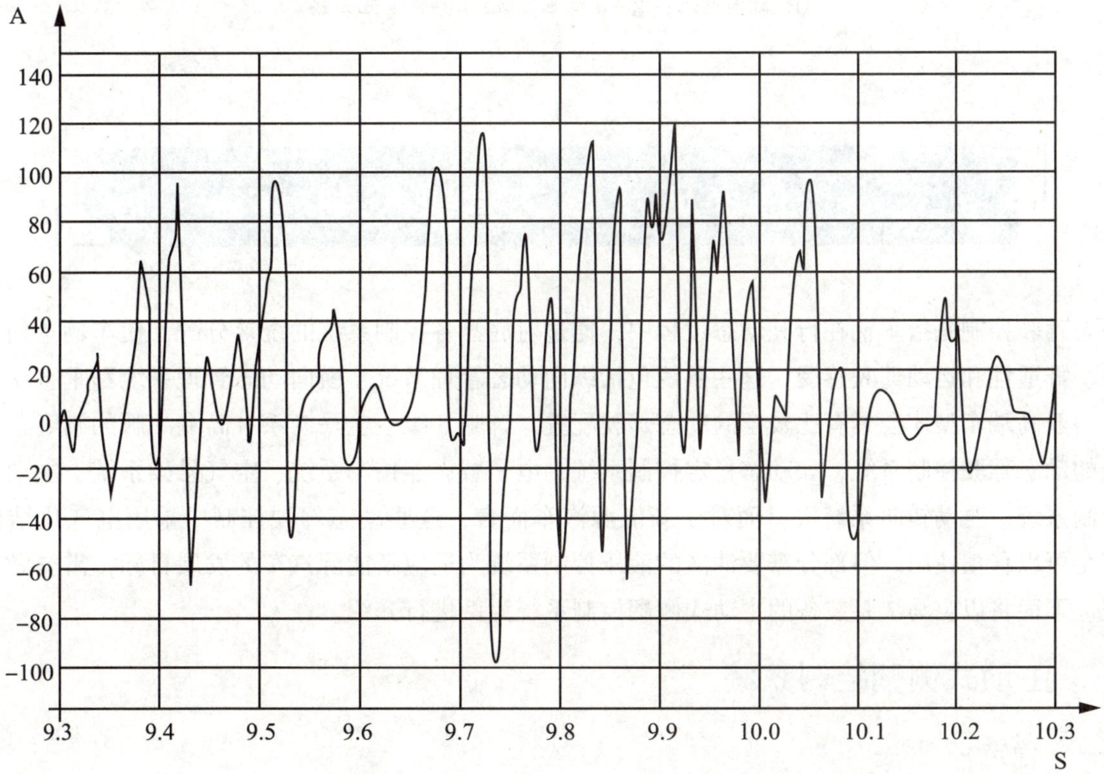

图 4-22 电动主动式稳定杆的耗电量和输出电流

动力控制单元（PCU）可确保在所有运行条件下在这两个车载网络之间进行动力管理。

AGM 蓄电池（图 4-23）较大的平板可实现功率密度增加 25%。通过玻璃纤维网构成的分离器将达到 3 倍或更高的周期强度，由此改善冷起动性能、降低电流消耗和延长使用寿命。

安装动力控制单元（PCU）的主要目的是，避免或降低自动启停功能（MSA）发动机停止时车用蓄电池的能量负荷。减少车用蓄电池循环 = 发动机起动/停止自动装置的循环次数，有助于延长使用寿命。

动力管理系统针对性条件源自车辆的使用。发动机运行时从标准型蓄电池为辅助电池充电。执行 MSA 停止功能期间来自辅助电池的能量返回标准型车载网络内。

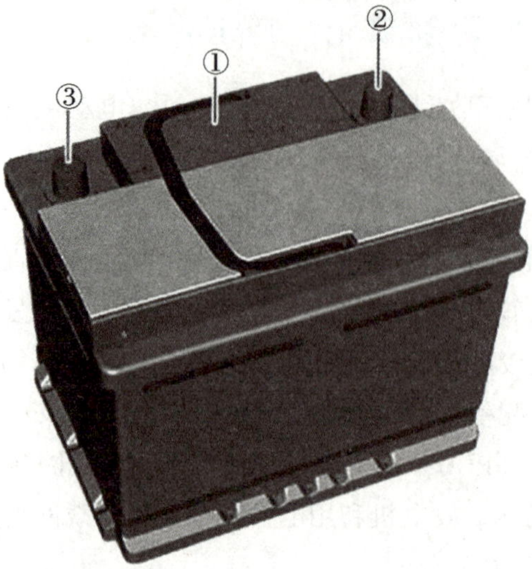

①-辅助电池；②-蓄电池负极；③-蓄电池正极。

图 4-23　AGM 蓄电池

任务四　动态驾驶控制

动态驾驶控制是指车辆在行驶动态过程中，通过对底盘各控制系统的统筹分配，使车辆达到更高的安全性、舒适性和运动驾驶感受。这些系统包括纵向动态管理系统、横向动态管理系统和垂直动态管理系统。一般高端车型才会具有比较全的动态驾驶配置，奔驰 S 级、宝马 7 系等高端品牌的旗舰车型都具有较全的动态驾驶控制系统，如动态稳定控制系统、电子减震器控制系统、空气悬架系统、主动式侧翻稳定控制系统、主动转向系统等。而对于新能源汽车而言，这些动态驾驶控制中采用电气化结构的系统，完全可以移植使用。但部分需要油液的液压控制系统为适应新能源汽车的发展目标，需要做一些升级改进。下面将以宝马 7 系装备的主动式侧翻控制系统为例进行介绍。

一、主动式侧翻控制系统

（一）稳定杆

车辆转向时，作用在重心上的离心力使车辆产生一个绕侧滚轴线的侧倾力矩。这个力使车身向外转向车轮方向倾斜，因此车辆快速接近行驶动态的极限。车身的倾斜度以及随之而来的车轮负荷差应通过稳定杆承受。

转向时外转向车轮的弹簧被压紧，内转向车轮的弹簧伸长，这样就会使稳定杆扭转，此时在稳定杆支撑点内出现的力产生一个力矩，这个力矩可阻止车身侧倾并改善同车桥两车轮上的负荷分配。其缺点是直线行驶及弹簧单侧压缩时基本弹性变硬，这样将使舒适性降低。

车辆运行总是围绕如图 4-24 所示的轴线运动。

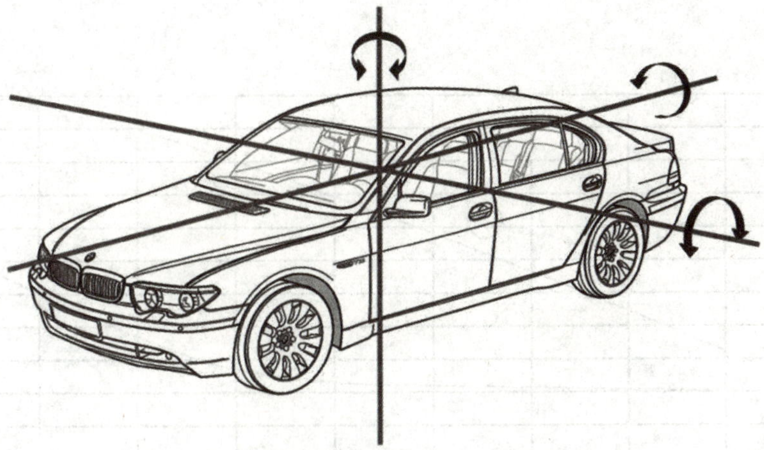

图 4-24 侧滚轴线、偏航轴线和俯仰轴线

主动式侧翻稳定杆 ARS 的主动式底盘系统是底盘技术的一个飞跃，其消除了操纵灵活性与舒适性之间的目标冲突，这一点体现了典型的“驾驶乐趣”。主动式侧翻稳定杆有两根稳定杆，可有效防止车身侧倾并改善行驶性能。这样，弹簧和减震器可以设计得更舒适。

（二）侧倾影响

图 4-25 展示了带有被动式稳定杆和主动式侧翻稳定杆在受到横向力矩时的状态。

转弯行驶时，横向加速度（a_q）作用于车辆重心（SP）。车身围绕由前桥和后桥运动学特性决定的侧倾轴（RA）侧倾。此时出现侧倾角（φ）。

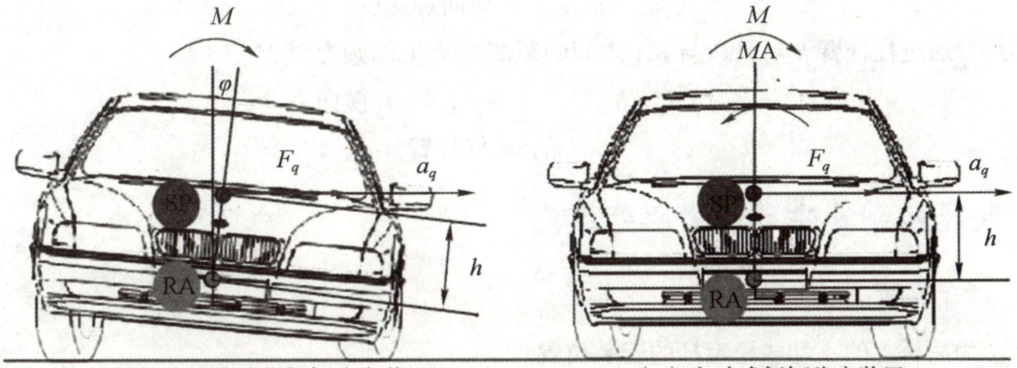

（a）传统被动式侧倾稳定装置　　（b）主动式侧倾稳定装置

a_q-横向加速度；F_q-横向力；h-侧倾轴与重心（力臂）间的距离；MA-车身力矩；M-侧倾力矩；RA-侧倾轴；SP-重心；φ-侧倾角。

图 4-25 被动式车辆与主动式侧翻稳定杆

车辆带有选装配置主动式侧翻稳定杆时，在不超过特定横向加速度（a_q）的情况下仅通过主动式稳定杆便可补偿侧倾力矩（M_w）。只有当侧倾力矩（M_w）超过主动式稳定杆调节的反力矩（M_a）时，才会出现侧倾角（φ）。

图 4-26 对两种稳定杆根据横向加速度形成的不同侧倾角进行了比较。

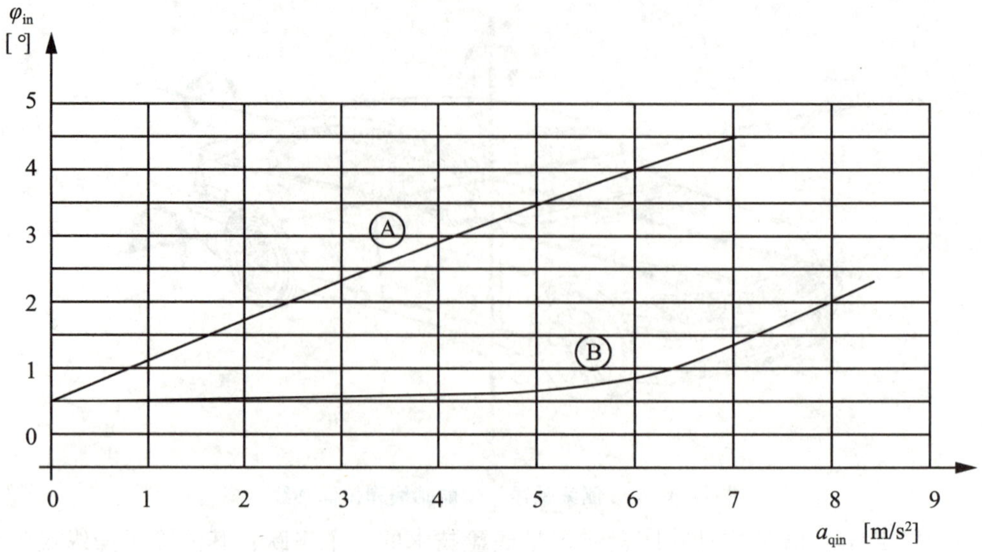

Ⓐ-传统侧倾稳定装置；Ⓑ-主动式侧倾稳定装置；

a_{qin} [m/s²] —横向加速度（m/s²）；φ_{in} [°] —侧倾角（°）。

图 4-26　传统稳定杆和主动式稳定杆的侧倾角图

侧倾力矩 M 的计算如下。

作用在车身上的横向力 F_q 按如下公式计算

$F_q = m \cdot a_q$　　　m（kg）= 车身质量

a_q（m/s²）= 横向加速度

横向力 F_q 通过杠杆臂 h=（SP 与 RA 之间的距离）产生侧倾力矩 M。

$M = F_q \cdot h$　　　F_q（N）= 横向力

h（m）= 杠杆臂

二、液压控制式主动侧翻稳定装置

（一）摆动马达

图 4-27 为后桥上的主动式稳定杆的安装位置。

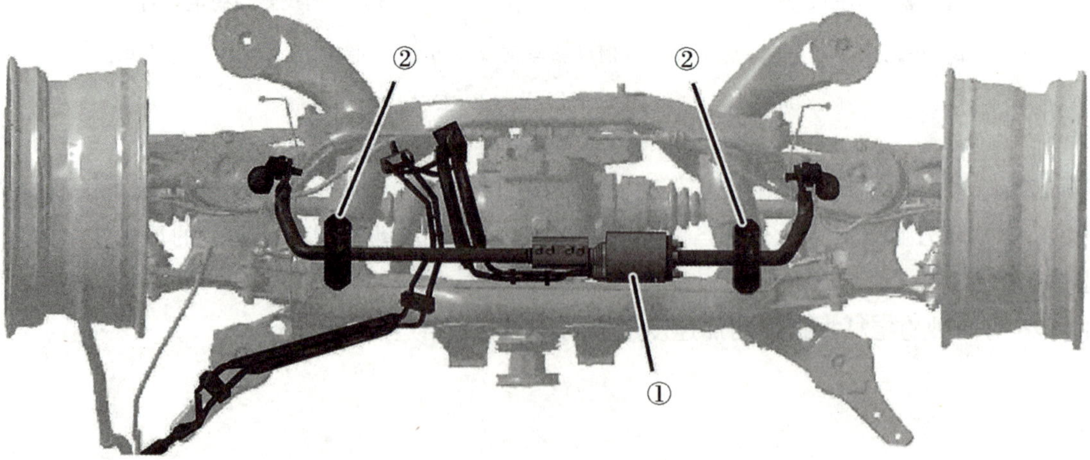

①-双向马达；②-稳定杆支座（滚动轴承）。

图 4-27　后桥上的主动式稳定杆的安装位置

液压控制式主动侧翻稳定装置主要根据横向加速度控制两个主动式稳定杆。动态驾驶的基础是车桥上的可分式稳定杆，两个稳定半杆通过一个液压双向马达连接在一起，一个稳定半杆与双向马达轴相连，另一个与双向马达壳体相连。

主动式稳定杆在中部垂直分开。主动式稳定杆由双向马达和安装在双向马达上的稳定半杆与压力套装的滚动轴承组成。双向马达的轴和壳体分别与一根稳定半杆连接。在双向马达中分别将对置的空腔相互连接，因此在空腔内分别具有相同的压力，通过一个接头为两个空腔供应高压机油，另外两个空腔与通往热膨胀平衡罐的回流管路连接，通过不同大小的压力产生不同大小的力，由此产生一个使轴相对于壳体扭转的扭矩。因为一个稳定半杆与轴连接，而另一个稳定半杆与壳体连接，两个稳定半杆相互扭转，所以产生的扭矩对侧倾起稳定抵消作用。系统压力最大可达 180 bar。

摆动马达的结构如图 4-28 所示。

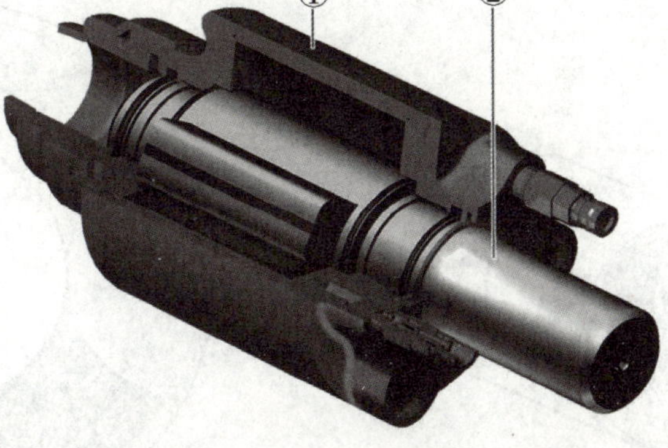

①-摆动马达壳体；②-摆动马达轴。

图 4-28　摆动马达的结构

摆动马达轴和摆动马达壳体分别与一个稳定杆半杆连接。主动式稳定杆由摆动马达和安装在摆动马达上的稳定杆半杆（利用压配合滚柱轴承连接在车桥托架上）组成。使用滚柱轴承时系统响应快且调节力较低，因此可以优化舒适性。滚柱轴承上的润滑脂膜不影响主动式稳定杆的功能。图 4-29 为摆动马达液压管路及接口的安装位置。

①-带空气滤清器盖板的卸压阀；②-带空气滤清器盖板的卸压阀；③-前部双向马达；
④-脉动减震器；⑤-液压管路；⑥-液压接口；⑦-液压接口。

图 4-29　摆动马达液压管路及接口的安装位置

（二）摆动马达的工作原理

摆动马达需执行三项任务，具体如下。

（1）摆动马达将扭矩传递到稳定杆半杆内。

（2）摆动马达使两个稳定杆半杆实现非刚性连接。

（3）系统失灵（故障安全状态）时，前桥稳定杆。通过摆动马达内的密闭液压油（液压锁止）产生足够的缓冲作用。此时前桥稳定杆的工作方式与传统稳定杆相同。

如果摆动马达的腔内因泄漏而不再有机油，那么前桥稳定杆将无法产生缓冲作用。摆动马达内各对置腔彼此连接，这些腔内的压力相同。系统通过一个接口为两个腔提供高压油，另外两个腔通过回流管路连接至补液罐。

图 4-30 为摆动马达的剖面图。

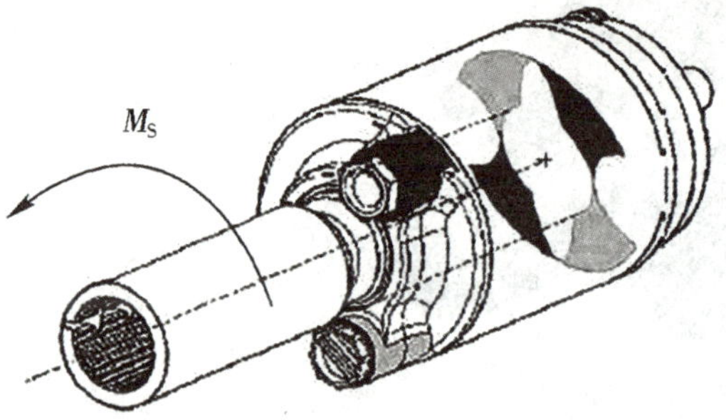

（a）双向马达，产生扭矩M_S

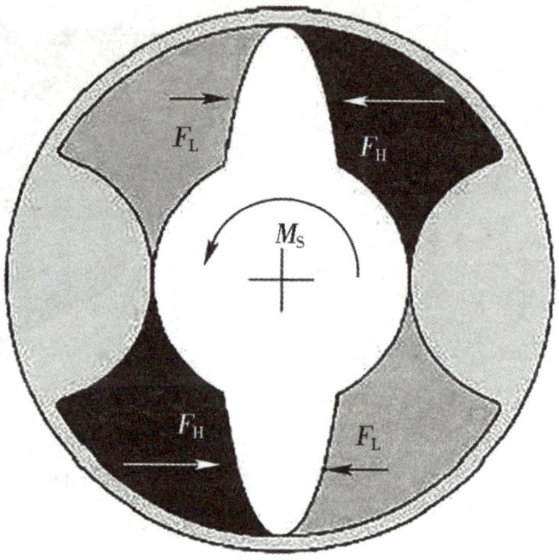

（b）双向马达剖面图

图 4-30　摆动马达的剖面图

作用力高（F_H）或低（F_L）通过不同的高压压力产生。因为 F_H 大于 F_L，所以产生一个扭矩 M_S，其结果是轴相对壳体扭转。因为一个稳定杆半杆与轴连接，而另一个则与壳体连接，所以两个半杆彼此相对扭转。这个扭矩 M_S 通过这种稳定杆连接产生围绕车辆纵轴的主动力矩 M_A，用于抵消转弯行驶时出现的侧倾力矩 M。在弯道外侧将车身向上压，在弯道内侧将车身向下拉。横向加速度较高时前桥和后桥上出现最大车身力矩，此时前桥和后桥上的系统压力都为 180 bar。因外力（路面激励，例如路面不平或有凹坑）而造成摆动马达扭转时，摆动马达起扭转减震器的作用，扭转时将液压油从两个腔内压出。压出的液压油流过管路和液压阀体，其液压阻力产生缓冲作用。故障安全锁止（液压锁止）时，由于摆动马达内液压锁止，因此摆动马达只能以很高的缓冲作用扭转。

（三）减压阀的功能

在较差路面上行驶时，稳定杆移动会造成摆动马达内短时出现低压情况（形成气泡）和压力峰值，这会导致其可能发出咔哒声。为防止出现这种噪声，在前部摆动马达上安装了减压阀和内部脉动缓冲器。

减压阀允许过滤后的空气流入摆动马达，以防形成气泡。液压油吸收少量空气并形成乳状液体，下次控制摆动马达时会将其排出，剩余空气在补液罐内分离出来。

（四）前桥主动式稳定杆

该稳定杆固定在前桥托架上，稳定杆连杆连接在摆动支座上。前桥稳定杆的摆动马达上有两个减压阀。空气滤清器元件（黑色塑料盖）固定在减压阀上，如图 4-31 所示。

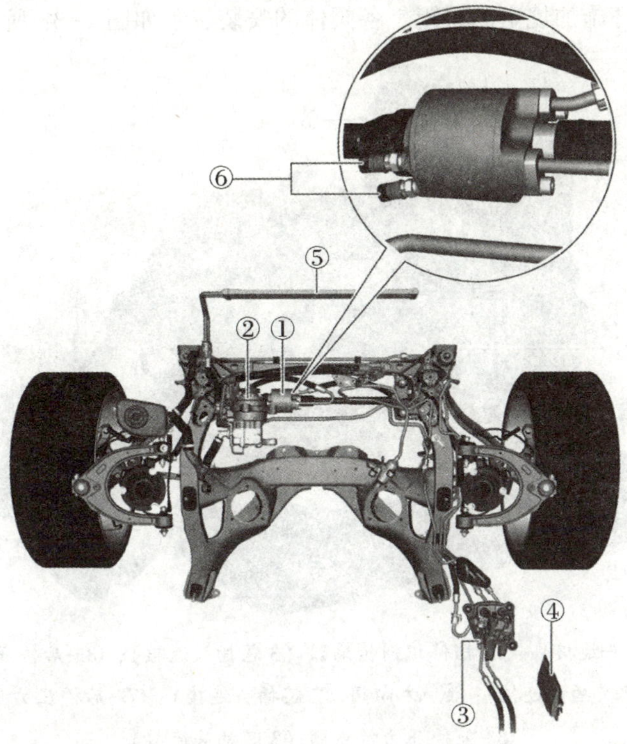

①-前桥摆动马达；②-串联泵；③-ARS 液压阀体；④-VDM；
⑤-液压系统冷却器；⑥-空气滤芯。

图 4-31　前桥主动式稳定杆

（五）后桥主动式稳定杆

该稳定杆固定在后桥托架后部，稳定杆连杆连接在后桥控制臂上。在后桥稳定杆的摆动马达上螺塞替代了减压阀，如图 4-32 所示。

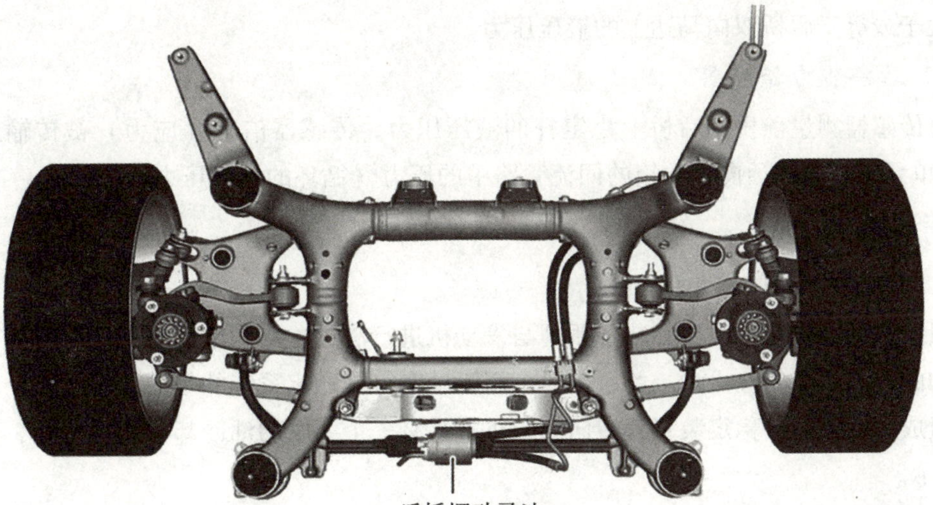

图 4-32　后桥主动式稳定杆

（六）液压阀体

动态行驶稳定装置阀体安装在右前轮罩后面。阀体在电气上与垂直动态控制单元连接。前后桥的稳定杆均为分体式，在中部与双向马达连接。通过阀体，将以液压方式控制双向马达，由此可以很快速地在所需的方向上，对稳定杆施加规定的扭矩。各阀体的安装位置如图 4-33 所示。

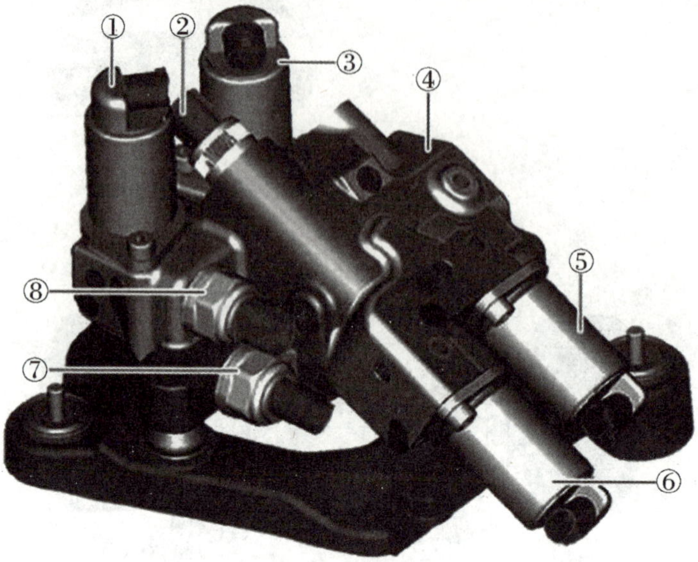

①-前桥压力控制阀（2 芯插头连接）；②-挡位识别传感器（3 芯插头连接）；③-后桥压力控制阀（2 芯插头连接）；④-阀体；⑤-安全阀（2 芯插头连接）；⑥-方向阀（2 芯插头连接）；⑦-后桥压力传感器（3 芯插头连接）；⑧-前桥压力传感器（3 芯插头连接）。

图 4-33　液压阀体的安装位置

阀体安装在 A 柱上的右前轮罩内，阀体的各部件如下。

1. 前桥和后桥压力控制阀

这些压力控制阀位于阀体。压力控制阀由垂直动态管理控制单元控制，同时将调节稳定杆的液压压力（压差）（最高 180 bar）。在直线行驶时，压力控制阀处于预通电状态（0.35 A）。油流可顺畅流入机油箱。在转向时压力控制阀通电，双向马达中的液压压力被调节到标准值。基于设计前桥双向马达上的液压压力大于或等于后桥双向马达上的液压压力。

2. 前桥和后桥压力传感器

这些压力传感器测量前桥和后桥上稳定杆的液压压力。传感器信号（应力）被传输到垂直动态管理 VDM 控制单元，未监控通向机油箱的回流管路中的压力（循环的油流压力约 2 bar）。

（七）串联泵

1. 结构

串联泵根据不同的机动化装置和装备系列与发动机进行法兰连接。串联泵为动态行驶稳定装置以及转向助力机构的机油回路供应机油。此泵由一个用于动态行驶稳定系统的径向活塞和一个用于转向助力机构的叶片组成。动态行驶稳定装置和转向助力机构具有一个共用的油冷却器和机油箱，串联泵的结构如图 4-34 所示。

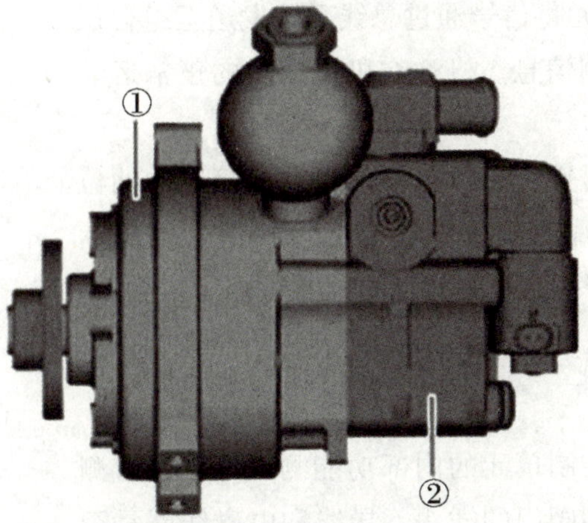

①-串联泵的径向活塞件；②-串联泵的叶片件。

图 4-34 串联泵

2. 串联泵特性线和标准值

在怠速下，泵轮转速约为 750 r/min。在这一怠速转速下，串联泵在大约 3 bar 下所输送的体积流量约为 5（L/min）。这样，可以在怠速下同样保证足够的系统动态。在泵轮转速为 1 250 r/min 时，最大体积流量被限制在 9（L/min）。串联泵特性曲线如图 4-35 所示。

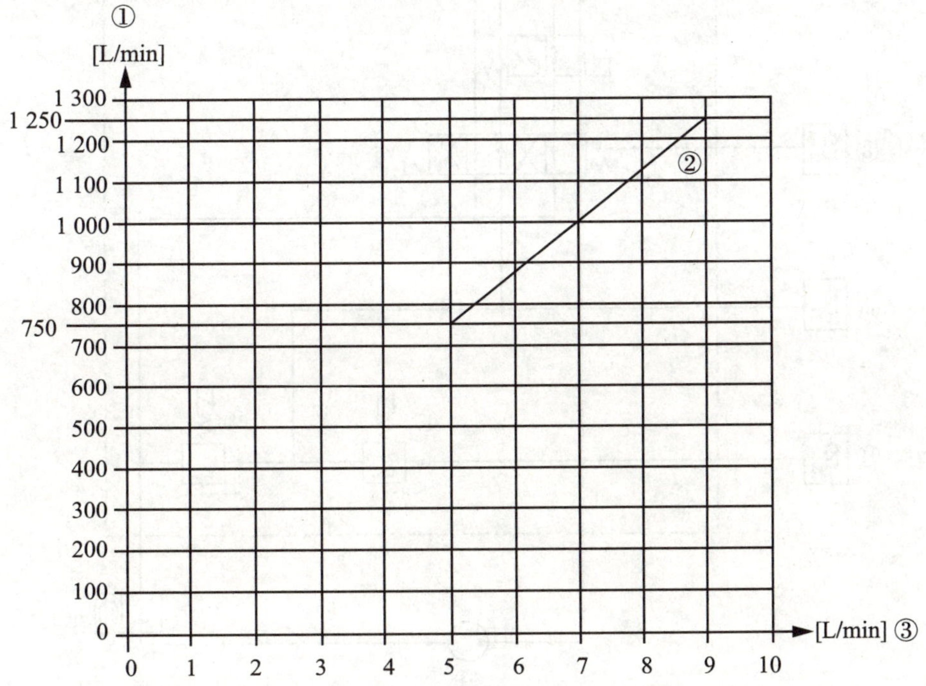

①-泵轮转速；②-串联泵特性线；③-体积流量。

图 4-35 串联泵特性曲线

在机油箱内，有一个机油滤清器和一个带有浮子的油位开关。机油滤清器不同于油位开关，它不能单独更新。在螺旋盖上固定了一个油尺，用它可以检查油位。

油位开关可识别出机油箱内的机油量是否超出或是低于必需的油位（图 4-36）。VDM 控制单元将信号通过总线系统发送至组合仪表，组合仪表输出一个检查控制信息。机油在机油箱内的正常运动不会导致出现检查控制信息。

在活动浮子内有一块永久磁铁，它可触发固定在油箱上的油位开关上的簧片触头。这时，簧片触头将把浮子运动转换为电气信号。当油位高于最低位时，簧片触头是闭合的（最小标记之下约 10 mm）。

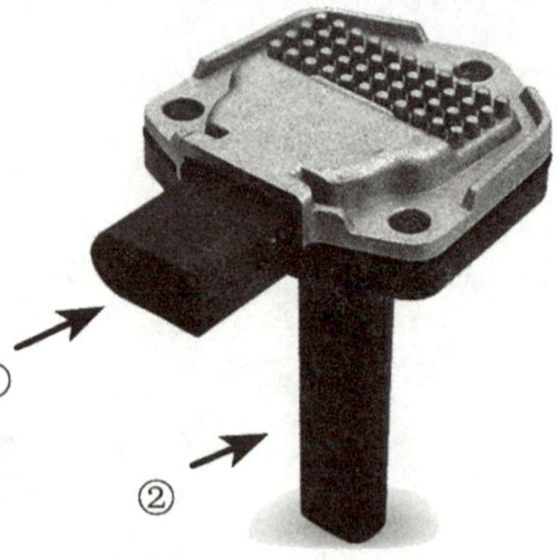

①-2 芯插头连接；②-油位开关。

图 4-36　油位开关

（八）系统工作原理

点火开关打开后首先进行控制单元的内部功能测试。紧接着测试所有阀门的电气功能，并识别阀门的插头、导线和电磁线圈是否短路及断路。对于传感器，可以检测传感器信号线、插头或传感器电子装置是否短路及断路，随后在“驾驶前检查”内测试行驶前液压安全功能的检查。图 4-37 为静止位置时的液压系统图。

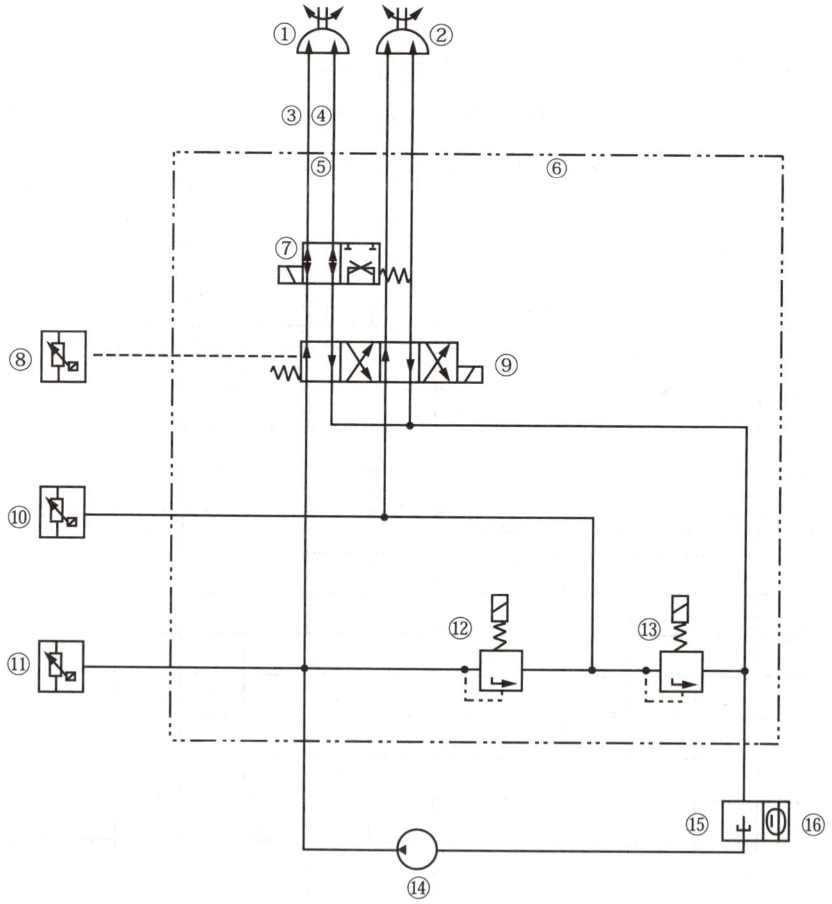

①-前部摆动马达（SMV）；②-后部摆动马达（SMH）；③-前桥液压回路 1（V1）；④-前桥液压回路 2（V2）；⑤-后桥液压回路 1（H1）；⑥-后桥液压回路 2（H2）；⑦-故障安全阀（FS）；⑧-开关位置识别传感器（SSE）；⑨-方向阀（RV）；⑩后桥压力传感器（DSH）；⑪-前桥压力传感器（DSV）；⑫-前桥压力阀（PVV）；⑬-后桥压力阀（PVH）；⑭-串联泵（P）；⑮-储油罐（HB）；⑯-油位传感器。

图 4-37　静止位置时的液压系统图

（九）行驶过程分析

1. 直线行驶

如果起动发动机，泵就会将液压油输送到系统内，建立 3~5 bar 的压力。作用在伺服马达一侧的压力不会影响稳定杆，因为这个压力通过内部泄漏被消除。用于前桥稳定杆（PVV）和后桥稳定杆（PVH）的压力阀不通电，因此是打开的。液压油可直接流回到液压油箱中。只要车辆直线行驶，就会保持这个状态。车速自 20 km/h 起该系统就会发挥全部功能。

2. 转向行驶

如果车辆驶向弯道，横向加速度传感器信号就会被传输到动态驾驶控制单元。该控制单元又将一个按脉冲宽度调制的信号（PWMS）输出到前桥和后桥稳定杆的压力阀。横向加速度越大，信号值电流也越大。阀门的控制电流越大，它们关闭得越严密，同时在稳定杆上也相应建立一个较高的压力。通过压力传感器（DSV、DSH）可获得稳定杆的压力并传输到这个控制单元。为了按相应的转向运动（左转向或右转向）建立压力，控制单元将对方向阀（RV）进行控制传感器（SSE）用于识别方向阀的阀芯位置。

3. 故障模式

假如识别到一个故障，那么该系统会进入故障防护状态。控制单元把故障存储在故障代码存储器内，并在组合仪表内显示这种故障防护状态。只要系统功能自检不是在无故障情况下结束，就会保持故障防护状态。

在发生系统故障时，故障防护阀（FS）通过弹簧关闭。前部稳定杆内的液压油被封闭，因此可以像常规底盘那样保证稳定杆有足够的稳定性且车辆具有不足转向性能。

任务五 行驶系统检修

一、轮胎的检查

（一）车轮与轮胎外观检查

（1）检查轮胎胎面和胎壁有无裂纹、割痕或其他损坏。

（2）检查轮胎胎面和胎壁有无嵌入金属碎屑、石子或其他异物。

（3）检查轮辋和轮辐是否损坏、腐蚀、变形，动平衡块是否脱落。

（4）检查车轮轴承间隙有无明显松旷，运转是否良好，有无明显噪声。

（5）检查车轮与轮胎的规格符合车辆要求，同一车桥规格一致。

（二）轮胎磨损检查

当汽车轮胎磨损超过一定限度时，轮胎附着性能就会降低。高速行驶时，轮胎附着性能降低容易导致车轮滑转或侧滑，大大延长制动距离，制动稳定性下降，严重时，轮胎长距离滑磨，温度剧增，易造成爆胎；行驶至湿滑路面时，磨损过度的轮胎会因花纹过浅，导致排水能力受到严重影响，提高车速时有可能出现“滑水现象”，纵稳定性变差；行驶至松软路面时，抓地能力降低，车轮容易出现打滑现象。

汽车在维护保养时，应检查轮胎花纹深度。乘用车轮胎胎冠上花纹磨损至磨损标志时，就应更换轮胎。对于轮胎胎冠上花纹深度，应使用深度尺进行检测。

轮胎异常磨损是轮胎出现故障的早期征兆，对轮胎磨损的检查可以及时排除影响轮胎寿命的不良因素，从而确保行车安全。

（三）轮胎压力与气密性检查

（1）轮胎充气应按照该品牌车辆用户使用手册上规定的标准气压执行，并在冷态时用气压表测量。若在热态时测量，应略高于标准气压，取适当的修正值。

（2）轮胎装好后，应先充入少量空气，待内胎空气伸展后再继续充至所规定的气压。

（3）充气前应检查气门芯和气门嘴是否配合平整，并保证清洁。

（4）充入的空气要保证干燥，不能含有水分和油雾。

（5）充气时要随时用气压表检查气压，以免因充气过多发生爆胎。

（6）充气时应注意安全防护，充气后应进行气密性检查。一般可用肥皂水检查气门芯和气门嘴处是否漏气，确认无漏气后将气门帽拧紧。

（7）充气时不应超过标准过多后再行放气，也不可因长期在外不能充气而过多地充气，如超过标准过多会促使帘线过分伸张，影响轮胎的寿命。

（四）车轮换位

轮胎进行正确的换位可使磨损均匀，延长轮胎使用寿命。轮胎换位应结合车辆的二级维护定期进行。一般轮胎换位如图 4-38 所示，具体要求参见维修手册或用户使用手册。

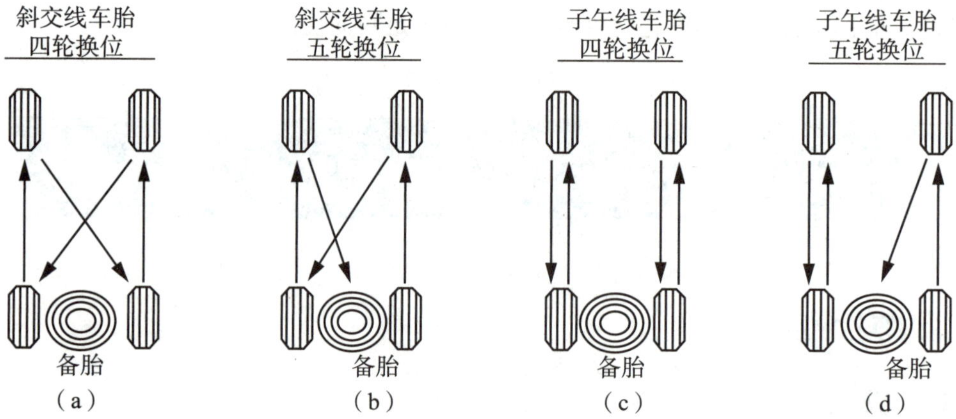

图 4-38　轮胎换位

二、车轮动平衡

车轮承担了车辆的质量，同时驱动车辆行驶，因而轮胎及轮毂的好坏也成为影响车辆驾驶感受的重要因素。轮胎及轮毂都是圆形的，几何中心的稳定性是其具有的一条重要性质，轮胎的中心在其转动的时候是保持高度不变的，始终是地面以上轮胎半径的高度。如果车轮形状不是圆形，它的几何中心随着轮胎转动而上下浮动，将严重影响车辆稳定行驶，因而轮胎及轮毂在出厂后是否规则，决定了车辆驾驶性能的优劣，车轮动平衡是车辆高速行驶稳定的前提。

（一）车轮与轮胎动不平衡

1. 车轮与轮胎动不平衡的危害

如果车轮与轮胎动不平衡，在车辆行驶时易造成车轮的跳动和偏摆，使汽车相关零部件受到损坏，缩短使用寿命。对于高速行驶的汽车来说，还容易造成行驶不安全。

2. 车轮与轮胎动不平衡的原因

车轮与轮胎动不平衡的主要原因包括质量分布不均匀，轮辋、制动鼓变形，轮毂与轮辋加工质量不佳，如轮毂与轮辋两者不同心，轮胎螺栓孔分布不均，螺栓质量不佳，安装位置不正确，轮胎有不均匀或不规则磨损、损坏等。

（二）动平衡仪的结构及使用方法

1. 动平衡仪的结构

车轮动平衡仪按动平衡原理工作，既可以检测不平衡力，也可以测定不平衡力矩。操作动平衡仪时，只要将被测车轮的轮胎宽度和轮辋直径以及安装尺寸输入动平衡仪中即可完成平衡作业，动平衡仪仪表即会自动显示轮胎两侧的不平衡质量 m_1 和 m_2 及其位置。动平衡仪如图 4-39 所示。

图 4-39　动平衡仪

2. 动平衡仪的使用方法

（1）清除被测车轮上的泥土、石子，取下原来的平衡块。

（2）检查轮胎气压值是否在规定范围内。

（3）根据轮辋中心孔的大小选择锥体，仔细地装上车轮，用大螺距/螺母上紧。

（4）打开电源，检查指示于控制装置的面板是否指示正确。

（5）用卡尺测量轮辋宽度、轮辋直径（也可从胎侧读出），用动平衡仪上的标尺测量轮辋边缘至机箱的距离，再用输入或选择器旋钮对准测量值的方法，将以上参数值输入指示控制装置。

（6）放下车轮防护罩，按下起动键，车轮旋转，平衡测试开始，计算机自动采集数据。

（7）车轮自动停止或听到“嘀”声后按下停止键，并操纵制动装置使车轮停止旋转，从指示装置读取车轮内、外不平衡量和不平衡位置。

（8）抬起车轮防护罩，用手慢慢转动车轮，当指示装置发出指示时停止转动车轮；在轮辋的内侧或外侧上部加装指示装置显示的该侧平衡块质量；内、外侧要分别进行，平衡块装卡要牢固、可靠。

（9）安装平衡块后有可能产生新的不平衡，应重新进行平衡试验，直至不平衡量小于 5 g，指示装置显示“00”或“OK”。

（10）测试结束，关闭电源开关，取下车轮。

3. 检测标准及检测结果分析

车轮不平衡检测时，若其不平衡量小于该车型的规定值，则不必对该车轮进行动平衡调整；若其不平衡量超标，则应进行动平衡调整。实际上，往往通过平衡作业可使车轮平衡性满足要求，但当不平衡值过大时或通过平衡作业难以达到要求时，应对车轮进行进一步的检查，以找出故障原因。车轮不平衡的主要原因有以下几方面。

（1）前轮定位不当，尤其是前束和主销倾角，不仅影响汽车的操纵性和行驶稳定性，而且会造成轮胎偏磨。这种胎冠的不均匀磨损与轮胎不平衡形成恶性循环，因而在使用中会出现车轮不平衡，当然也可能是车轮定位角失准的信号。

（2）因轮胎和轮辋以及挡圈等因素使形状失准或密度不均匀而先天形成的重心偏离。

（3）安装中心与旋转中心因轮胎和轮辋定位误差难以重合。

（4）原有的整体综合重心由于维修过程的拆装而遭到破坏。

（5）车轮直径过小，运动中轮胎相对于轮辋在圆周方面滑移，从而发生波状不均匀磨损。

（6）质心因车轮碰撞造成变形发生了位移。

（7）新胎冠因轮胎翻新后定位精度不高而造成厚度不均匀，使重心改变。

（8）高速行驶中制动抱死而引起的纵向和横向滑移，会造成局部的不均匀磨损。

（9）车轮平衡块脱落。

三、悬架的故障及其现象

1. 钢板弹簧折断

汽车行驶时，方向定向跑偏；停车检查时，车身向一侧倾斜。

2. 减震器失效

汽车在不平路面上行驶，车身强烈振动并连续跳动，有时在一定范围内会发生“摆头”现象。

3. 减震器漏油

在减震器油封处或活塞连杆处有漏油痕迹。

思政链接

近日，中共中央、国务院印发了《扩大内需战略规划纲要（2022—2035 年）》，并发出通知，要求各地区各部门结合实际认真贯彻落实。

《扩大内需战略规划纲要（2022—2035 年）》主要内容如下。

坚定实施扩大内需战略、培育完整内需体系，是加快构建以国内大循环为主体、国内国际双循环相互促进的新发展格局的必然选择，是促进我国长远发展和长治久安的战略决策。为推动实施扩大内需战略，根据《中华人民共和国国民经济和社会发展第十四个五年规划和 2035 年远景目标纲要》，制定本规划纲要。

提高吃穿等基本消费品质。加强引导、强化监督、支持创新，推动增加高品质基本消费品供给，推进内外销产品同线同标同质。倡导健康饮食结构，增加健康、营养农产品和食品供给，促进餐饮业健康发展。坚持不懈制止餐饮浪费。

释放出行消费潜力。优化城市交通网络布局，大力发展智慧交通。推动汽车消费由购买管理向使用管理转变。推进汽车电动化、网联化、智能化，加强停车场、充电桩、换电站、加氢站等配套设施建设，便利二手车交易。

由此可以看出，国家对新能源汽车生态的支持与日俱增。

课后练习

一、填空题

1. 汽车轮胎按胎体结构不同，可分为________和________。现代汽车绝大多数都采用充气轮胎。充气轮胎按组成结构可分为________和________两种；按其胎内工作气压分为________和________；按其轮胎胎面花纹的不同，可分为________、________、________和________；按其胎体内帘线排列方向的不同，又可分为________和________。

2. 胎压监测系统可分为两种，一种是____________，另一种是____________。

3. 汽车悬架是________与________之间的弹性连接装置的统称。

4. 悬架一般由________、________、________和________等组成。

5. 主动悬架系统的控制功能通常有以下三个：________、________、________。

二、简答题

1. 在平时驾驶汽车之前，应检查轮胎存在哪些问题？

2. 悬架有什么作用？请简要分析。

项目五 制动系统的认识与检修

项目概述

新能源汽车驱动装置的主要优点是可以利用下坡行驶或制动时释放出的动能。多余动能不再转化为车轮制动器上的热能，而是通过作为发电机工作的电动机转化为电能并存储在高电压蓄电池内。这些可以之后重复使用的能量不必通过内燃机产生。稍稍踩下制动踏板时，电动机会产生更多电流，起到发动机制动器的作用。这种功能被称为能量回收利用或再生制动。当然，在需要紧急制动的情况下机械车轮制动器依旧存在。

驾驶员松开加速踏板后，电动机的作用相当于发电机，可以免费产生电流，因此它就像自行车发电机一样将滑行车辆的动能转化为电能。高电压蓄电池较大的存储容量有助于充分发挥回收利用潜能。在新能源车辆上，电动机可以回收行驶车辆的部分动能并将其以电能形式存储在高电压蓄电池内。

新能源汽车的制动系统不仅仅用于使车辆可靠，稳定地减速。它还能使车辆的制动能量不转化为热量，而是回收利用制动能量，并通过主动变速箱内的电动机将其转化为电能。不同的混合动力方案的新能源汽车，制动系统的结构和功能也有所区别。

学习目标

知识目标

◆掌握常规制动系统的组成、类型和工作原理。

◆掌握新能源汽车的制动不同系统。

能力目标

◆能够对制动系统进行故障认定。

◆全面认识电子控制制动系统。

素质目标

◆培养学生创新意识、发散思维，加强完善问题的能力。

思政目标

◆培养团队意识，在团队合作中实现个人价值。

◆培养自主研发，自立自强的科研精神。

任务工单

一、实训内容

1. 制动液检查

制动液是制动液压系统传递力的媒介，其数量和品质直接影响制动系统的功能，因此制动液的检查包括液位检查和品质检查。

（1）液位检查

如果制动指示灯点亮，就需要检查制动液液位。具体检查步骤如下。

① 观察制动液液面高度是否在最高刻度线和最低刻度线之间。

② 如果制动液液面低于最低刻度线，则应添加制动液，使液面高度正常。

③ 踩压制动踏板 5~10 次。

④ 检查制动主缸缸体是否存在渗漏或表面潮湿。

⑤ 如果制动主缸缸体没有损坏，那么在 10 min 后再检查制动液的液面高度。

⑥ 如果制动液液面高度已经降得很低了，则应检查制动液压系统是否存在外部泄漏。

（2）品质检查

如果制动液的水分含量超标，其沸点会降低；如果制动液中铜含量超标、混有矿物油或石油基液体（如机油、汽油、自动变速器油等），那么制动液压系统中的橡胶件将会膨胀，从而导致制动液压系统工作异常。因此，制动液品质主要从颜色、沸点、含铜量、是否含矿物油或石油基液体等方面进行检查或检测。

① 颜色检查

正常的制动液颜色为琥珀色（DOT5 为紫色），且呈半透明状。如果制动液的颜色为黑色或咖啡色，如图 5-1 所示，则换制动液。

（a）正常的制动液

（b）变质的制动液

图 5-1　制动液的颜色

② 沸点检测

制动液的沸点可用制动液沸点测试仪检测。操作时，将测试仪的探头插入制动液中，起动测试仪，测试仪将显示制动液的沸点。详细操作可参见制动液沸点测试仪使用说明书。

③ 含铜量检测

制动液中的含铜量通常采用铜试纸检测。操作时，将铜试纸浸入制动液中 1～2 s，去除试纸上多余的水分，等待 30 s 左右，将试纸的颜色与色卡对比，判断制动液的含铜量及是否需要更换。

④ 矿物油及石油基液体检测

制动液（除 DOT5 外）溶于水，而矿物油和石油基液体不溶于水。这个特性可以检测制动液中是否含有矿物油和石油基液体。操作时，从储液罐中取少量约 1 mL 制动液添加到装有水的泡沫聚丙乙烯杯子中，若制动液完全溶于水，则说明制动液未被矿物油或石油基液体污染；若水中出现油花，则说明制动液中含有矿物油或石油基液体，同时可以看到液面附近的泡沫聚丙乙烯被石油基液体分解。

如果制动液被矿物油或石油基液体污染、含铜量超标，就需要将制动液排放干净，彻底冲洗制动液压系统，并更换制动液压系统中所有的橡胶件或相关总成。

2. 目视检查

制动液压系统的目视检查主要包括以下内容。

（1）检查制动主缸与真空助力器及储液罐之间是否出现渗漏。

（2）检查制动管及管接头是否存在裂纹、弯折、扭曲、泄漏等情况。

（3）检查制动软管能否弯曲自如，是否有碎屑、杂物、裂纹、渗漏、切痕、鼓包，挠性软点等。

（4）检查制动轮缸和卡钳是否有腐蚀痕迹、渗漏和损坏等。

3. 制动液压系统渗漏测试

为了确认制动液压系统是否存在渗漏，可以对其进行如下渗漏测试。

（1）使发动机运行，变速器处于空挡位置，踩下制动踏板并保持至少 15 s。

（2）测量制动踏板与地板之间的距离。制动踏板与地板之间的距离应该为 2.5～5 cm。

同时不应该感觉到踏板跌落，如果踏板跌落了，说明制动液压系统存在外部或内部的渗漏。

4. 制动液是否混有空气测试

如果制动液压系统存在外部泄漏，空气可能混入制动液。另外，在进行制动液压系统维修时，空气也可能混入制动液。混有空气的制动液会导致制动力变小，制动距离变长，并且踩下制动踏板时感觉很软。测试制动液是否混有空气的步骤如下。

（1）给储液罐加满制动液，轻轻拧上储液罐盖子（不要拧紧）。

注意：带上安全防护眼镜，防止制动液伤害眼睛；给车辆盖上防护罩，防止损伤车辆油漆。

（2）由另一位技师踩压制动踏板约 20 次，最后一次踩住踏板保持不动。

（3）取下储液罐盖子。

（4）快速地释放制动踏板。

（5）观察储液罐中的制动液是否出现喷涌现象。若出现喷涌现象，则表明制动液中混有空气，这就需要对制动液压系统进行排气操作。

二、实训记录

实训记录单

<table>
<tr><td>实训项目</td><td colspan="3"></td></tr>
<tr><td>姓名</td><td></td><td>学号</td><td></td></tr>
<tr><td>班级</td><td></td><td>日期</td><td></td></tr>
<tr><td>实训地点</td><td colspan="3"></td></tr>
<tr><td>小组组长</td><td colspan="3">小组成员</td></tr>
<tr><td></td><td colspan="3"></td></tr>
<tr><td>小组成员分工</td><td colspan="3"></td></tr>
<tr><td colspan="4">实训过程内容与流程记录</td></tr>
<tr><td colspan="4">（请填写安排的任务内容）</td></tr>
<tr><td colspan="4">实训任务回顾与总结</td></tr>
</table>

续表

任务收获与结果	
建议和行动计划	

三、实训测评

实训测评表

<table>
<tr><th rowspan="2">项目名称</th><th rowspan="2">评价内容</th><th rowspan="2">分值</th><th colspan="3">评价分数</th></tr>
<tr><th>自评</th><th>互评</th><th>师评</th></tr>
<tr><td rowspan="3">职业素养考核项目（40%）</td><td>考勤、仪容仪表</td><td>10 分</td><td></td><td></td><td></td></tr>
<tr><td>责任意识、纪律意识</td><td>10 分</td><td></td><td></td><td></td></tr>
<tr><td>团队合作与交流</td><td>10 分</td><td></td><td></td><td></td></tr>
<tr><td rowspan="5">专业能力考核项目（60%）</td><td>积极参与教学活动并正确理解任务要求</td><td>10 分</td><td></td><td></td><td></td></tr>
<tr><td>认真搜集任务所需资料</td><td>10 分</td><td></td><td></td><td></td></tr>
<tr><td>任务实施过程记录表的完成度</td><td>10 分</td><td></td><td></td><td></td></tr>
<tr><td>对制动系统知识的掌握程度</td><td>20 分</td><td></td><td></td><td></td></tr>
<tr><td>对制动液检测等实训内容的完成程度</td><td>20 分</td><td></td><td></td><td></td></tr>
<tr><td colspan="2">合计：综合分数______（自评×20%+互评×20%+师评×60%）</td><td>100 分</td><td></td><td></td><td></td></tr>
<tr><td>综合评语</td><td></td><td colspan="4">教师（签名）：</td></tr>
</table>

任务一　常规制动系统的认识

一、制动系统的功用与组成

汽车在保证行驶安全的前提下，应尽可能地提高行驶速度，以提高运输生产效率，同时还应视需要减速和停车。因此，汽车上必须设有用来强制汽车减速和停车以及能在坡道上停放的可靠装置——汽车制动系统。汽车制动系统的功用是使汽车减速或在最短的距离内停车，并保证停放可靠，不致自动滑溜。

制动系统的认识

汽车制动系统一般由四部分组成，分别是供能装置、控制装置、传动装置、制动器。制动器是制动系统中用以产生阻碍车轮转动的部件。汽车制动器常见的有两种，分别是盘式制动器和鼓式制动器，如图 5-2 所示。

（a）盘式制动器

（b）鼓式制动器

图 5-2　常见制动器

制动操纵机构是将驾驶员踏板力传递到制动器的一系列部件，如液压制动系统操纵机构包括制动主缸、真空助力装置、液压管路等。

二、制动系统的类型

汽车制动系统有多种分类方法，如按制动能量的传输方式分为机械式、液压式、气压式；按制动能源分为人力式、动力式、伺服式；按制动系统回路分为单回路、双回路等。最常见的分类是按制动系统功用分为行车制动系统、驻车制动系统、辅助制动系统，如图 5-3 所示。

1. 行车制动系统

行车制动系统主要用于汽车行驶时的减速和停车。一般通过液压或气压将踏板力传到制动器，利用制动器内旋转件与固定件之间的机械摩擦作用，使旋转的车轮减速或停止转动。

2. 驻车制动系统

驻车制动装置主要用于停车后防止汽车滑溜。

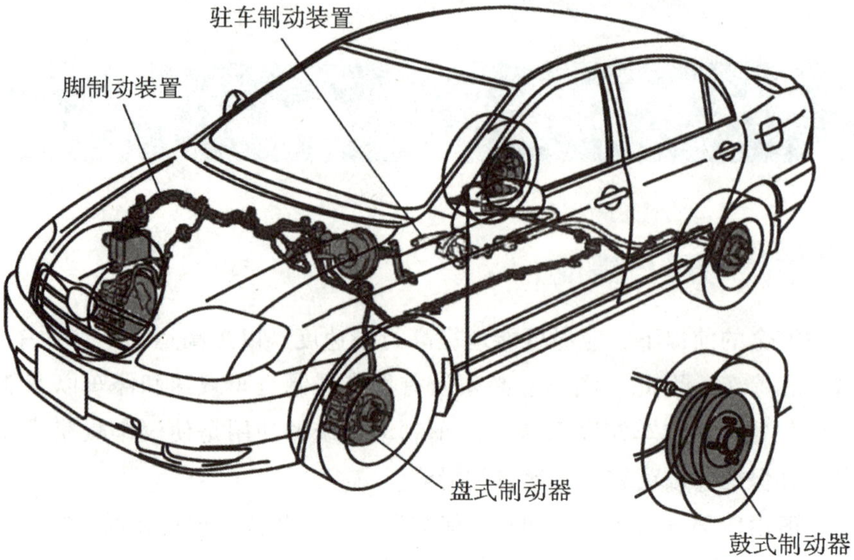

图 5-3　制动系统的类型

3. 辅助制动系统

汽车下长坡时用以稳定汽车行驶车速。

三、液压制动系统的工作原理

汽车制动系统的工作原理如图 5-4 所示，简单的液压制动系统示意图来说明。液压制动系统由液压操纵机构和车轮制动器两部分组成。当驾驶员踩下制动踏板时，制动器产生一种使轮胎停止转动的力（路面的反作用力）和吸收车辆继续前进的力（惯性力），从而停住车辆，换句话说，就是把旋转车轮的能量（动能）通过操纵能（使车轮停止旋转作用的制动器）使其转换成摩擦能量（热能）液压制动系统按制动管路布置不同，可分为单回路液压传动装置和双回路液压传动装置。

1. 单回路液压传动装置

图 5-5 为单回路液压制动系统示意图，制动主缸只有一个输出口，与轮缸之间通过油管连接，并充满制动液。当踩下制动踏板时，制动主缸的推杆推动主缸活塞使主缸油压升高，制动液便经油管流至四个车轮的制动轮缸，迫使轮缸活塞在油压力作用下外移，推动两制动蹄张开产生制动。当松开制动踏板时，制动蹄和轮缸活塞在回位弹簧作用下回位，将制动液压回制动主缸，从而解除制动。

2. 双回路液压传动装置

双回路液压制动系统有两套独立的液压回路，若其中的一套回路损坏漏油时，另一套仍能起制动作用，从而提高了汽车制动的可靠性和安全性。

图 5-6 为前/后分立式双回路液压制动系统示意图，它由双腔主缸通过两套独立回路分别控制前、后车轮制动器，即两个前轮在一个液压回路上，两个后轮在一个液压回路上。如果一个回路失灵，另一个回路仍能使车辆停住。但是，前轮制动器担负整个制动系统工作的 60%多，如果前轮制动回路失效，则所有制动工作全部由后轮承担，这意味着将只能用 30%多的制动力完成全车制动，这显然是不理想的。

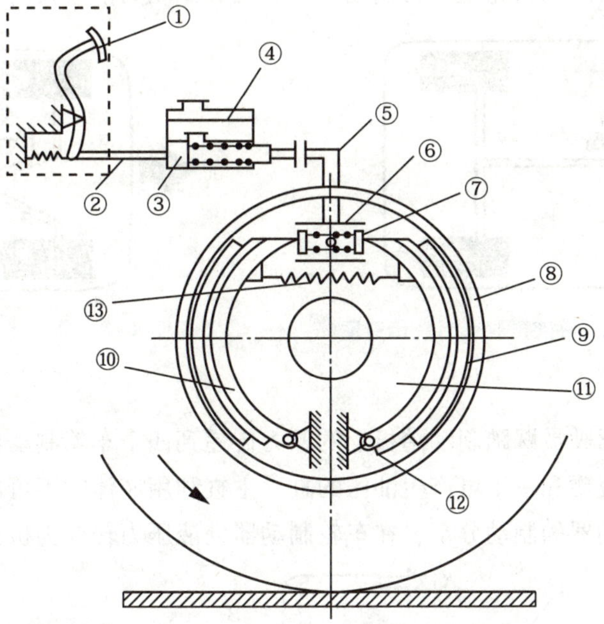

①-制动踏板；②-推杆；③-主缸活塞；④-制动主缸；⑤-油管；
⑥-制动轮缸；⑦-轮缸活塞；⑧-制动鼓；⑨-摩擦片；⑩-制动蹄；
⑪-制动底板；⑫-支承销；⑬-制动蹄回位弹簧。

图 5-4　汽车制动系统的工作原理

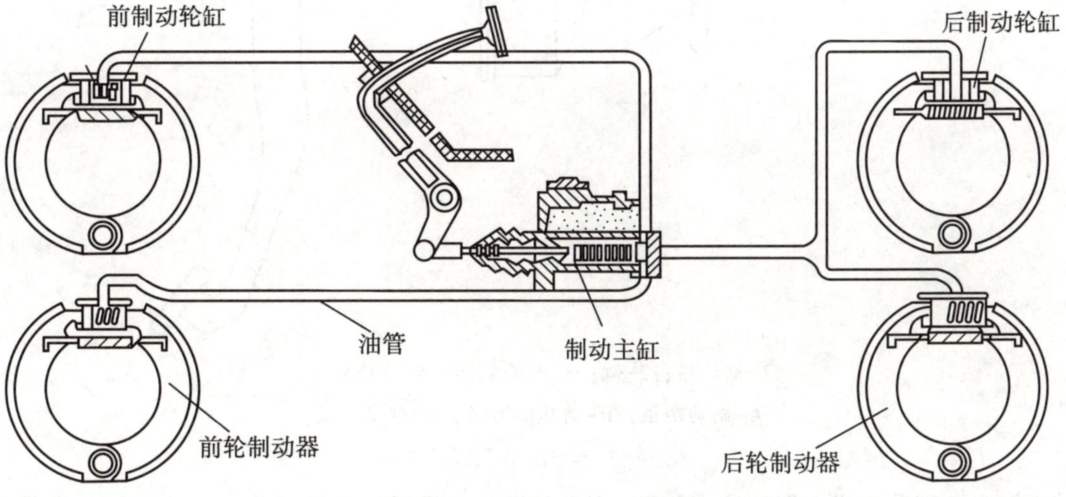

图 5-5　单回路液压制动系统示意图

图 5-7 为对角分立式液压制动系统示意图，它由双腔主缸通过两套独立的液压回路分别控制前、后车轮制动器。一个回路控制左前轮和右后轮，一个回路控制右前轮和左后轮。在一个回路失效时，另一个回路在一个前轮和与其对应的后轮上进行制动工作，因此制动力能维持总制动力的 50%。

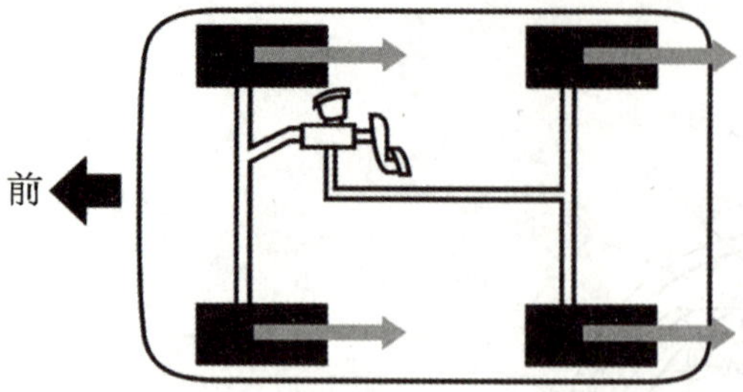

图 5-6　前/ 后分立式双回路液压制动系统示意图

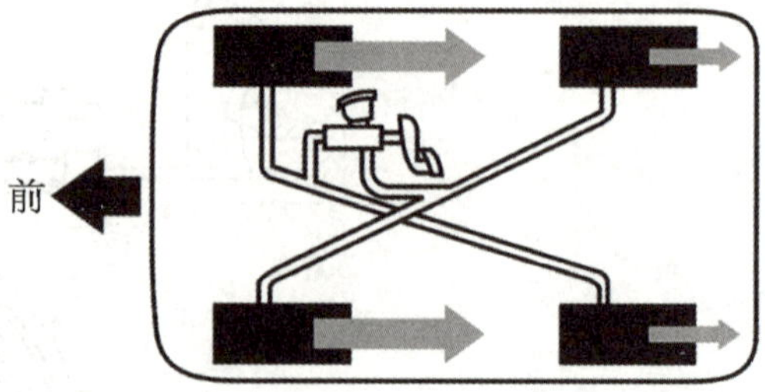

图 5-7　对角分立式液压制动系统示意图

（1）制动主缸

制动主缸的作用是将驾驶员踩踏制动踏板上的压力传递到四个车轮制动器以使汽车减速或停车。它包括一个储存制动液的储液罐和一个可产生油压的缸。主缸利用液体的不可压缩性，将踏板力转变为液压力，然后液压作用在制动器的制动分泵，在车轮制动器处液压力转变为机械力，如图 5-8 所示。

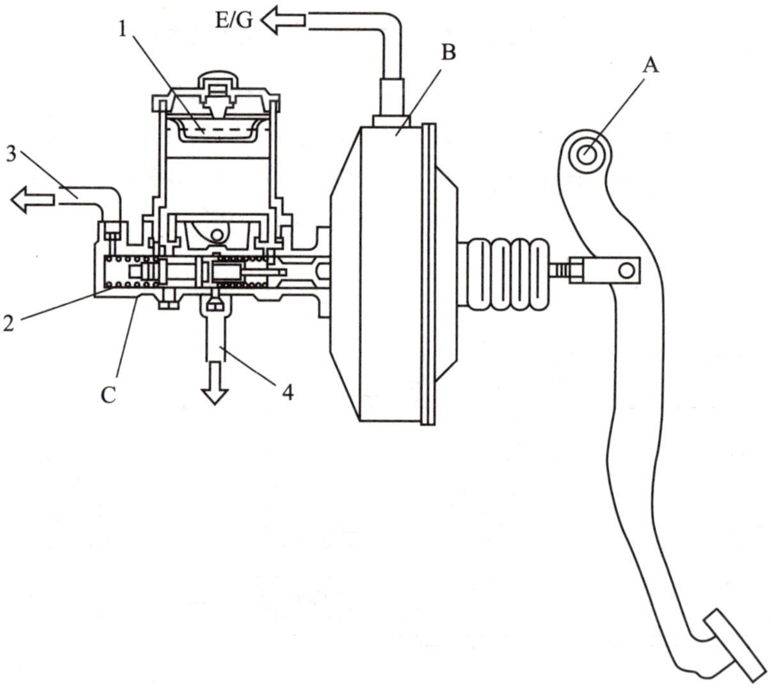

1-储液罐；2-缸；3-前轮制动；4-后轮制动；

A-制动踏板；B-制动助力器；C-制动总泵。

图 5-8　典型的液压制动系统

制动主缸由两部分构成，即储液罐和主缸体。1 号和 2 号活塞的活塞皮碗定位在进油孔口与补偿孔口之间，总泵与储液罐之间形成一个通道。由 2 号回位弹簧的力把 2 号活塞推到右边，但是用一个止动螺栓防止其继续进去，如图 5-9 所示。

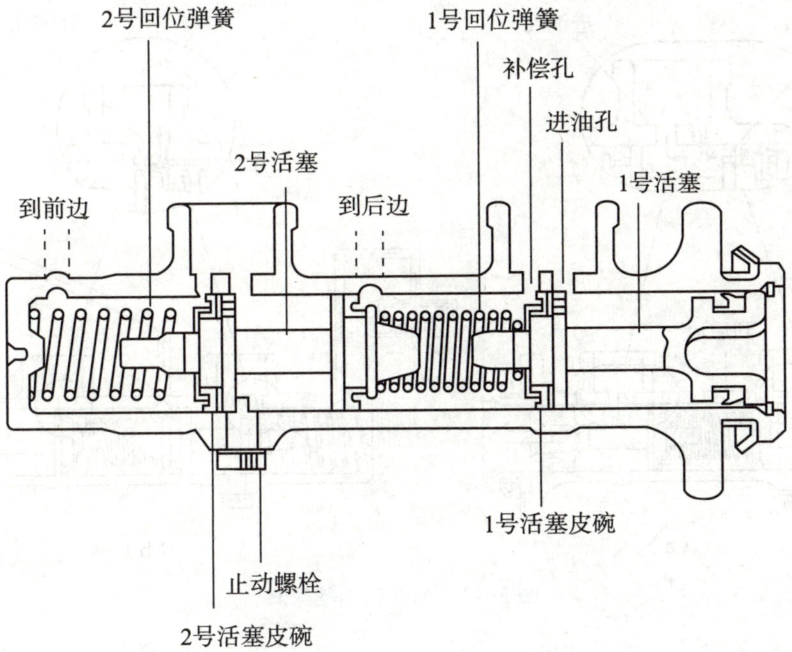

图 5-9 制动主缸

① 踩下制动踏板时，1 号活塞移动到左边活塞皮碗封闭补偿孔口，阻塞总泵与储液罐之间的通道，如图 5-10 所示。当活塞推得更远时，增加了总泵内的液压力，该压力作用在后轮缸上。由于此液压力也推动 2 号活塞，所以 2 号活塞与 1 号活塞以相同的方法工作，作用在前轮缸上。

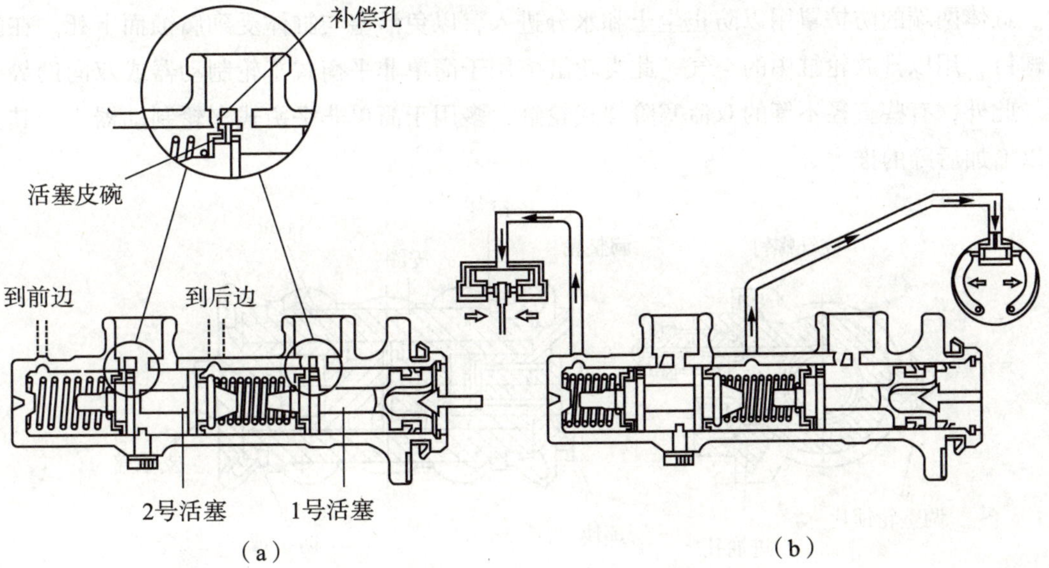

图 5-10 踩下制动踏板时

② 松开制动踏板时，由液压力和回位弹簧的力把活塞返回到原位上，如图 5-11 所示。但是，由于制动油液不会马上从轮缸中返回，总泵内部的液压力会暂时下降（形成真空）。结果是储液罐里的制动油液就通过进油口从活塞顶部上的许多小孔流入总泵和活塞皮碗四周。活塞返回到原位后，从轮缸渐渐返回到总泵的制动油液通过补偿孔流入储液罐。补偿孔还吸收由于温度变化而可能在轮缸内发生的制动油液容积的变化，这避免了在不使用制动器时出现的液压力升高的现象。

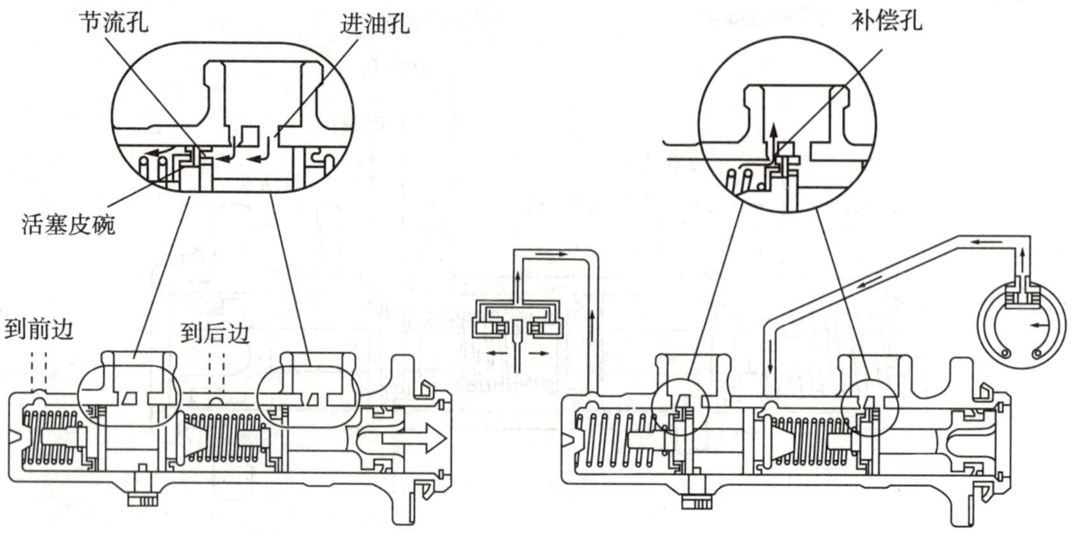

（a）　　（b）

图 5-11　松开制动踏板时

（2）制动轮缸

制动轮缸的功用是将主缸传来的液力转变为使制动蹄张开的机械推力。按照车轮制动器结构以及轮缸数目和结构形式的不同，制动轮缸通常分为双活塞式和单活塞式两类。

图 5-12 为双活塞式制动轮缸。缸体用螺栓固定在制动底板上，缸内有两个活塞，两个刃口相对的密封皮圈压靠在活塞上，以保持两皮圈之间的进油孔畅通。活塞外端凸台孔内压有支承盖，与制动蹄的上端抵紧。缸体两端的防护罩用以防止尘土和水分进入，以免活塞与缸体受到腐蚀而卡死。在缸体上方装有放气螺钉，用以排放轮缸中的空气。此类轮缸多用于简单非平衡式车轮制动器或双向助势平衡式车轮制动器。此外，有些直径不等的双活塞阶梯式轮缸，多用于简单非平衡式车轮制动器中，其大端朝向后制动蹄以增加后蹄的推力。

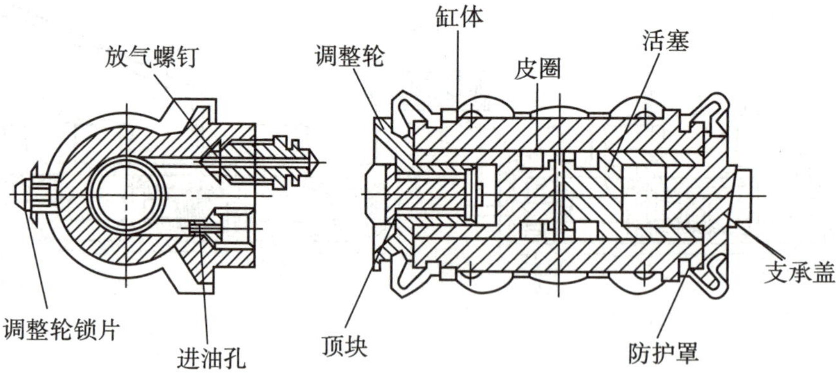

图 5-12　双活塞式制动轮缸

四、液压制动系统放气

制动液不能压缩，而气体是可以压缩的。如果液压系统中渗入了空气，随着制动压力的增加，制动系统中的空气会受到压缩，从而减小制动力，使制动失灵，所以，必须从制动系统中排除空气。

当在制动总泵储液罐中注入新制动液时，将混合了空气在内的旧制动液从制动分泵的放气螺钉排出。在更换制动零件时，当可能有空气混合在制动管路中时，请排出空气。如果双管路制动系统只修理一个分管路系统，一般只对维修过的分管路系统进行放气。若这一分管路系统已放过气，但踏板仍软绵绵的，就应对整个系统进行放气。

每次只能放出一个制动分泵或制动钳中的空气。手动排气过程需要两个人合作。一个人将一根橡胶管装在要放气的制动钳或制动分泵的放气螺钉上，把胶管的另一端浸在装有部分制动液的容器里，如图5-13所示。另一个人操纵制动踏板，按下列顺序放出制动钳和分泵的空气：右后轮、左后轮、右前轮、左前轮。先反复踩踏几次制动踏板，然后以中等压力踩下制动踏板，快速打开放气螺钉1/4圈。重复这一过程，直到从放气螺钉孔中流出的油液清亮无气泡为止。

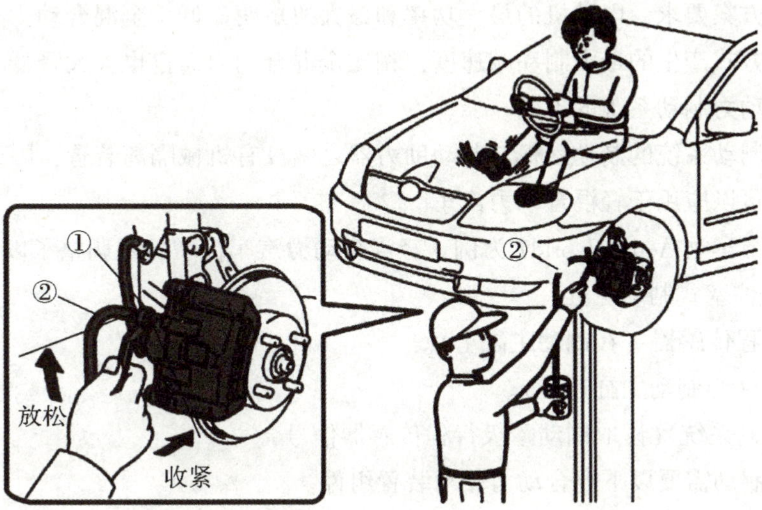

①-放气螺钉；②-聚氯乙烯软管。

图5-13　液压制动系统排气

1. 操作步骤

（1）助手坐在驾驶员座椅上，举升起汽车。

（2）将聚氯乙烯软管连接到放气螺钉上，并给助手发送信号，告知准备工作已完成。

（3）助手要多次踩下刹车踏板。

（4）将刹车踏板踩到完全压下的位置。

（5）将放气螺钉放松大约1/4圈，进行排气。

（6）快速重新拧紧放气螺钉。

（7）重复第（3）步到第（6）步，直至制动液中的气泡消失。

（8）检查放气螺钉是否被拧紧，并重新安装放气螺钉。

2. 注意要求

（1）在加注制动液之前，应注意清洗制动主缸和盖，自始至终要防止污垢进入制动主缸储液罐。

（2）快速进行第（5）步和第（6）步，否则可能会有空气进入制动管路中。

（3）进行此步操作时，应注意观察制动总泵储液罐中的制动液位，并及时补充制动液，以防储液罐中的制动液用光。如果在排气过程中储液罐内的制动液用完了，那么空气会通过总泵进入系统中，因此，就得重新进行排气。

任务二　轻混合动力汽车

轻混合动力汽车制动系统负责确保车辆可靠、稳定地减速。此外，它还能使车辆的制动能量不转化为热量，而是将其回收利用并通过电动机转化为电能。

根据轻混合动力方案要求，电动机的最大功率和最大扭矩明显低于全混合动力车辆，因此轻混合动力方案通过回收利用方式产生的最大制动减速度，相比全混合动力而言也大大降低。这一重要边界条件造成了轻混与全混合动力制动系统的不同。

由于轻混合动力制动系统的制动踏板与制动助力器之间没有机械隔离装置，因此传动燃油汽车行车制动器组件基本上都可以应用于轻混合动力汽车。

以宝马轻混合动力车型 ActiveHybrid7 为例，轻混合动力汽车仅增加或调整了以下组件。

（1）制动主缸（柱塞式制动主缸）。

（2）制动踏板行程传感器（在制动主缸上）。

（3）制动助力器（与制动主缸连接）。

（4）动态稳定控制系统（读取制动踏板行程传感器信号）。

实现能量回收式制动需要以下混合动力驱动装置组件。

（1）动态稳定控制系统（读取制动踏板行程信号，计算应由传动系统提供的额定能量回收式制动力矩）。

（2）数字式发动机电子系统（将额定能量回收式制动力矩传输给电动机电子装置，如果动力传动系统状态允许的话）。

（3）电动机电子装置（通过以发电机方式控制电动机实现额定制动力矩，将产生的电能转化为电压）。

（4）蓄能器管理电子装置（提供高电压蓄电池吸收能量能力的数据）。

（5）高电压蓄电池（存储产生的电能）。

一、结构组件

（一）柱塞式制动主缸

传统燃油汽车制动系统使用所谓的串联制动主缸。宝马 ActiveHybrid7 使用结构特殊的柱塞式制动主缸，具有结构紧凑等优点，其结构更有助于集成制动踏板行程传感器系统。传统燃油车制动系统与宝马 ActiveHybrid7 制动系统的结构对比如图 5-14 所示。

在 ActiveHybrid7 制动主缸上带有制动回路接口，该接口伸入压杆活塞的压力室内，所在位置与传动燃油车型不同，因此 ActiveHybrid7 相关制动管路的长度和形状也与传统汽车有所不同。由于两种动力车型制动主缸的内部结构也有区别，所以通过压杆连接制动助力器的方式也不同。所以制动助力器也是 ActiveHybrid7 的一个特有部件。

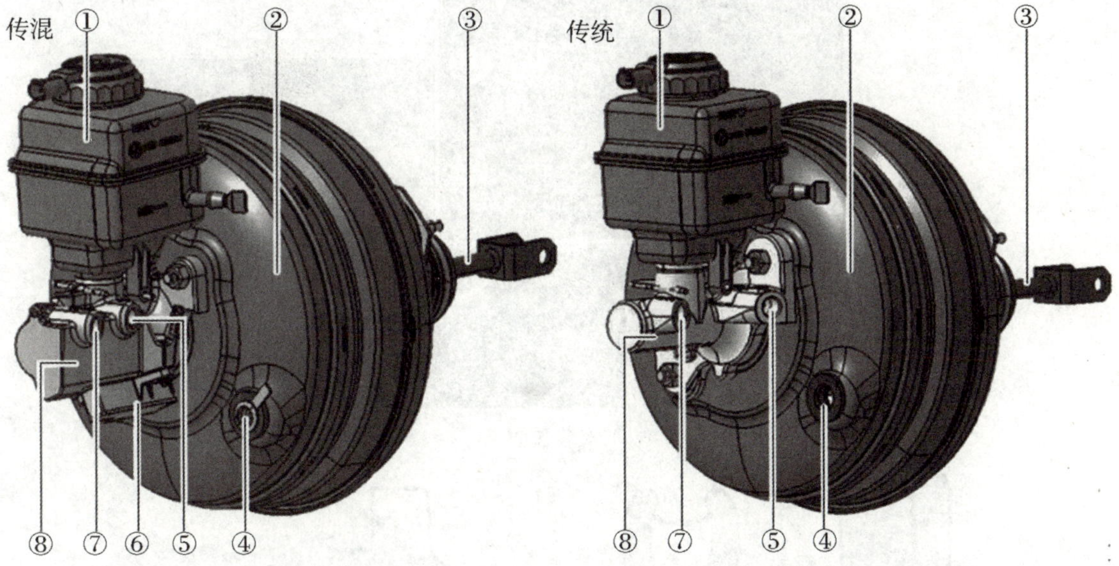

（a）轻混制动　　　　　　　　（a）传统燃油制动

①-制动液补液罐；②-制动助力器壳体；③-连接制动踏板的连接杆；④-真空供给接口；
⑤-用于制动回路 1 的制动管路接口（压杆活塞的压力室）；⑥-制动踏板行程传感器；
⑦-用于制动回路 2 的制动管路接口（中间活塞的压力室）；⑧-制动主缸壳体。

图 5-14　统燃油车制动系统与宝马 ActiveHybrid7 制动系统的结构对比

为了探测制动踏板行程，制动主缸内装有一个永久磁铁。操作制动踏板时，不仅制动主缸内的活塞移动，而且还会通过一个从动盘和一个推杆使永久磁铁移动。松开制动踏板时，一个螺旋弹簧将永久磁铁压回其初始位置。永久磁铁的位置通过一个安装在外部的传感器元件来探测。传感器按照霍尔效应非接触式直线位移线性测量方法（PLCD）的原理工作，通过两个线圈和一个集成在传感器壳体内的电子电路确定永久磁铁的位置。相同的传感器工作原理也应用于手动顺序换挡变速箱和带有发动机节能启停功能的手动变速箱车辆上。图 5-15 为制动主缸和制动踏板行程传感器的安装位置和结构。

（二）动态稳定控制系统

轻混合动力车型的动态稳定控制系统与传统车型基本相同，是针对混合动力制动系统调整了 DSC 控制单元的硬件和软件：增加了制动踏板行程传感器；计算由动力传动系统产生的能量回收式制动力，并将数据发送给数字式发动机电子系统。

二、能量回收式制动

（一）概述

车辆中能量回收利用的原理以能量守恒定律为基础。新能源汽车则可以用动能或势能替代制动时产生的热能，然后再通过电机将其转换为电能存储在蓄电池内，这种存储的电能可以在需要时（如起动内燃机或电动驱动时）使用。

如图 5-16 所示，车辆可以产生多大的动能和势能？

可以根据以下公式计算得出动能：$E_{kin}=\frac{1}{2}\cdot m\cdot V^2$。用 m 表示车辆质量；V 则表示车辆速度。

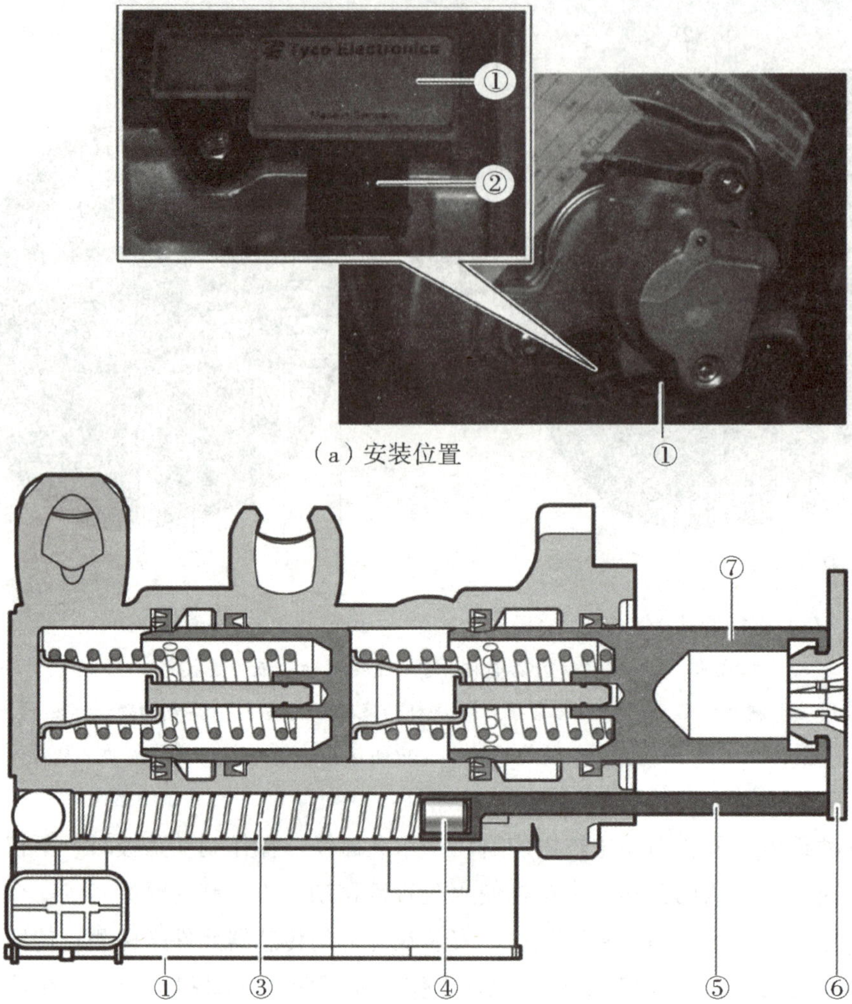

（a）安装位置

（b）剖面图

①-制动踏板行程传感器；②-制动踏板行程传感器的电气接口；

③-螺旋弹簧；④-永久磁铁；⑤-挺杆；⑥-从动盘。

图 5-15　制动主缸和制动踏板行程传感器

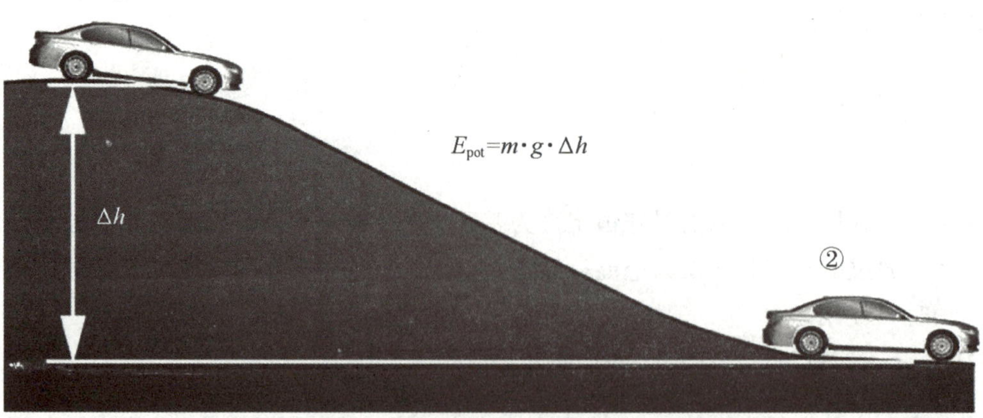

①-最大势能；②-最小势能。

图 5-16　车辆势能

可以根据以下公式计算得出势能：$E_{por} = m \cdot g \cdot \Delta h$。$m$ 为车辆质量；g 为重力加速度（9.81 m/s^2）；Δh 则为高差。

计算示例：

动能：车辆质量为 2 500 kg，速度为 100 km/h 时所提供的动能为 $0.5 \cdot 2\,500\ kg \cdot (100\ km/h)^2$。为了调整单位，需要将速度换算为 m/s。100 km/h 相应的速度为 27.77 m/s。

$$E_{kin} = 1\,250\ kg \cdot (27.77 m/s)^2 = 964\,506\ Nm \cdot (Ws)$$

当开始制动到完全静止的时间为 10 s 时，所产生的功率为 P=96 451 W。可以通过公式 $P = U \cdot I$ 计算出电功率。当电压为 12 V 时可以获得超过 8 000 A 的电流。这样的电流强度在 PKW 中无法使用。为了能够提供可以使用的功率必须提高电压，这样才能获得在制造车身时也能使用的电流强度。这也是混合动力车辆之所以使用了较高电压的原因。当电压达到 4 00 V 时通过计算示例可以获得 241 A 的电流强度。

势能：车辆质量为 2 500 kg 高差为 100 m 时可提供的势能

$$E_{por} = 2\,500\ kg \cdot 9.81\ m/s^2 \cdot 100\ m = 2\,452\,500\ W$$

例如，行驶时间为 10 s 所提供的功率为 P=245 250 W，蓄电池电压为 400 V 时所产生的电流强度为 613 A。

上面的计算看似简单，但是却可以从中了解能量、功率以及产生电流强度的规则。正因如此，能量回收式制动被广泛应用于新能源汽车。

知识拓展

能量守恒定律表明，在一个封闭的系统中总能量不会随时间而改变。也就是说，能量只能在不同的能量形式之间转换，例如从热量转换为动能。

但是不可能在封闭的系统内产生或销毁能量，在封闭系统中的总能量始终保持不变。能量不能从无到有，也不能简单消失。能量以不同的形式，例如动能、热能、辐射能、结合能等相互转换，但是在技术上明显很难进一步使用。

（二）功能

宝马 ActiveHybrid7 用于液压制动和能量回收式制动的组件几乎彼此独立工作。每次操作制动踏板时，基本上都会形成液压部分和能量回收部分。液压部分及其与制动踏板行程的关系由组件设计结构决定。能量回收部分根据制动踏板行程以电动方式控制。混合动力制动系统实现制动要求如图 5-17 所示。

1. 液压制动

驾驶员踩下制动踏板时，就会与制动助力器及液压制动系统建立起直接的机械连接，操作方式与传统车辆相同。

（1）制动踏板—机械连接—制动助力器。

（2）制动助力器—气动助力—制动主缸。

（3）制动主缸—液压助力和两个制动回路分配—动态稳定控制系统。

（4）动态稳定控制系统—行驶动态协调控制系统和电子制动力分配系统—车轮制动器。

2. 能量回收式制动

能量回收式制动的主要输入参数是加速踏板角度和制动踏板行程。在未踩下制动踏板但加速踏板角度为零时，电动机以发电机模式运行。电动机电子装置通过控制电动机产生相当于传统车辆滑行模式下的整车制动力。此时回收利用的能量水平仍较低。

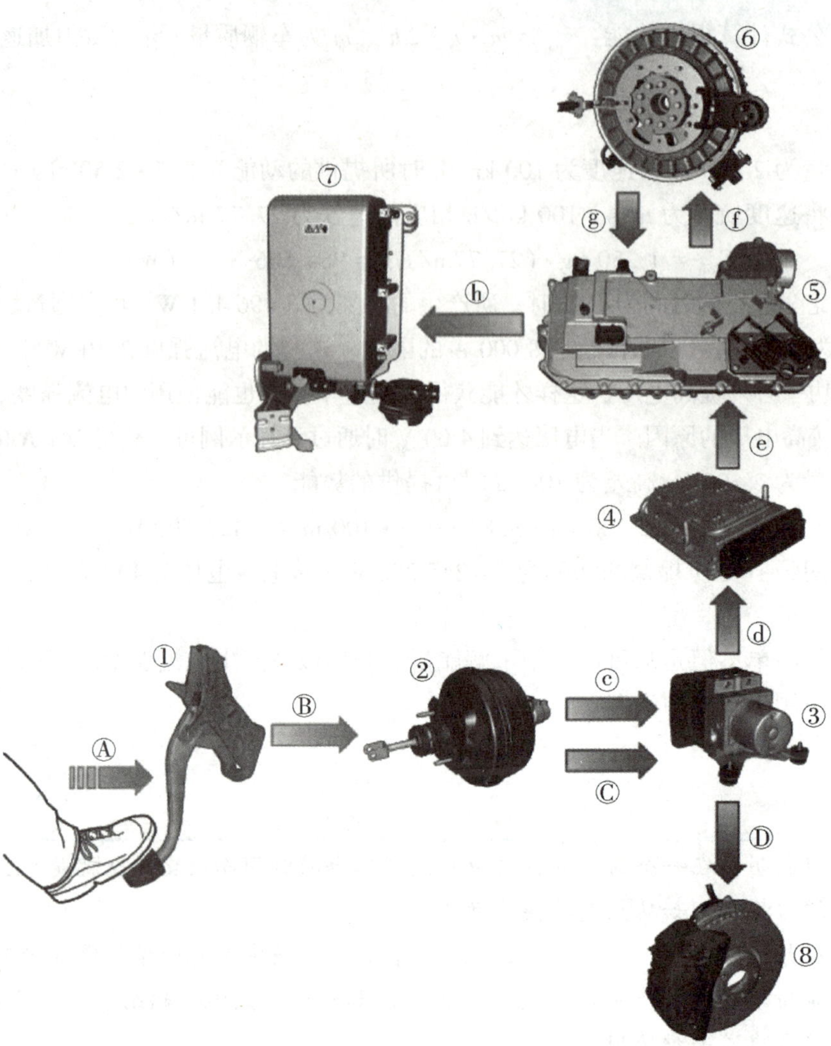

①-制动踏板；②-带有制动主缸和制动踏板行程传感器的制动助力器；③-动态稳定控制系统；④-数字式发动机电子系统；⑤-电动机电子装置；⑥-电动机；⑦-高电压蓄电池单元；⑧-四个车轮制动器；ⓒ-制动主缸上的制动踏板行程传感器向动态稳定控制系统发送电信号“制动踏板行程”；ⓓ-动态稳定控制系统向数字式发动机电子系统发送总线信号“额定能量回收式制动力矩”；ⓔ-数字式发动机电子系统向电动机电子装置发送总线信号“额定能量回收式制动力矩”；ⓕ-用于控制电动机的相电压；ⓖ-由电动机产生的电能（交流电压）；ⓗ-需要存储在高电压蓄电池内的电能（直流电压）；Ⓐ-踩下制动踏板；Ⓑ-制动踏板与制动助力器的机械连接；Ⓒ-制动主缸至动态稳定控制系统两个制动回路内的液压压力；Ⓓ-动态稳定控制系统至车轮制动器四个制动管路内的液压压力。

图 5-17　混合动力制动系统实现制动要求

如果此时踩下制动踏板，就会像所有传统制动系统一样首先需要经过响应行程，在此过程中无法进行液压制动，但此时已开始对制动踏板行程进行分析并通过电动机产生比纯滑行模式更大的制动力。

如果响应行程后继续踩下制动踏板，则两种制动方式同时启用，因为此时在能量回收式制动的基础上又增加了液压制动。电动机产生的制动力随着制动踏板行程的增大而不断提高，直至达到最大值。在水平路面上，能量回收式制动的最大制动力可转化为 $0.6\ m/s^2$ 的减速度。

能量回收式制动通过电动机、自动变速箱和后桥主减速器仅作用在后桥上。后桥与前桥的制动力比例不能超过规定限值，否则会影响行驶稳定性，因此能量回收式制动可达到的最大减速度限制在 $0.6\ m/s^2$。

实现能量回收制动需要多个组件参与，相关组件及其任务的总结如下。

（1）制动主缸当驾驶员踩下制动踏板，通过集成式制动踏板行程传感器测量制动踏板行程，并输出制动踏板行程信号给控制模块。

（2）动态稳定控制系统采集制动踏板行程信号，确定用于行车制动器和动力传动系统的制动力矩，计算并以总线信号形式提供有关行驶稳定性的信息。

（3）数字式发动机电子系统通过总线信号形式，接受动态稳定控制系统以能量回收方式产生的制动力矩大小，以及有关行驶稳定性的信息。协调内燃机、自动变速箱和电动机的功能，并计算电动机的制动力矩规定值通过总线信号发送给其他控制模块。

（4）电动机电子装置接受数字式发动机电子系统发出的用于电动机的制动力矩规定值，以及高电压蓄电池状态参数。通过计算电动机产生制动力矩所需的相电压和电动机制动力矩产生的实际值。

（5）电动机根据电动机电子装置发出的指令用于发电机运行模式的相电压，将机械能转化为电能，并将实际的动力传动系统内的制动力矩发动给电动机电子装置，并由电动机电子装置通过总线发送给其他模块。

（6）高电压蓄电池将由电动机产生的电能进行存储。

（7）蓄能器管理电子装置通过内部传感器的测量信号，控制高电压蓄电池里的能量流，监控和计算高电压，监测蓄电池的状态参数，计算高电压蓄电池的充电状态，流入/流出高电压蓄电池的最大允许电流强度，高电压蓄电池的电压，通过总线信号发送给其他模块。

3. 液压制动力和能量回收式制动力分配

电动机以正常模式运行时，动力传动系统内产生一个扭矩（除内燃机扭矩外）。在发电机运行模式下，电动机使动力传动系统内产生一个制动力矩。该制动力矩向后车轮施加制动力。

图 5-18 为液压制动力和能量回收式制动力的分配情况。前提是不存在不稳定的车辆状态且高电压蓄电池能够存储电能。

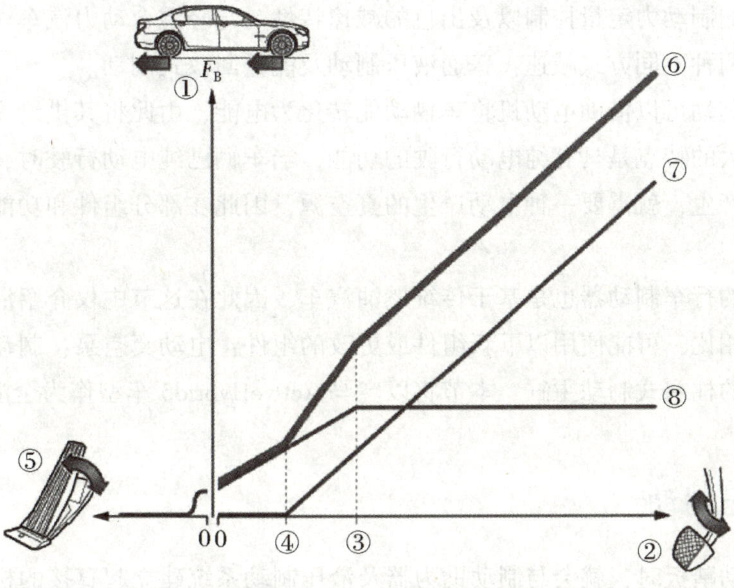

①–车轮上的制动力；②–制动踏板行程；③–可实现最大能量回收式制动力时的制动踏板行程；

④–开始提供液压制动力时的制动踏板行程（响应行程结束）；⑤–加速踏板角度；

⑥–总制动力；⑦–液压方式产生的制动力；⑧–能量回收方式产生的制动力。

图 5-18　液压制动力和能量回收式制动力的分配情况

4. 特殊情况

能量回收式制动可通过动力传动系统向后车轮施加纵向力。它与横向力共同形成的合力不允许超过可传递的最大作用力。否则作用力传输就会中断且车辆进入不稳定状态，因此动态稳定控制系统持续监控后车轮的滑转率，并结合其他数据计算出相应行驶状况下的车辆稳定性信息。只有在行驶稳定的情况下，才允许通过动力传动系统制动。计算通过动力传动系统产生的制动力矩规定值时，动态稳定控制系统也会考虑到这一点。

如果高电压蓄电池已经完全充满，则无法继续存储电能。这种特殊情况可能导致无法进行能量回收式制动，但是很少发生。通过运行策略可确保在正常行驶期间留出充足的高电压蓄电池储备量。也就是说，系统会反复从高电压蓄电池获取能量从而使其充电状态保持在特定范围内，即使在长时间下坡行驶过程中也能存储能量回收式制动产生的电能。

受工作原理所限，转速很低时电动机无法以发电机模式运行。车辆即将停止前，还会断开自动变速箱内的液力变矩器锁止离合器。这两种情况都是车辆即将停止前无法实现能量回收式制动的原因所在。

任务三　全混合动力汽车

全混合动力汽车制动系统不仅仅用于使车辆可靠、稳定地减速。它还能使车辆的制动能量不转化为热量，而是回收利用制动能量并通过主动变速箱内的电动机将其转化为电能。为了配合全混合动力驱动方式获得最大燃油经济性，制动系统必须回收利用尽可能多的制动能量。同时，要求在所有车速范围和行驶情况下获得准确的制动力定量控制以及出色的减速特性。与轻混合动力汽车一样，全混合动力汽车制动系统也可以通过两种不同方式减速：普通液压制动及能量回收式制动。

通过能量回收式制动可以借助电动机将车辆动能转化为电能，由此将其供给高电压蓄电池单元。由于全混合动力汽车最大的特点是具有纯电动行驶的功能，当车辆已纯电动行驶时，行车制动系统的真空源就不能再以内燃机产生，就需要一种电动产生的真空源，因此在部分组件和功能方面与轻混合动力汽车不同。

全混合动力汽车的行车制动器也是基于传统燃油汽车，因此在这节中仅介绍混合动力专用部件和功能。与传统燃油汽车相比，可能使用以下新组件或更改的组件：电动真空泵；制动真空压力传感器；带制动踏板行程传感器的柱塞式制动主缸。本节将以宝马 ActiveHybrid5 车型作为全混合动力汽车的代表进行阐述。

一、常规液压制动

当驾驶员踩下制动踏板时，就会与制动助力器及液压制动系统建立起直接的机械连接，操作方式与传统车辆相同，具体步骤如下。

（1）制动踏板—机械连接—制动助力器。

（2）制动助力器—气动助力—制动主缸。

（3）制动主缸—液压助力和两个制动回路分配—动态稳定控制系统。

（4）动态稳定控制系统—行驶动态协调控制系统和电子制动力分配系统—车轮制动器。

全混合动力汽车行车制动器（图 5-19）与普通传统燃油汽车的区别主要是真空供给装置。由于全混合动力最明显的特点就是能够实现纯电动行驶，在纯电动行驶时，内燃机停止工作，制动助力器的真空源不能再由发动机提供。

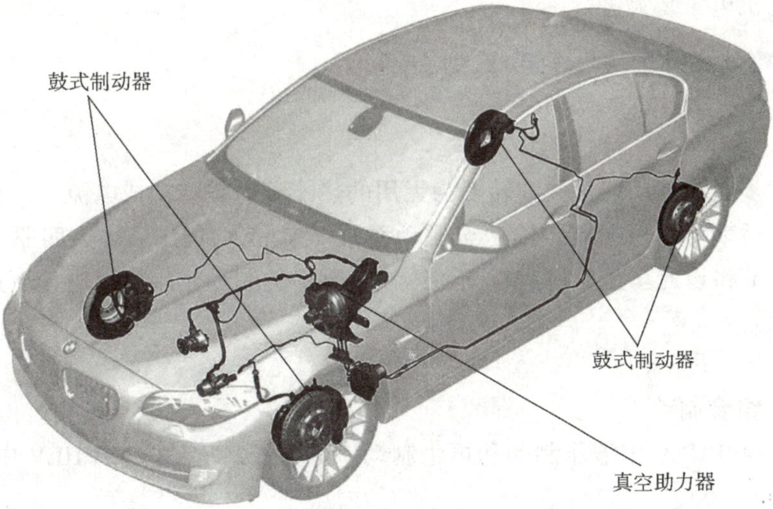

图 5-19　全混合动力汽车液压制动

汽车的不同组件都依赖于真空供给。大多数燃油汽车的真空源来自于发动机工作时节气门后形成的真空，而对于部分带有可变气门升程的发动机而言，会利用机械真空泵产生所需的真空。宝马几乎所有的燃油汽车均采用这项技术，出于安全考试，需要对制动助力器内的真空压力进行监控，因此在制动助力器内装有真空压力传感器测量，然后由数字式发动机电子系统读取。电动真空泵的控制和监控由电动机电子装置进行。

即使在发动机关闭时也必须保证真空供给，所以真空系统增加了一个电动真空泵。只要系统内的真空低于某个限值，就会启用电动真空泵。真空度由制动助力器内的一个压力传感器测量，该传感器源自带发动机节能启停功能的车辆，图 5-20 展示了全混合动力汽车真空供给装置的结构。

①-真空管路；②-制动助力器；③-制动真空压力传感器；④-电动真空泵；⑤-机械真空泵。

图 5-20　全混合动力汽车真空供给装置的结构

在纯电动行驶阶段内燃机处于静止状态，因此无法驱动机械真空泵。为了在此期间同样确保提供制动真空压力，车内装有一个附加电动真空泵。

制动助力器内的真空由制动真空压力传感器测量，然后由数字式发动机电子系统读取。电动真空泵的控制和监控由电动机电子装置进行。

二、四驱型混合动力车辆再生制动

（一）概述

混动汽车中，大多数的制动能量并非转换为无用的热能，而是转换成电流。这种电流临时存储在高压蓄电池单元中，在后期可以根据需要输送至驱动系统。宝马 X1PHEV 作为四驱型混合动力车型，具有一定的代表性。本节将以此车型为例进行阐述，该车型中的制动作用可以进行下述分类。

（1）液压制动。

（2）再生制动。

（3）液压及再生组合制动。

图 5-21 为宝马 F49PHEV 中液压制动和再生制动。图 5-22 为宝马 X1PHEV 中 MK100 高端混动的 DSC 液压回路图。

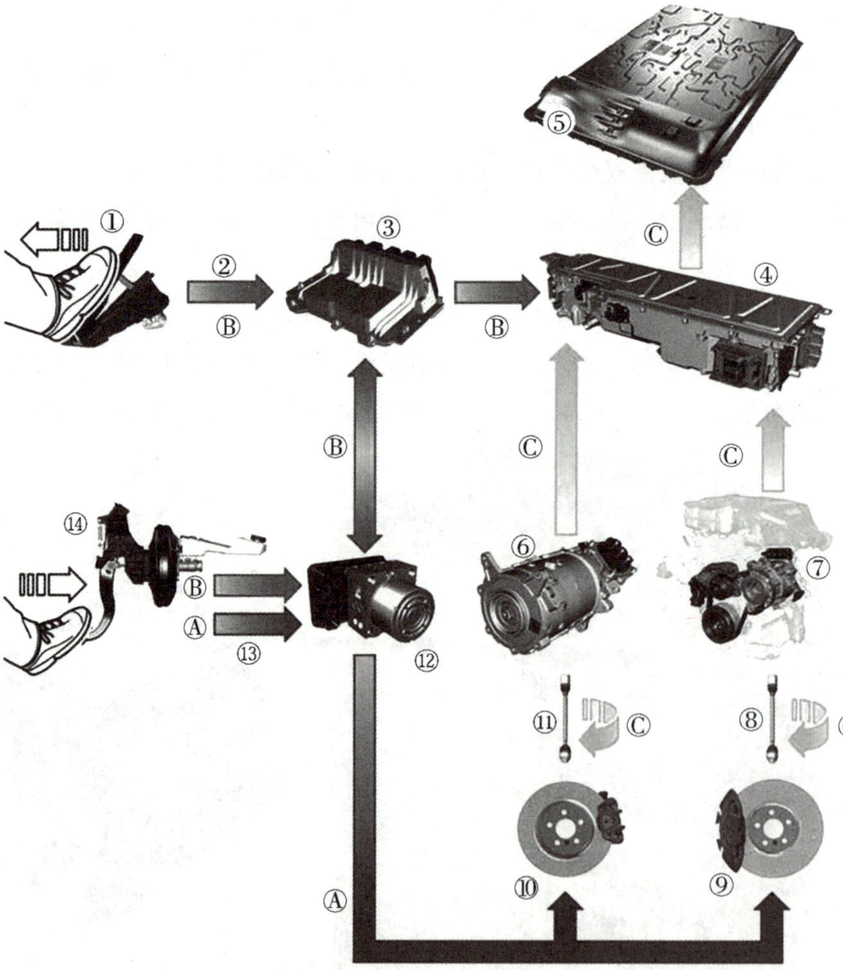

Ⓐ-液压制动；Ⓑ-信号路径；Ⓒ-再生制动；①-油门踏板模块；②-带有油门踏板角度的数据记录；③-数字式电动机电子装置 DME；④-电机电子装置（EME）；⑤-高压蓄电池单元；⑥-电机；⑦高压起动器电动发电机；⑧-前桥上的再生制动扭矩；⑨-前轮液压制动；⑩-后轮液压制动；⑪-后桥上的再生制动扭矩；⑫-动态稳定控制系统 DSC；⑬-带有油门踏板角度的数据记录；⑭-制动踏板。

图 5-21　宝马 F49PHEV 中液压制动和再生制动

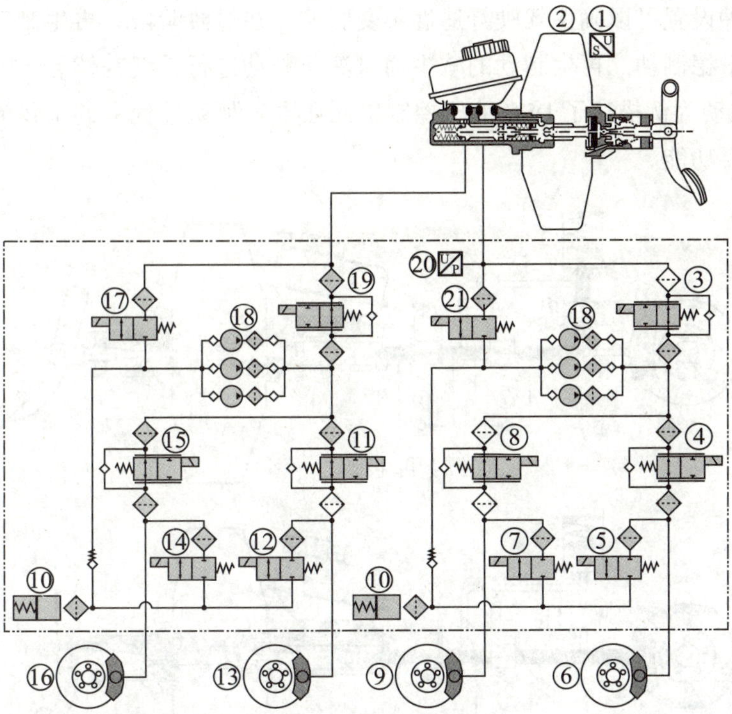

①–刹车踏板行程传感器；②–制动助力器；③–分离器阀（制动回路1）；④–进气阀（右前）；
⑤–排气阀（左前）；⑥–车轮制动（右前）；⑦–排气阀（左后）；⑧–进气阀（左后）；
⑨–车轮制动（左后）；⑩–低压蓄能器；⑪–排气阀（右后）；⑫–进气阀（右后）；
⑬–车轮制动（右后）；⑭–排气阀（左前）；⑮–进气阀（左前）；⑯–车轮制动（左前）；
⑰–切换阀（制动回路2）；⑱–6活塞液压泵；⑲–分离器阀（制动回路2）；
⑳–制动压力传感器；㉑–切换阀（制动回路1）。

图5-22　宝马X1 PHEV中MK100高端混动的DSC液压回路图

判定再生制动等级主要有两个输入变量：油门踏板角度及刹车踏板角度。如果数字电动机电子装置（DME）检测到油门踏板未按下，则要求电机电子装置（EME）在滑行模式下启用电机和高压起动电动发电机开始回收能量。

如果驾驶员额外踩下制动踏板，动态稳定控制系统（DSC）通过制动踏板上的制动踏板传感器检测到预期的减速度，并将信息传送至数字电动机电子装置（DME）。DME计算电机及高压起动电动发电机在预期减速度下的能量回收功率。

在可能的情况下不使用车轮制动，直至达到1.1 m/s^2 的最大可能再生减速度。但是，刹车片作用于刹车盘可以减少间距（备用快速制动），并保持刹车盘的清洁。

（二）结构与功能

动态稳定控制系统（DSC）中的改动用来解耦液压制动，从而启用再生制动实现能量回收。通过制动系统可以为再生制动提供更大的刹车踏板行程。这种配置通过DSC液压控制单元中的智能功能序列启用。通过这种配置在再生制动中会有一种自然踏板的感觉，与常规汽车之间仅存在细微的差别。

如果后桥电机离合器打开>130 km/h，滑行模式或制动过程中不存在通过电机提供的能量回收。在这种驾驶速度>130 km/h条件下，制动产生的能量完全被抑制，滑行模式下只有通过高压起动电动发电机提供的能量回收。

能量回收在低速行驶时同样会降低，因此，时速低于 10 km 时完全通过液压进行制动。否则电机会出现不规则减速，这种设置可以确保驾驶舒适性不受影响。在过渡阶段，再生制动功率降低，液压制动功率增加，以便确保平稳制动。再生制动的减少通过液压制动进行无缝补偿。

图 5-23 以车轮制动为例描述了 DSC 液压控制单元在再生制动过程中的工作流程。红色箭头表示在相关制动状况中的主要功能。

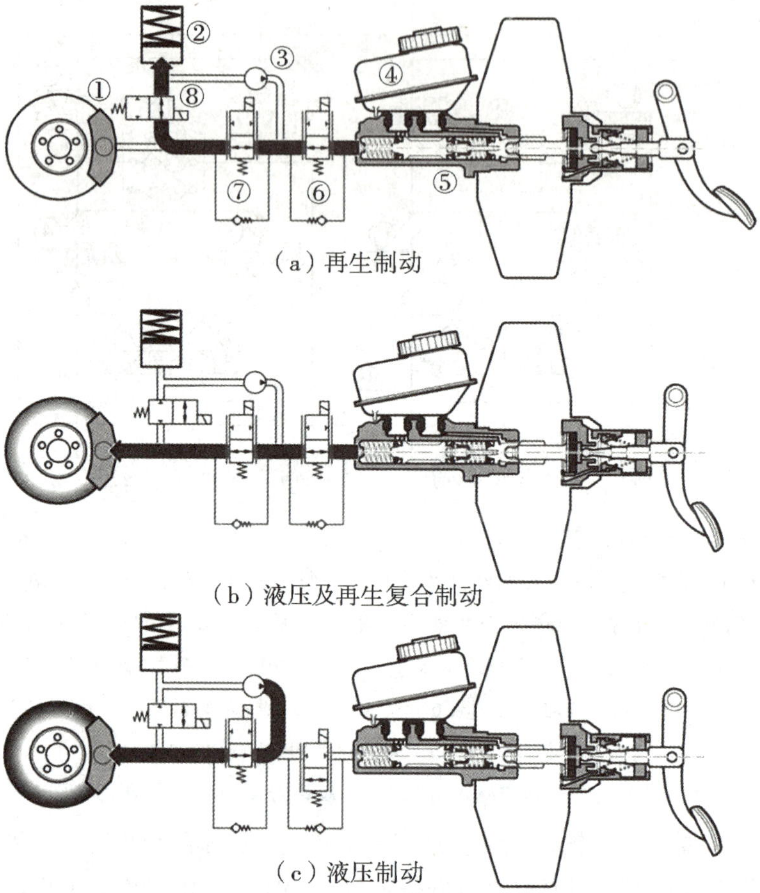

图 5-23　DSC 液压控制单元在再生制动过程中的工作流程

图 5-23（a）中达到特定点前，刹车踏板只能用来读取 DSC 控制单元发出的减速请求。制动液体积被串联制动主缸⑤抑制，与 DSC 单元中的低压蓄能器②集成为一体。排气阀⑧打开。通过刹车踏板行程传感器读取驾驶员的制动要求，并通过 DSC 控制单元计算转化成制动扭矩。该信息通数据总线传送至 DME。电机电子装置（EME）将制动扭矩输送至后桥上的电机和汽油发电机中的高压起动电动发电机。刹车片和刹车盘之间的间隙降至最小，确保刹车片的灵巧动作。

图 5-23（b）如果在再生（交流发电机）模式下达到最大制动功率，并且刹车踏板行程持续增加，则排气阀⑧闭合，并且不对蓄积的液压进行检查。电机和液压制动的效果在这种情况下相互叠加。

图 5-23（c）再生制动在这种情形下被液压制动取代。因此，6 活塞液压泵③将低压蓄能器②中收集的制动液输送至车轮制动①，并确保压力蓄积与当前的减速要求相对应。该回路通过分离器阀⑥闭合。如果驾驶员可以通过分离器阀⑥上的截止阀增加制动作用力。如果出现故障，再生制动效果立即终止，通过 DSC 单元中的 6 活塞液压泵立即产生必要的制动压力。

如果再生制动系统出现故障。则完全通过液压操作的车轮制动进行刹车。驾驶员可以明显感觉到制动操作的减损现象。同时，组合仪表显示对应的报警信息。图 5-24 为宝马 X1PHEV 中的真空系统。

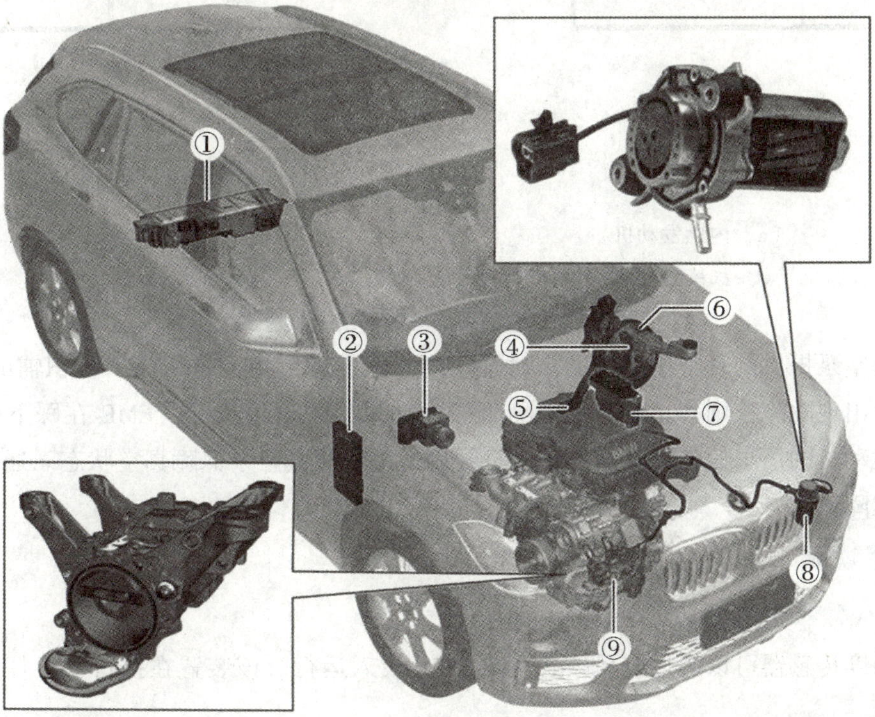

①-电机电子装置（EME）；②-车身域控制器（BDC）；③-动态稳定控制系统 DSC；④-制动真空压力传感器；⑤-制动踏板；⑥-制动助力器；⑦-数字式电动机电子装置 DME；⑧-电动真空泵；⑨-机械真空泵。

图 5-24 宝马 X1PHEV 中的真空系统

（三）真空供给

为了确保制动伺服装置在制动过程中可以辅助驾驶员，需要配备充足的真空源。发动机通过机械真空泵产生必要的真空。因为在发动机停转的阶段仍需保障真空供给，所以真空系统通过电动真空泵进行增强。当真空系统中的真空值降至低于预定阀值时，电动真空泵被启用，如图 5-25 所示。真空数据通过制动伺服装置中的制动真空传感器进行记录，该装置在配备发动机自动起停功能的汽车中已经有所了解。

电机电子装置（EME）是控制电动真空泵的中央控制单元。该装置为制动真空传感器供电并读取压力信号。如有必要，EME 可以启用电动真空泵。达到规定的真空等级撤销电动真空泵启用。

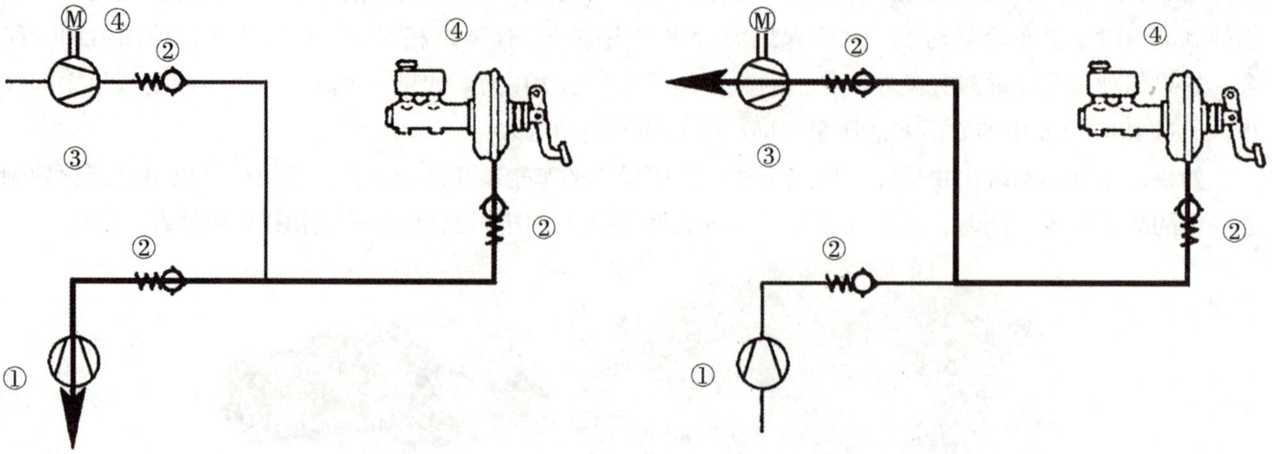

（a）内燃发动机　　（b）机械真空泵

①-机械真空泵；②-止回阀；③-电动真空泵；④-制动助力器。

图 5-25　制动系统中的真空源示意图

如果电动真空泵提供的真空压力不足，则通过 DSC 液压控制单元进行压力蓄积辅助提供制动动力。如果电动真空源出现故障，则禁止进行纯电力驾驶。如果出现这种状况，EME 在踩下刹车踏板后发送一个起动内燃发动机的请求信号。汽油发动机打开后通过机械真空泵保障真空状态。通过中央数据显示屏告知驾驶员故障信息。

（四）维修说明

1. 刹车踏板行程传感器

刹车踏板角度传感器可以通过宝马诊断系统 ISTA 投入运行。该装置在执行下述任务后必须投入运行如下。

（1）DSC 控制单元编程。

（2）更换刹车踏板角度传感器。

（3）更换 DSC 控制单元或 DSC 单元。

2. 真空系统

BMW 诊断系统功能包含各类不同的测试序列对电动真空源进行检查。本节中，应注意真空源是通过电机电子装置（EME）控制的。因此，故障排除路径如下。

（1）1 级：驱动。

（2）2 级：混动汽车。

（3）3 级：电动机电子装置。

（4）4 级：真空系统。

通过宝马诊断系统还可以读取电动真空泵的工作时间。图 5-26 为宝马 1F49PHEV 中制动真空源的信号形式。

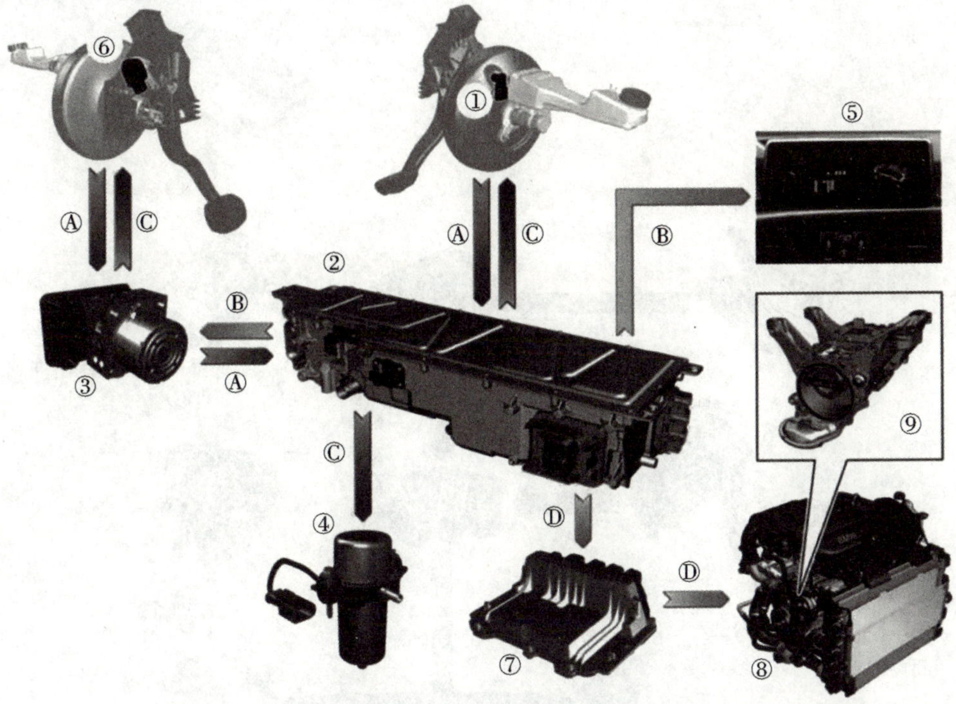

Ⓐ-信息输入；Ⓑ-信息输出；Ⓒ-电压输出；Ⓓ-发动机起动请求信号；①-制动真空压力传感器；
②-电机电子装置（EME）；③-动态稳定控制系统 DSC；④-电动真空泵；⑤-中央数据显示屏 CID；
⑥-刹车踏板行程传感器；⑦-数字式电动机电子装置 DME；
⑧-汽油发动机（B38）；⑨-机械真空泵。

图 5-26　1F49PHEV 中制动真空源的信号形式

任务四　纯电动汽车

纯电动汽车中，大多数的制动能量并非转换为无用的热能，而是转换成电流。这种电流临时存储在高压蓄电池单元中，在后期可以根据需要输送至驱动系统，因此纯电动汽车中的制动作用力可以进行下述分类：液压制动；再生制动；液压及再生组合制动。

一、制动力能量回收

本节以宝马纯电动车型 i3 为例，制动作用力的分布如图 5-27 所示。

与当前混合动力车辆不同，宝马 i3 不使用制动踏板行程传感器。由于采用了特殊加速踏板操作方式，在松开加速踏板模块①时由电机电子装置 EME③以发电机方式控制电机⑧。这意味着此时后桥车轮通过半轴⑪驱动电机⑧，电机此时作为发电机运行。此时产生的电机⑧扭矩以可感知的减速方式作用于后桥车轮。在此过程中不必操作制动踏板⑥。所产生的能量通过 EME③存储在高电压蓄电池单元④内。与当前混合动力车辆不同，这意味着不通过制动踏板⑥而是通过加速踏板模块①控制能量回收式制动Ⓒ。通过制动踏板只能进行液压制动Ⓐ。

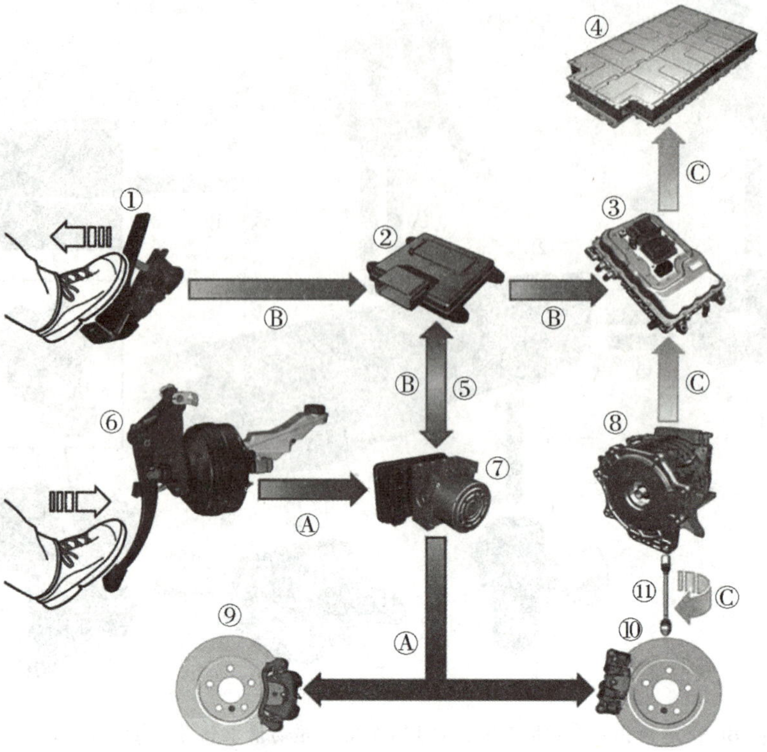

Ⓐ-液压制动；Ⓑ-信号流；Ⓒ-能量回收式制动；①-加速踏板模块；②-数字式发动机电气电子系统 EDME；
③-电机电子装置 EME；④-高电压蓄电池单元；⑤-EDME 与 DSC 之间的独立接口；
⑥-带制动装置的制动踏板；⑦-动态稳定控制系统 DSC；⑧-电机；
⑨-前部车轮制动器；⑩-后部车轮制动器；⑪-半轴。

图 5-27　宝马纯电动车型 i3 制动作用力的分布

由数字式发动机电气电子系统 EDME 控制单元②要求和调节能量回收式制动Ⓒ。如果行驶期间完全松开加速踏板模块①，EDME②就会根据行驶状态确定最大能量回收利用。进行最大能量回收利用时以 1.6 m/s^2 进行车辆减速。通过 PT-CAN2 将要求发送至 EME③。EME③根据 EDME②要求控制电机⑧。

EDME②带有一个连接 FlexRay 数据总线的独立接口⑤。动态稳定控制系统 DSC⑦位于该总线系统内。DSC⑦的任务是识别出不稳定的车辆状态并采取相应措施使车辆准确保持行驶轨迹。

在能量回收利用期间识别出不稳定的行驶情况时，DSC⑦会通过独立接口⑤发送有关即将出现危险行驶状态的信息。EDME②确定与危险行驶状态相符的最大能量回收利用并向 EME③发送要求。EME③根据变化的要求减少能量回收利用从而降低减速度。这种调节方式称为发动机制拖力矩控制 MSR。

在操作制动踏板时，可像传统制动系统一样在双回路制动系统的液压系统内产生压力。在此通过电机进行能量回收利用或通过操作车轮制动器实现车辆整个制动过程。

二、结构与功能

（一）制动回路

出于对安全的重视，许多车辆采用对角分布式双回路液压制动系统。采用这种制动回路分布方式时，左前制动器和右后制动器、右前制动器和左后制动器分别组成一个制动回路。

（二）液位传感器

制动液补液罐的液位传感器从端盖移至补液罐上。现在不再通过拉线将端盖牢固固定在车辆上，因此加注补液罐时可妥善放好端盖。

（三）制动摩擦片磨损显示

在左前和右后车轮制动器上装有单级制动摩擦片磨损传感器。如果制动摩擦片磨损传感器的带状导线因达到磨损限值而磨透，驾驶员就会在组合仪表上看到一个检查控制符号。达到磨损限值时，还有约5%（约2 000 km可达里程）制动摩擦片厚度。

达到制动摩擦片磨损限值时，美国市场上的摩擦片磨损传感器上显示带有文本信息“制动器”的红色检查控制符号，其他市场上的摩擦片磨损传感器上显示不带文本信息的黄色检查控制符号。

（四）车轮转速传感器

车轮转速传感器的安装位置如图5-28所示。

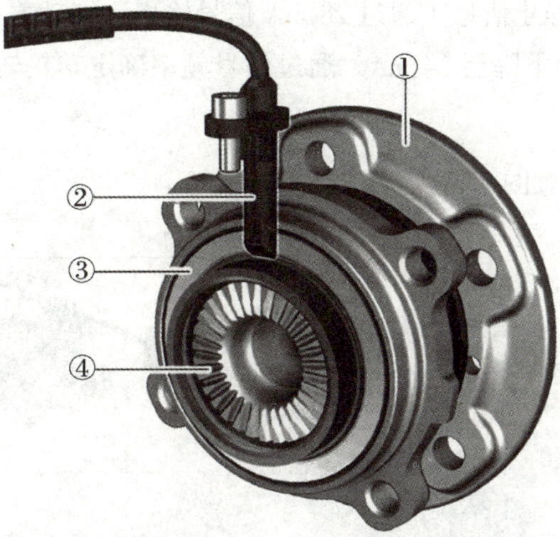

①-车轮轴承单元；②-车轮转速传感器；③-多磁极脉冲信号轮；④-端面啮合。

图5-28 车轮转速传感器的安装位置

最初在老款车辆上使用感应式传感器来确定车轮转速主要用于ABS调节，现在主动式传感器的作用变得越来越重要。车轮转速信息不仅用于ABS调节，而且还供很多其他系统（例如发动机、变速箱、导航或底盘控制系统）使用。

纯电动汽车带有四个主动式车轮转速传感器②，用于DSC控制单元确定当前车轮转速。车轮轴承单元①只能整个更换，因此不会再出现多磁极脉冲信号轮③安装位置弄错的情况。主动式车轮转速传感器②探测转速并根据配置型号探测多磁极脉冲信号轮③的转动方向。主动式车轮转速传感器②分为带有和不带转动方向识别的传感器。

车轮轴承单元①上的轮毂螺栓孔分布圆为5×112 mm。由于采用了全新螺栓孔分布圆直径，将轮辋夹在动平衡机上进行维修时需要一个经过相应调整的紧固适配器。通过端面啮合④将驱动轴连接到车轮轴承单元①上。图5-29展示了带有转动方向识别功能的车轮转速信号。

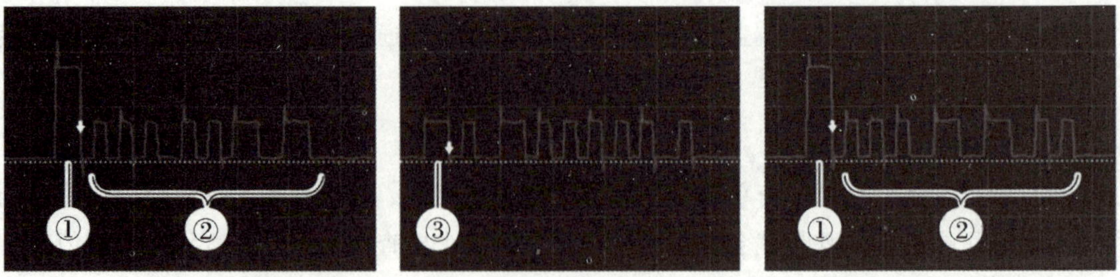

（a）向前行驶信号　　（b）车轮静止信号　　（c）倒车行驶信号

①-车轮转动信息；②-转动方向信息；③-车轮静止信息。

图 5-29　带有转动方向识别功能的车轮转速信号

不同的驾驶员辅助系统在执行各自功能时需要车轮转速信息、车轮静止信息③和转动方向信息②。带有转动方向识别功能的车轮转速传感器通过数据协议（曼彻斯特代码）将这些信息发送给动态稳定控制系统 DSC 控制单元。车轮静止信息①通过 28 mA 信号输出。转动方向信息②通过 14 mA 信号输出。车轮静止③时，28 mA 信号也会下降至 14 mA。通过信号频率确定车轮转速。

（五）电动真空泵

图 5-30 为制动真空供给示意图。

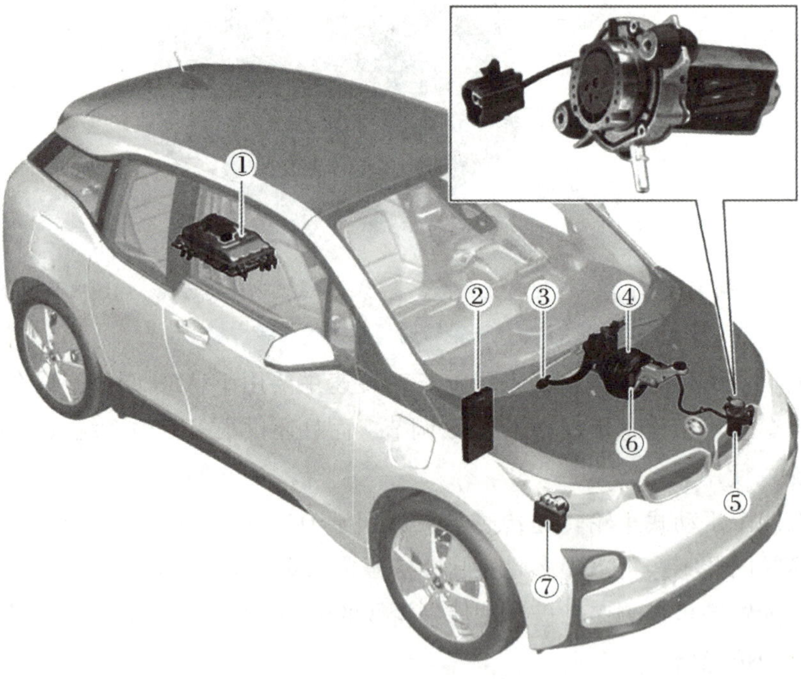

①-电机电子装置 EME；②-车身域控制器 BDC；③-制动踏板；④-制动助力器；⑤-制动真空压力传感器；⑥-电动真空泵；⑦-动态稳定控制系统 DSC。

图 5-30　制动真空供给示意图

1. 工作原理

通过制动助力器④可为制动踏板③踏板力提供支持。制动助力器④所需真空由一个电动真空泵⑤根据需要提供。为了确保随时能够提供充足制动助力，在制动助力器④上装有一个制动真空压力传感器⑤，用于监控所提供的真空。

制动真空压力传感器⑤采用差压传感器设计，相对于当前大气压力测量制动助力器④内的当前真空压力。传感器依据应变仪原理工作。在制动真空压力传感器⑤上带有三个电气接口，即 5 V 供电、接地连接和信号导线。应变仪根据制动助力器④内的当前真空压力以不同程度变形。它根据变形情况改变电阻。也就是说，真空压力增大时电阻和信号电压减小。

电机电子装置①分析信号从而根据需要控制电动真空泵⑥。根据需要进行控制可节省能量，从而有助于提高车辆可达里程。

电动真空泵出现故障时与动态稳定控制系统 DSC⑦进行通信。此时电机电子装置 EME①与动态稳定控制系统 DSC⑦之间通过车身域控制器 BDC②进行通信。

2. 功能

制动真空压力传感器①由电机电子装置 EME②供电并发回取决于制动助力器内真空的电压信号。该模拟传感器信号由 EME②进行处理。EME②根据传感器信号和不同行驶动态参数（如车速）决定需要接通真空泵④。此外，EME②内的功能逻辑还考虑滞后情况，因此电动真空泵④不会持续接通和关闭，而是在达到所需最小制动真空压力前保持接通状态。

EME②带有一个输出级（半导体继电器），用于接通和关闭电动真空泵④的 12 V 供电。接通时可将 DC/DC 转换器输出电压直接连接至电动真空泵④。接通电流最高可达 30 A。为了保护输出级和电源线，通过电子方式限制电流强度，不对电动真空泵④进行功率或转速控制，而是仅负责接通和关闭。

3. 系统故障可能会产生的影响

制动真空压力传感器①失灵时，EME②不会收到有关制动助力器内真空压力的信息。此时由动态稳定控制系统 DSC③通过例如制动压力或制动信号灯开关等信息控制电动真空泵④。由于缺少制动，真空压力传感器①信号无法再根据需要进行调节，EME②根据时间模型识别出制动要求后会接通关闭，电动真空泵随后将其关闭。

电动真空泵④失灵时，EME②无法再产生制动助力器所需真空。如果此时识别出制动要求，就会通过启用 DSC 功能补偿缺少的制动助力。此时通过 DSC 实现液压制动助力（而非借助真空压力），通过自动方式启用该 DSC 功能。

图 5-31 为宝马 i3 制动真空供给信号流程。出现系统故障时，EME②要求在组合仪表 KOMBI⑤内显示一条检查控制信息，从而提醒驾驶员注意故障情况。

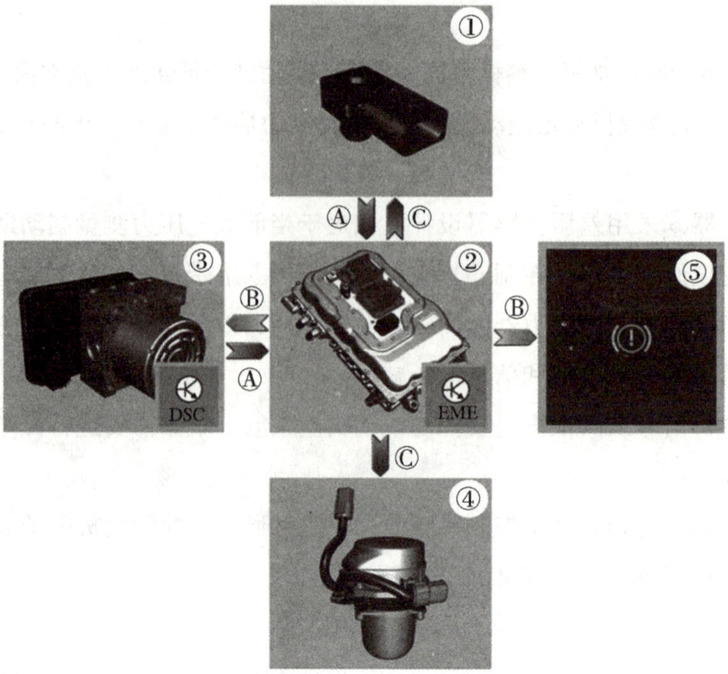

Ⓐ-输入信息；Ⓑ-输出信息；Ⓒ-输出电压；①-制动真空压力传感器；②-电机电子装置 EME；
③-动态稳定控制系统 DSC；④-电动真空泵；⑤-组合仪表。

图 5-31　宝马 i3 制动真空供给信号流程

任务五　全新汽车行驶制动系统

在电动或混合动力车辆中，除了现有的行车制动器之外，还可以通过电机进行减速。它像发电机一样被激活，从而产生电流。高压蓄电池将产生的电流存储起来，并在加速过程中提供给电机使用，将机械能转化为电能，根据能量守恒定律，汽车的动能转化成电能，从而起到减速的作用。再生制动可以纯粹通过电机进行，也可以由电机和液压行车制动器之间分开进行。有计划地采用高比例再生制动的驾驶方式，可以提高车辆效率，并降低制动器磨损。

混合制动系统可以设计为电动液压式线控制动系统（分离式）或者传统型制动系统（连接式）。在电动或混合动力车辆中应用传统制动系统（连接式）的困难在于实现更高能量回收利用的能力（再生）。在任何制动系统中，利用制动踏板和制动主缸之间待克服的响应行程，将制动过程中的一小部分动能转换为电能。然而借助电动液压式线控制动系统（分离式）可以显著提高再生制动率的比例。

可实现纯电动行驶的混合动力车辆，也需要为这些行车情况提供电气化的真空供应，因此除了机械式真空泵外，这些车辆还需要电动真空泵。电动真空泵仅在纯电动行驶中起动，通过制动助力器上的制动真空压力传感器对电动真空泵进行控制。这样的结构增加了复杂性，由于电子装置的可靠性，也增加了发生故障的概率，对于制动助力器而言，真空源是极其重要的，一旦失去真空助力，汽车的制动效能将急剧下降。另外，驾驶员辅助系统的不断发展以及动力总成的电气化对当前的制动系统提出了更大的挑战。为了降低复杂性，同时扩展功能，宝马集团研发并推出了名为集成动态稳定控制系统 DSCi 的全新制动系统。

这种制动系统的特点是操纵装置与传动装置彼此分离，因此驾驶员与制动液压系统之间没有直接联系。驾驶员的制动请求将由制动踏板行程传感器检测出来，并由控制单元进行处理。此时计算得出的制动率可以通过电机的能量回收利用来执行。如果电机的制动功率不足，则可以同时使用车轮制动器，因此可以提高整体效率。

一、常规制动器和全新制动器 DSCi 的系统对比

与之前的制动器系统结构的比较，新结构所需的组件显著减少，尤其是取消了真空助力器，因此不再需要提供真空源的机械真空泵和电动真空泵。此外，全新制动系统的制动器在所有车型中都设计为电动液压式线控制动器。由于具有较强的扩展功能，该制动器可以在传统汽车和新能源汽车之间通用。

常规制动器和 DSCi 制动器的系统示意图，如图 5-32 所示。

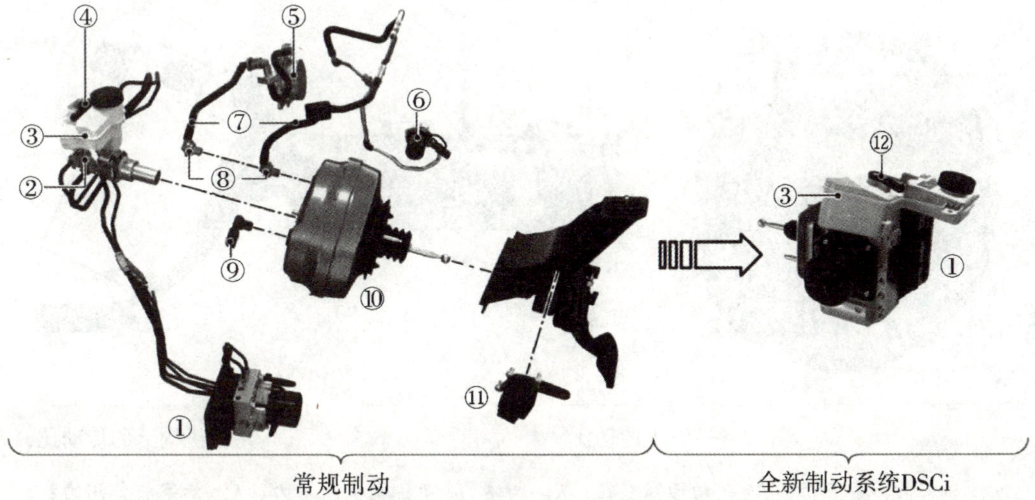

①-动态稳定控制系统；②-串联制动主缸；③-补液罐；④-制动液液位开关；⑤-机械式真空泵；⑥-电动真空泵；⑦-真空管路；⑧-单向阀；⑨-制动真空压力传感器；⑩-制动助力器；⑪-制动踏板行程传感器；⑫-制动液液位传感器。

图 5-32 常规制动器和 DSCi 制动器的系统示意图

对于混合动力车型而言，常规制动器的制动系统中可能存在其他组件：电动真空泵、制动真空压力传感器、制动踏板行程传感器。

二、结构和功能

两种制动系统的对比，揭示出在真空制动助力系统领域的显著差异。DSCi 制动器缺少真空制动助力系统，降低了复杂性，同时提高了可靠性。

图 5-33 为踏板机构上和制动液压系统中的传动比。

计算杠杆力公式

$$F_F \cdot l_1 = F_K \cdot l_2$$

$$F_K = F_F \cdot l_1 : l_2$$

计算液压传动比（i）

$$i = d_1 : d_2$$

$$i = F_K : F_B$$

计算制动活塞力

$$F_B = F_K : i$$

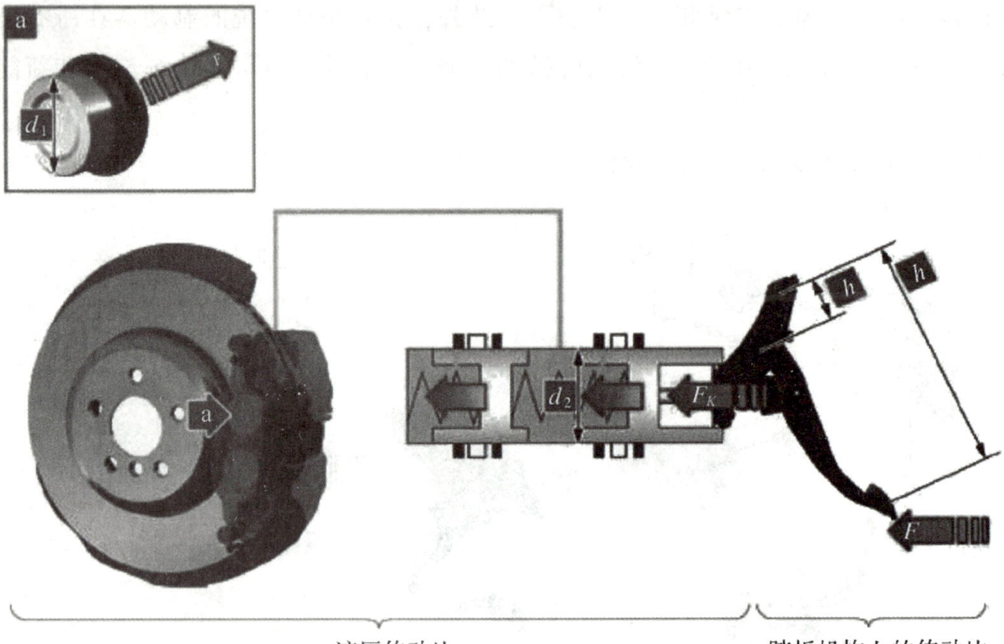

d_1-压杆的活塞直径；d_2-制动活塞直径；F_F-脚踏力；F_B-制动活塞力；F_K-活塞杆作用力；l_1-杠杆臂（脚踏力）；l_2-杠杆臂（活塞）

图 5-33　踏板机构上和制动液压系统中的传动比

例：已知驾驶员在制动踏板上施加 20 N 的力，$l_1 = 60$ cm，$l_2 = 20$ cm，$d_1 = 40$ cm^2，$d_2 = 80$ cm^2，请计算制动活塞作用在制动盘上的力。

解：因为 $F_F \cdot l_1 = F_K \cdot l_2$　$F_K = F_F \cdot l_1 : l_2$

所以 $F_K = 20 \times 60 \div 20 = 60$ N

又因为 $F_B = F_K : i = F_K \cdot d_2 : d_1$

所以 $F_B = 60 \times 80 \div 40 = 120$ N

（一）制动回路分布

目前采用各个品牌的汽车制动器的制动回路布置方案分别依据不同的驱动方案（前轮驱动/后轮驱动），以及与此相关的汽车平台，配置了前桥和后桥独立分布或对角制动回路分布。随着制动系统 DSCi 制动器将在相关车辆的所有车型上配置对角制动回路分布。

（二）制动回路的保护

利用泄漏检测软件功能，DSCi 制动器可以检测出线控制动模式中的泄漏情况并停用相应的制动回路。

与 DSC 制动器类似，在后备模式中，通过串联制动主缸来对制动回路进行保护，但两种制动系统的区别在于串联制动主缸的安装位置不同。无论哪种状态（线控制动模式或后备模式），当两个制动回路中任意一个发生泄漏时，车辆将被减速，从而降低对另一个尚完好的制动回路的影响。图 5-34 为制动器中用于保护制动回路的独立式串联制动主缸。

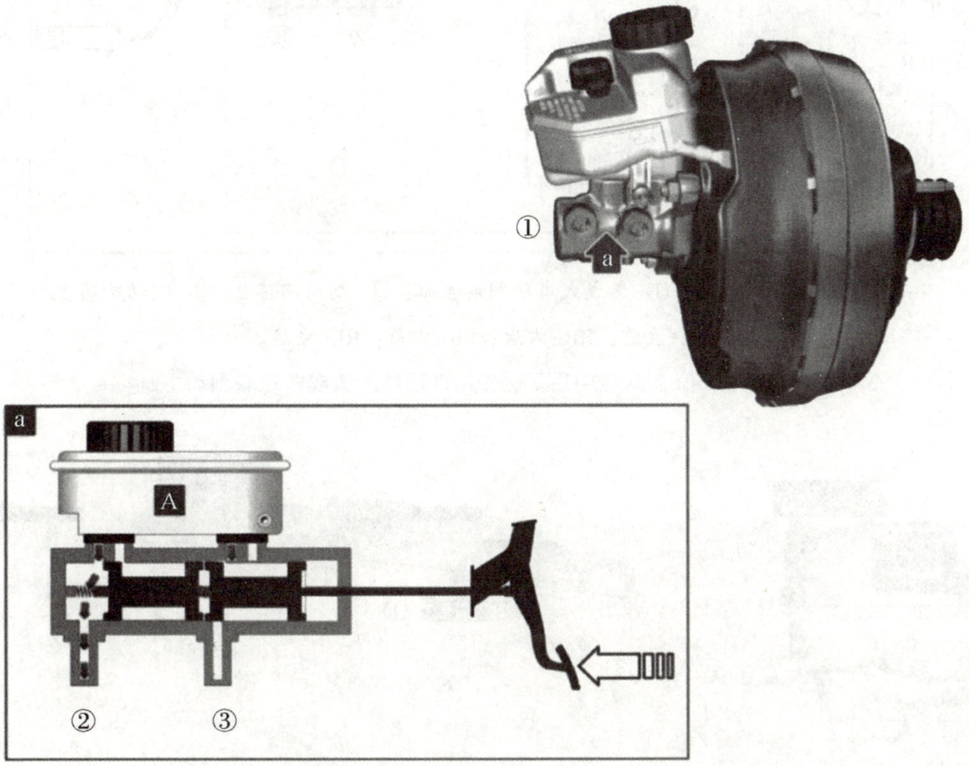

A-制动回路 1 的泄漏；①-串联制动主缸；②-制动回路 2；③-制动回路 1。

图 5-34　制动器中用于保护制动回路的独立式串联制动主缸

（三）补液罐

全新制动系 DSCi 与传统制动系统的补液罐的区别，在于增加了补液罐中的制动液体积以及对制动液液位的监测。DSCi 制动器中用于保护制动回路的集成式串联制动主缸如图 5-35 所示。图 5-36 为制动液液位传感器监测补液罐中的制动液液位。

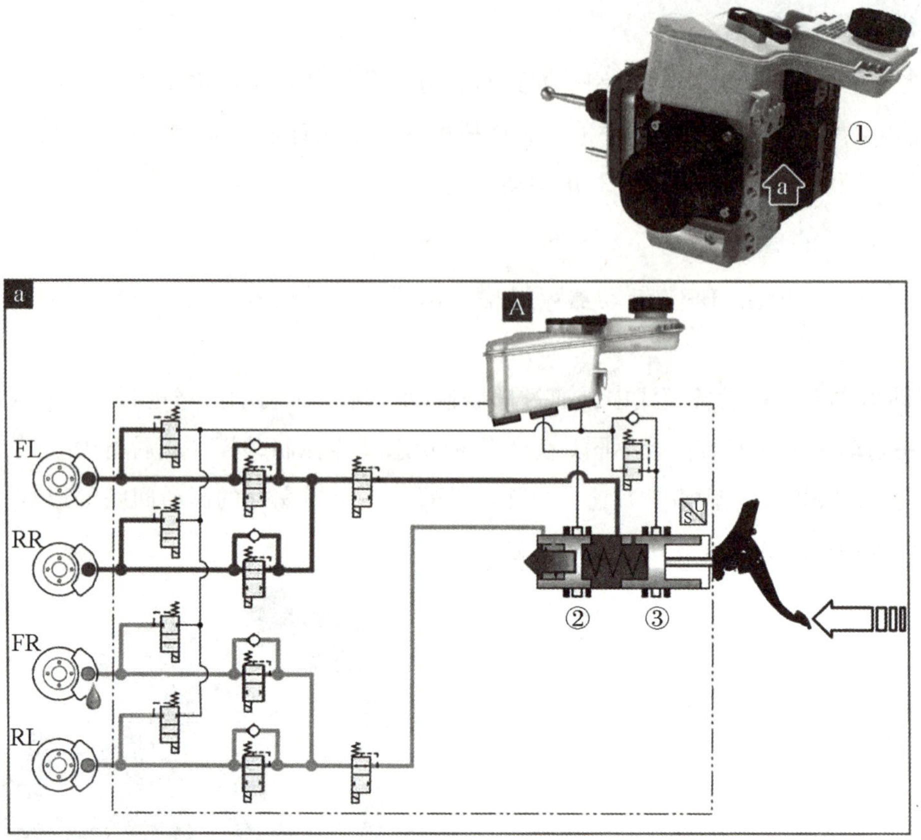

A-制动回路 2 的泄漏；①-集成式串联制动主缸；③-制动回路 2；③-制动回路 1；

FL-左前；RR-右后；FR-右前；RL-左后。

图 5-35　DSCi 制动器中用于保护制动回路的集成式串联制动主缸

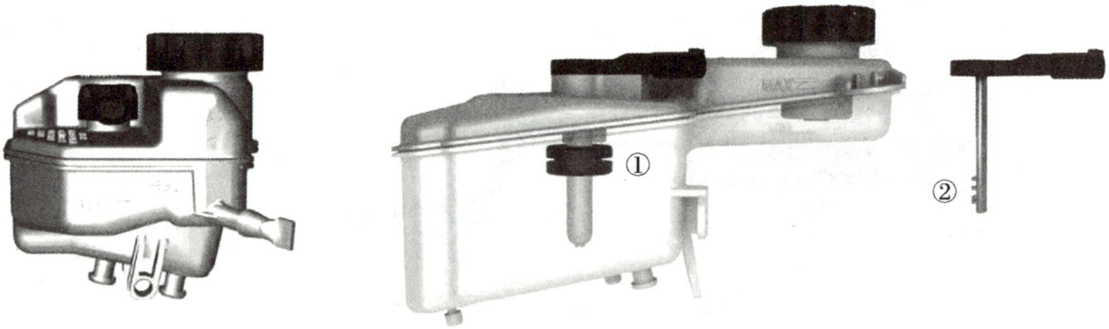

（a）常规制动器　　（b）DSCi制动器

①-带环形磁铁的浮标；②-4 个霍尔元件。

图 5-36　制动液液位传感器监测补液罐中的制动液液

（四）制动液液位传感器

为了保障 DSCi 制动系统的安全运行，需要保证补液罐中制动液的最小体积，因此 DSCi 持续监测制动液液位，确保其高于最低液位。如果补液罐中的制动液液位过低，则存在空气被吸入线性执行器压力缸的风险。

通过使用一个具有环形磁铁和四个霍尔传感器的浮标可以检测、识别过低的制动液液位。如果制动液液位降低到霍尔元件①和②的水平，则激活警告等级1；如果制动液液位降低到霍尔元件③和④的水平，则激活警告等级2。

因此该系统有两级报警的功能，当警告等级为1时，驾驶员会获得“制动器故障，请小心停车，不要继续行驶”的提示；当警告等级为2时，驾驶员会获得“启用后备模式”的提示。

如果补液罐中的制动液液位过低，则必须立即进行补充。如果注入液位太低或插头拔出，则将启用后备模式。此外，如果出现异常，则必须对整个制动液压系统的密封性进行检查。若不遵守要求可能导致制动系统失灵。采用霍尔传感器的制动液液位传感器，如图5-37所示。

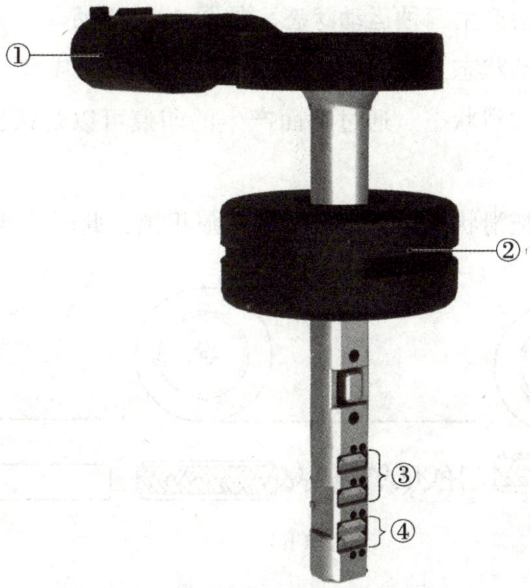

①-连接器；②-带环形磁铁的浮标；③-警告等级1（霍尔元件1、2）；
④-警告等级2（霍尔元件3、4）。

图5-37　采用霍尔传感器的制动液液位传感器

任务六　电子控制制动系统的认识

一、制动基础

汽车制动依靠车轮上的制动器。在汽车制动防抱死装置出现之前，制动器制动力矩的大小仅与驾驶员的操纵力、制动力的分配调节以及制动器的尺寸和形式有关。这样在紧急制动时，不可避免地会出现车轮在地面上抱死拖滑的现象。当车轮抱死时，轮胎对地面的纵向及侧向附着性能很差，所能提供的纵向和侧向附着力很小。汽车受到干扰外力作用就会出现方向失稳和制动距离过长的问题，容易发生交通事故。在潮湿路面或冰雪路面上制动时，这些现象更容易发生。

当汽车需要制动时，驾驶员踩下制动踏板，使制动系统建立起制动液压。轮缸活塞在该制动液压的作用下向外移动，推动制动蹄张开或制动块加紧。在制动蹄与制动鼓之间或制动块与制动盘之间产生摩擦力。该摩擦力所产生的制动摩擦力矩使车轮转速降下来，车轮转速降低后，由于惯性作用，汽车车身仍要以原来的速度前进，于是在车轮和路面之间产生摩擦力。该摩擦力使汽车车身速度（即车速）降低，直至停车。

由上述可知，汽车制动时车轮上所受到的力有制动器制动力（即在车轮周缘为克服制动摩擦力矩所需加的力）和地面制动力（地面与车轮间的摩擦力）。制动器制动力阻碍车轮的转动，使车轮转速降低。而地面制动力阻碍车轮在地面上的滑动，使汽车行驶速度降下来。由此可见，汽车制动的实现取决于两个方面的因素：一是制动器制动力；二是地面制动力。

在车辆的制动过程中车轮会产生三种运动状态，如图 5-38 所示。

图 5-38（a）为车轮纯滚动状态。路面产生的印痕与胎面花纹基本一致，此时车速等于轮速。

图 5-38（b）为车轮边滚边滑状态。通过路面产生的印痕可以辨认出轮胎花纹，但花纹逐渐模糊。此时车速大于轮速。

图 5-38（c）为车轮抱死拖滑状态。路面产生的印痕粗黑，此时轮速等于零。

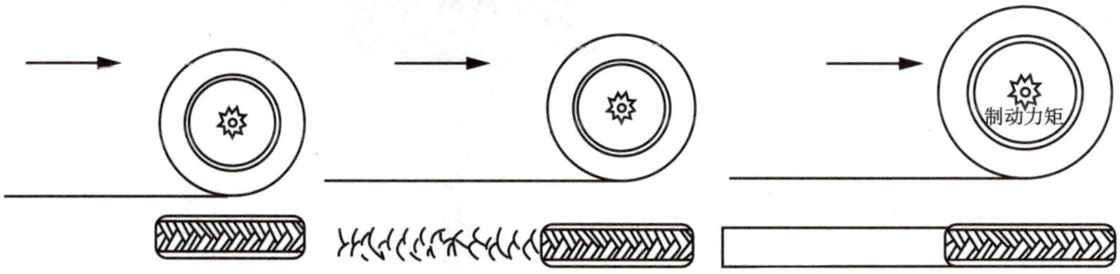

（a）　（b）　（c）

图 5-38　制动时车轮运动状态

汽车在制动时，车速与轮速之间产生速度差，车轮会发生滑动现象。通常用滑移率表示汽车车轮在地面上滑动的程度。所谓滑移率，就是汽车在制动过程中，车轮的滑动位移占总位移的比例。滑移率可表示为

$$S = \frac{v - r\omega}{v} \times 100\%$$

式中，S 为滑移率；v 为车轮中心速度；r 为没有制动时车轮半径；ω 为车轮角速度。

车轮纯滚动时，$v = r\omega$，滑移率 $S = 0$；车轮纯滑动时，$\omega = 0$，滑移率 $S = 100\%$；车轮边滚边滑时，$v > r\omega$，滑移率 $0 < S < 100\%$。

图 5-39 为附着系数与滑移率的关系。由图可见，纵向附着系数在滑移率 0~10%间迅速增大，在 10%~30%间达到最大，当滑移率超过 30%后，纵向附着系数逐渐减小。当滑移率达到 100%（车轮抱死）时，纵向附着系数仅为其最大值的 3/4。侧向附着系数随滑移率增大而急剧减小，当滑移率达到 100%时，侧向附着系数几乎为 0。故滑移率控制在 20%左右时，车轮与路面间的纵向附着系数最大，可获得最大地面制动力，能最大限度地缩短制动距离，获得最佳制动性能；同时，侧向附着系数也保持较大值，使车辆具有良好的抗侧滑能力和制动时转向操纵能力，是最理想的控制效果。

通过分析可知，制动时，前后轴如制动力过大，车轮抱死，侧向附着系数为零，将分别导致失去转向和易甩尾现象发生。

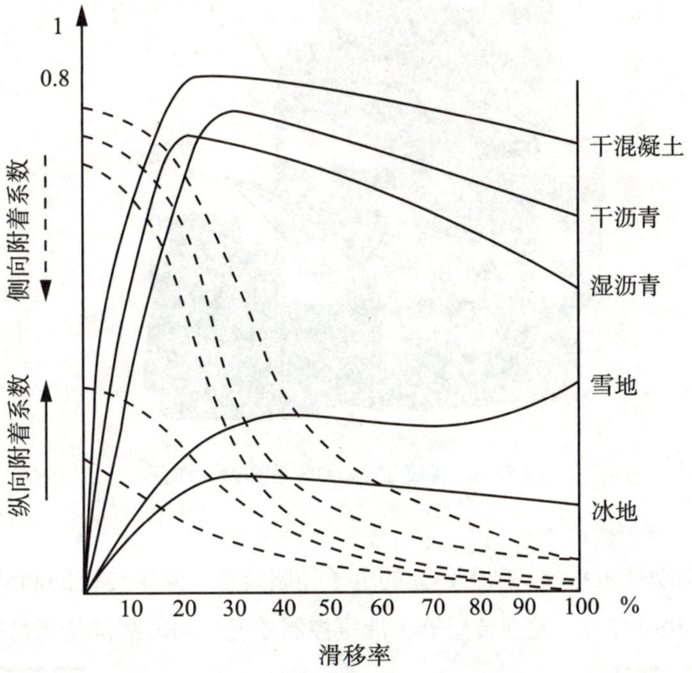

图 5-39　附着系数与滑移率的关系

二、防抱死制动系统

汽车防抱死制动系统（antilock braking system，ABS）能根据路面状况，自动调节车轮的制动力，防止因车轮抱死而使其在路面上拖滑，以及使车轮处于边滚边滑的状态，以提高汽车制动过程的方向稳定性和转向控制能力，缩短制动距离。汽车防抱死制动系统是在传统制动系统的基础上采用电子控制技术，以实现制动力自动调节的一种电液一体化装置。ABS 可以精确控制四个车轮的滑移率保持在 20%左右，使车辆制动效能最大化。

按照制动系统的传力介质不同，ABS 可分为气压式、液压式和气液组合式。气压式和气液组合式 ABS 主要用于大中型客车或货车，轿车、厢式汽车和轻型载货汽车则采用液压式 ABS。

按照系统部件安装位置不同，ABS 可分为整体式和分离式。制动主缸与液压控制单元制成一体的称为整体式，制动主缸与液压控制单元分离的称为分离式。目前轿车上采用的 ABS 通常是分离式的。

按照控制方案不同，ABS 可分为轮控式、轴控式和混合式。轮控式 ABS 的每个车轮的制动压力均根据各自的车轮转速传感器信号单独进行控制。轴控式 ABS 根据一个车轮转速传感器（或轴转速传感器）信号同时控制同一车轴上两个车轮的制动力。轴控式 ABS 又分为低选控制（由附着系数低的车轮来控制制动力）和高选控制（由附着系数高的车轮来控制制动力）。混合式 ABS 同时包含轮控式和轴控式两种控制方式。

按照控制通道（能够独立进行制动压力调节的制动管路称为控制通道）数目不同，ABS 可分为单通道式、双通道式、三通道式和四通道式四种形式，四通道式 ABS 的液压控制单元，如图 5-40 所示。目前，单通道式和双通道式 ABS 在轿车上已被淘汰，四通道式 ABS 可以最大限度地利用每个车轮的附着力进行制动，其制动效能最好。

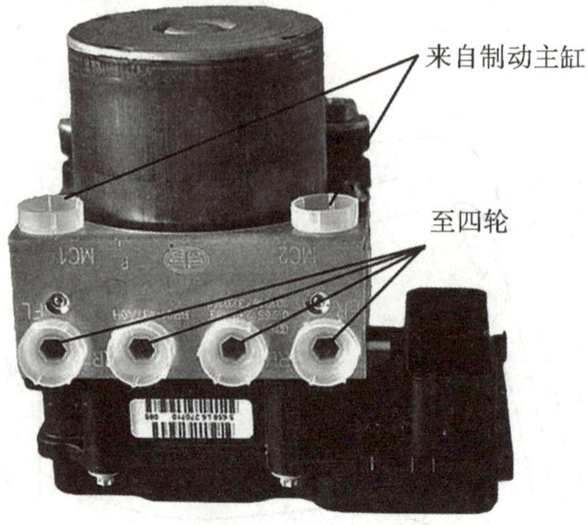

图 5-40　四通道式 ABS 液压控制单元

1. 防抱死制动系统组成

ABS 是在传统机械制动液压系统基础上建立的电子控制装置，除了传统的制动液压系统部件外，还包括电子制动控制模块（ABS ECU）、轮速传感器、液压控制单元、ABS 故障指示灯等，如图 5-41 所示。

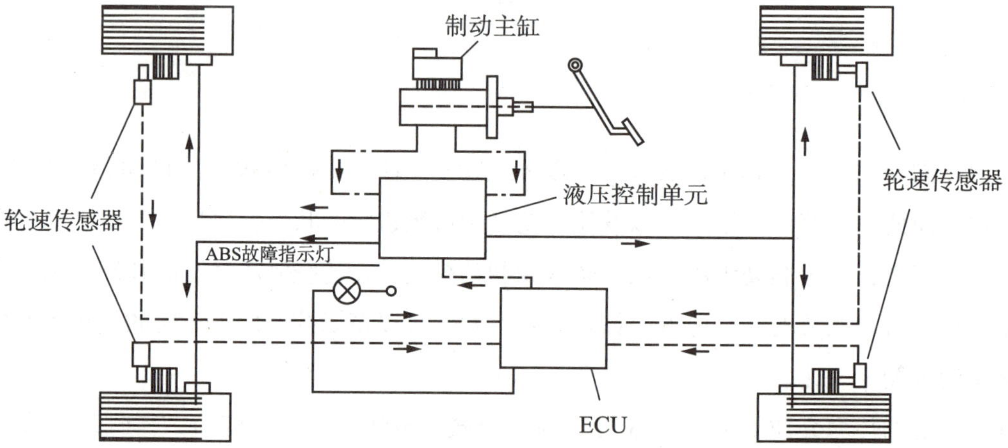

图 5-41　ABS 的组成

（1）电子制动控制模块

电子制动控制模块由输入电路、数字控制器、输出电路和警告电路组成，其主要功能是接收四个车轮轮速传感器的输入信号，并进行比较、分析和判别处理，计算出车轮的滑移率，一旦车轮滑移率超出理想范围，电控单元则向液压控制单元内的电磁阀和电动液压泵发出指令，通过控制电磁阀的通断来调节车轮制动轮缸的制动压力，防止车轮抱死。

（2）轮速传感器

轮速传感器（图 5-42）用于检测车轮的转速，并把转速信号输送给 ABS ECU。前轮轮速传感器一般安装于转向节上；后轮轮速传感器安装于后轮肘节上，传感器和信号齿轮都属于车轮轴承总成的一部分，不能单独维修和更换，传感器与信号齿轮之间的间隙也不可调节。

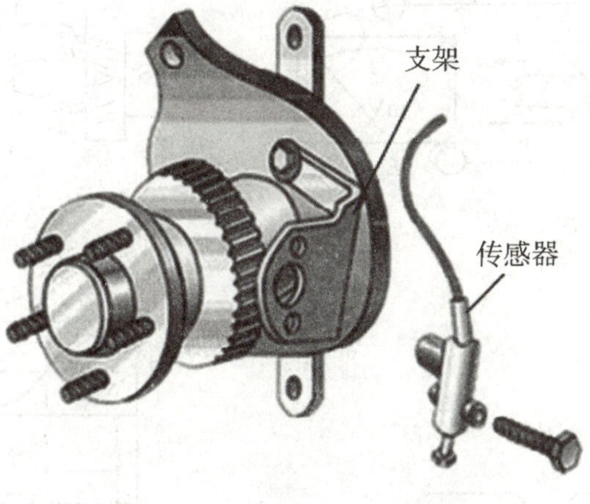

图 5-42　轮速传感器安装位置

轮速传感器通常有磁电式、霍尔式及磁阻元件式等类型。磁电式轮速传感器与信号齿轮配合工作，基本原理是电磁感应效应，它产生一个幅值和频率与车轮转速成比例的交流信号电压，如图 5-43 所示。该信号电压被输送到 ABS ECU，ABS ECU 利用此信号计算车轮的转速。

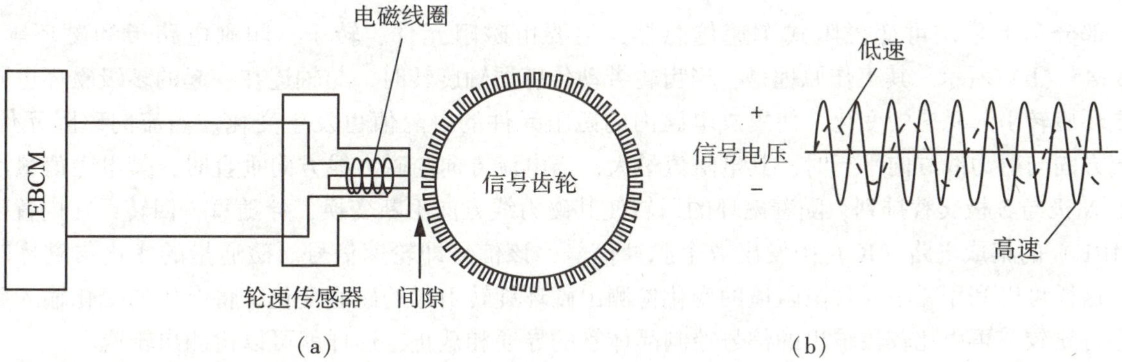

图 5-43　磁电式轮速传感器及信号传输

（3）霍尔式轮速传感器

霍尔式轮速传感器是利用霍尔元件的霍尔效应，霍尔效应如图 5-44（a）所示。当齿轮位于图 5-44（b）左侧位置时，穿过霍尔元件的磁力线分散，磁场相对较弱。当齿轮位于图 5-44（b）右侧所示位置时，穿过霍尔元件的磁力线集中，磁场相对较强。齿轮转动时，使得穿过霍尔元件的磁力线密度发生变化，因此引起霍尔电压的变化，霍尔元件将输出一个 mV 级的正弦波电压。该电压经放大器放大成 V 级电压信号，输入施密特触发器，由触发器将正弦波信号转换成标准的脉冲信号再送至放大级放大后输出，如图 5-44（c）所示。

汽车应用的传统霍尔传感器为三线制，其插头上有三个接线端子：电源、信号和搭铁。近年来，许多车型配套二线制（电源、信号）霍尔式轮速传感器。由传感器自身及磁性转子等两部分组成，传感器用一个螺钉固定在转向节上，磁性转子安装在前轮轴承的端面上，随轴承同步旋转。磁性转子由内置带磁性离子的橡胶制成的 N、S 极且按圆周方向均匀布置如图 5-45（a）。当前轮转动时，磁性转子同步旋转，使穿过霍尔传感器内的霍尔元件的磁力线密度发生变化，根据楞次定律，也会产生霍尔电压。

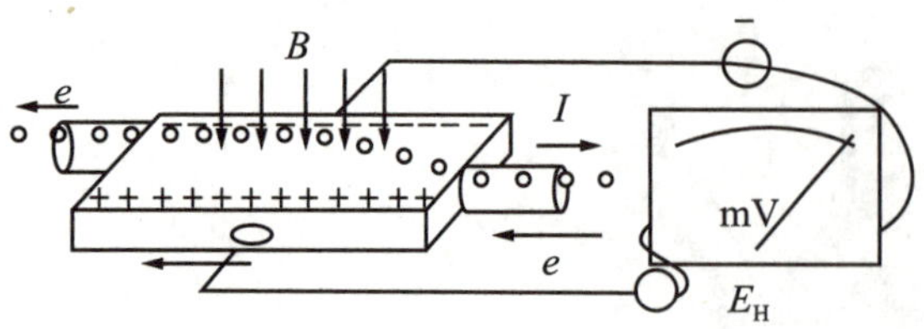

（a）霍尔效应

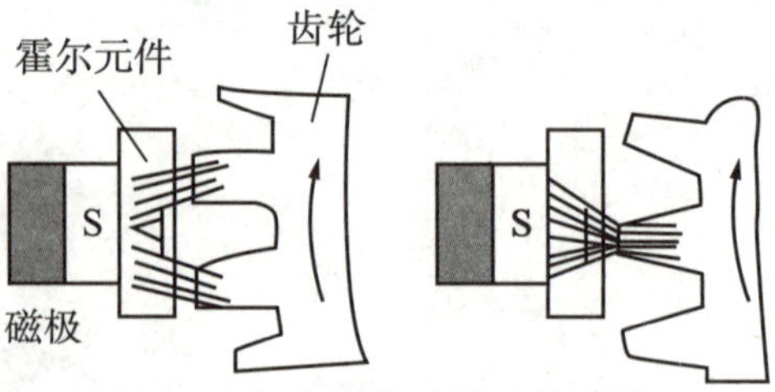

（b）霍尔式轮速传感器

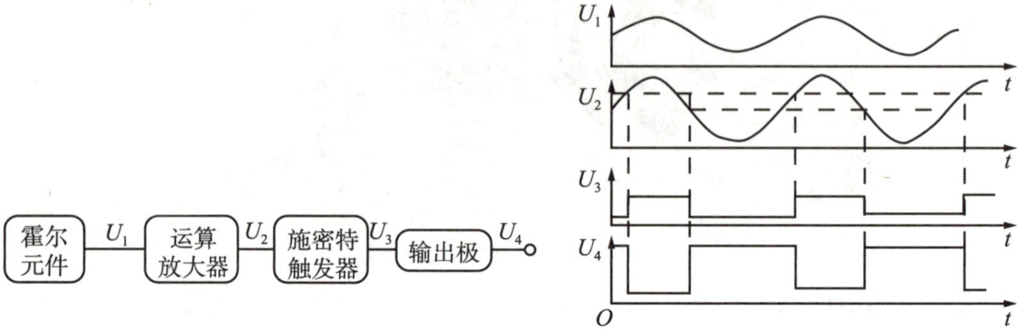

（c）霍尔信号处理电路与信号

图 5-44　霍尔效应及轮速传感器

在部分车上采用可变磁阻式车速传感器，主要由磁阻元件、转子、印刷电路板和磁环等组成，如图 5-45（b）所示。其工作原理是，当齿轮带动传感器轴旋转时，与轴连在一起的多级磁环也同时旋转，磁环旋转引起磁通的变化，使集成电路内的磁阻元件的电阻值也发生变化。当流向磁阻元件 MRE 的电流方向与磁力线方向平行时，其电阻值最大；当电流方向与磁力线方向垂直时，其电阻值最小。在磁环上 N 极与 S 极交替排列，随着磁环的回转使其磁力线方向不断变换，伴随每一回转，在内置磁阻元件（MRE）的集成电路（IC）中发出数个脉冲信号，该信号即轮速信号。磁通量的变化与磁环转速成正比，这样可以利用磁阻元件电阻值的变化检测出磁环旋转引起的磁通变化，将电压的变化输入到比较器中进行比较，再由比较器输出的信号控制晶体管的导通和截止，这样就可以检测出轮速。

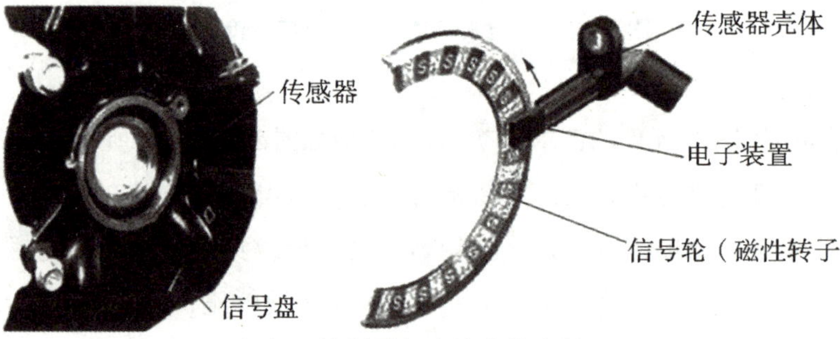

（a）二线制霍尔式轮速传感器

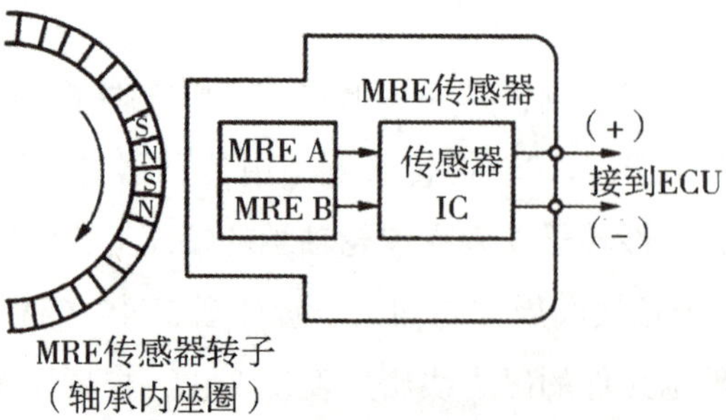

（b）磁阻式轮速传感器

图 5-45　新型轮速传感器

（4）液压控制单元

液压控制单元（hydraulic control unit，HCU）通常与 ABS ECU 集成在一起，如图 5-46 所示，它串接在制动主缸和制动轮缸之间，以调节制动轮缸的制动压力。液压控制单元的主要部件包括电动液压泵、蓄压器和电磁阀等。它内部的电磁阀有进油阀和出油阀两种，它们接收 ABS ECU 的指令，打开或关闭相关油路，控制制动液进入或排出制动轮缸。进油阀为常开阀，在断电状态下其内部通道打开，在通电状态下其内部通道关闭。出油阀为常闭阀，在断电状态下其内部通道关闭，在通电状态下其内部通道打开。蓄压器分为低压蓄压器和高压蓄压器，低压蓄压器用于 ABS，高压蓄压器用 TCS 和 ESP。

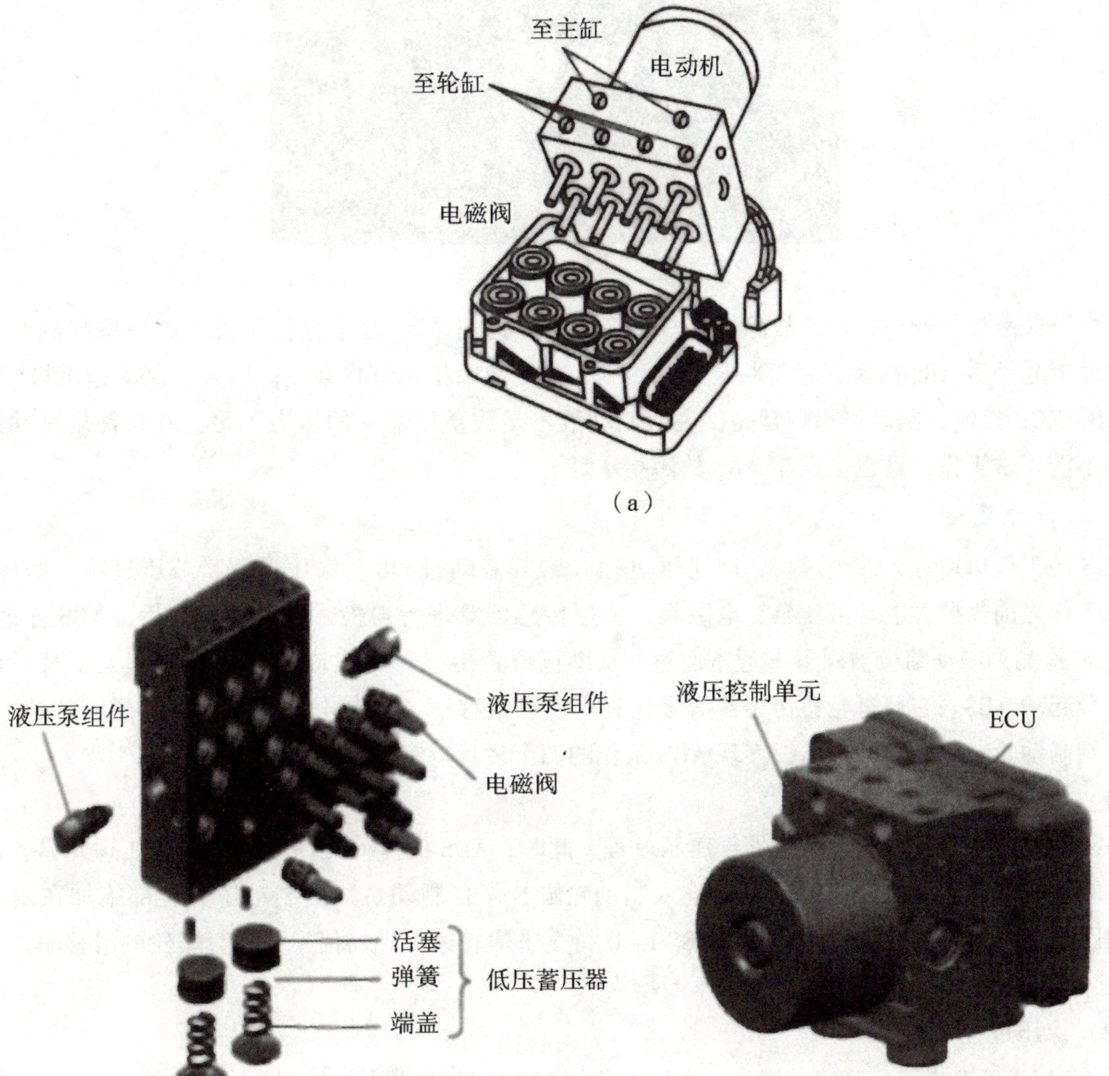

图 5-46 液压控制单元总成及组成

（5）ABS 故障指示灯

ABS 故障指示灯呈琥珀色，如图 5-47 所示。当 ABS 工作异常或出现故障时，ABS 故障指示灯将会点亮，以提示驾驶员进行维修。

ABS 出现下列异常现象时，ABS ECU 将会点亮 ABS 故障指示灯。

① 电动液压泵工作超过一定的时间。

② 车辆行驶超过 30 s，驻车制动未释放。

③ 未收到四个车轮中任何一个车轮的轮速传感器信号。

④ 电磁阀工作超过一定的时间或是检测到电磁阀断路或短路。

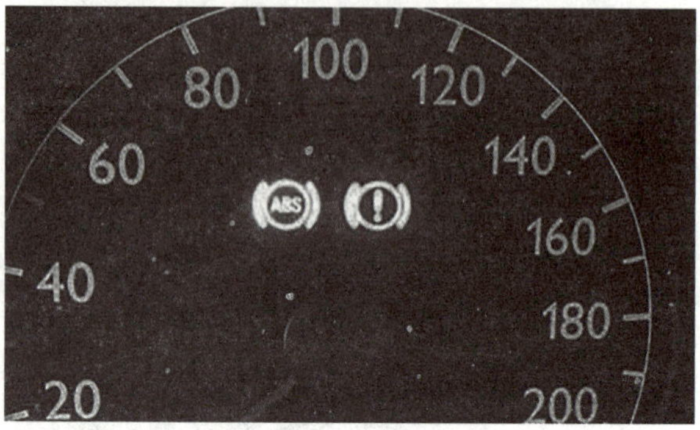

图 5-47　ABS 故障指示灯

点火开关刚被打开时，ABS 故障指示灯也会点亮，此时 ABS 处于自检状态。如果系统没有异常现象，发动机起动后 ABS 故障指示灯将熄灭，否则，ABS 故障指示灯将常亮。另外，制动指示灯（红色）也由 ABS ECU 控制，制动指示灯常亮，说明制动液不足或蓄压器中的压力不足，此时常规制动系统和 ABS 均不能正常工作，且也会点亮 ABS 故障指示灯。

2. 工作原理

ABS 的工作可以分为四个过程，即建压过程（常规制动过程）、保压过程、减压过程、增压过程。ABS 在工作之前需要对电动液压泵、电磁阀、轮速传感器等进行自检，自检通过之后，ABS 才能工作。ABS ECU 检测到制动踏板被踩下（通常通过制动踏板位置传感器采集该信号）且车速大于某一设定值时，才会起动 ABS。它通过轮速传感器信号计算车速和滑移率，控制电动液压泵和电磁阀的通、断电，进而控制制动轮缸制动液的进出，实现 ABS 工作的四个过程，完成车辆防抱死制动。

（1）建压过程

在制动的初始阶段，制动系统处于建压过程。此时，ABS 的执行元件不工作，进油阀开启，出油阀关闭，制动主缸的制动液经进油阀直接进入制动轮缸，来自制动主缸的制动压力全部施加在制动轮缸上，如图 5-48（a）所示。与此同时，ABS ECU 持续采集轮速传感器信号并计算车轮的滑移率。在建压过程中，车轮转速降低，车轮的滑移率不断增大。

（2）保压过程

当 ABS ECU 检测到车轮的滑移率处于理想范围时，ABS 将进入保压过程。此时，ABS ECU 给进油阀通电，使其关闭进油通道；出油阀保持断电，制动轮缸通向电动液压泵的油道关闭，制动轮缸的制动压力保持不变，如图 5-48（b）所示。保压过程可出现在增压或建压过程之后，也可能出现在减压过程之后，以获得最大的制动力。在增压或建压之后的保压过程中，车轮转速下降，滑移率增大；在减压之后的保压过程中，车轮转速上升，滑移率减小。

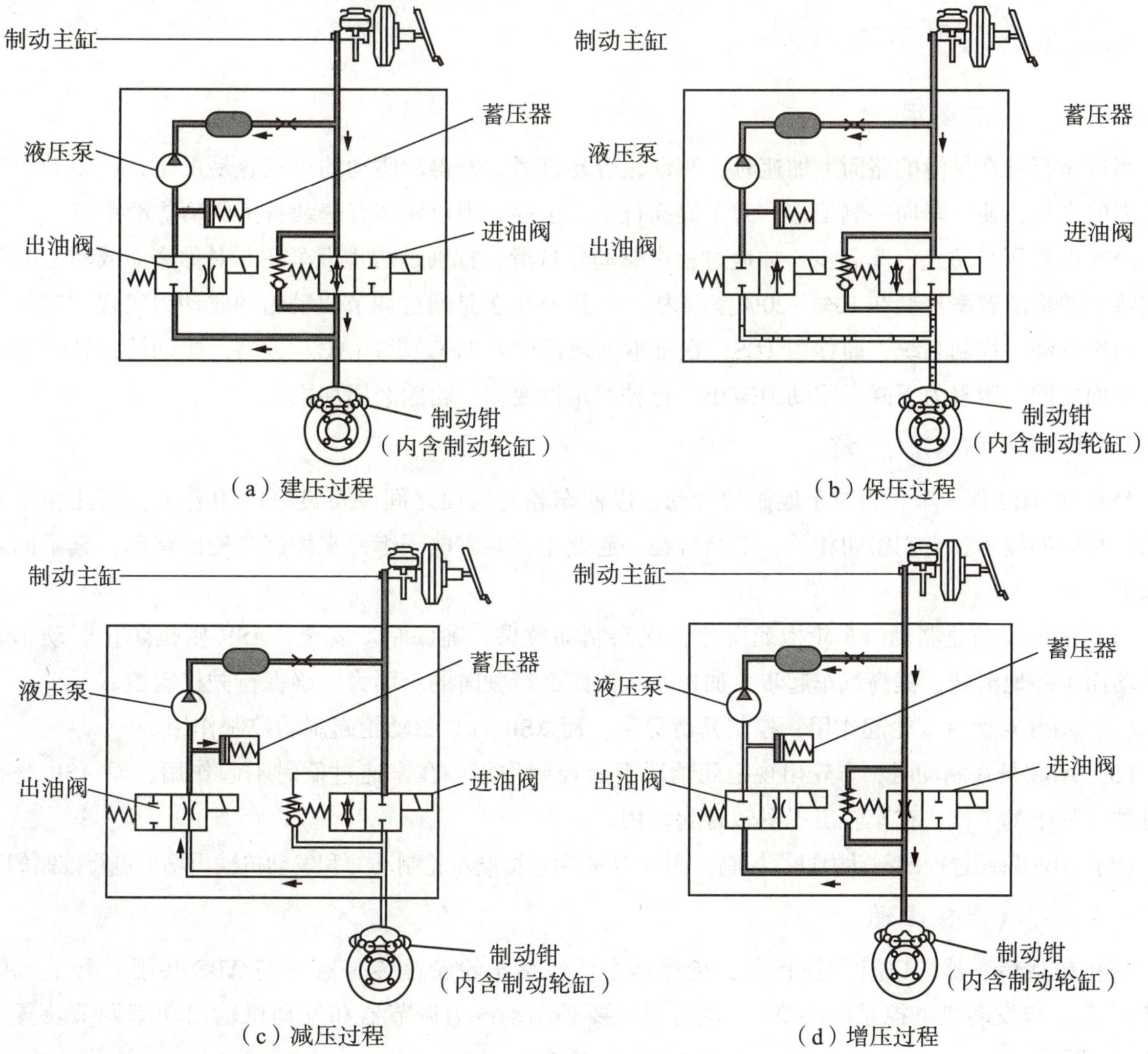

图 5-48　ABS 工作过程

（3）减压过程

当 ABS ECU 检测到车轮的滑移率超出理想范围时，ABS 将进入减压过程。此时，ABS ECU 同时给进油阀、出油阀及电动液压泵通电，进油阀关闭、出油阀开启，且电动液压泵工作。制动轮缸中的制动液经过蓄压器流向电动液压泵，电动液压泵再将制动液输送回制动主缸，如图 5-48（c）所示。在减压过程中，制动轮缸的制动压力减小，车轮转速升高，滑移率减小。

（4）增压过程

当 ABS ECU 检测到车轮的滑移率低于理想范围时，ABS 将进入增压过程。此时，进油阀和出油阀断电，进油阀开启，出油阀关闭，制动主缸和电动液压泵同时向制动轮缸补充制动液，如图 5-48（d）所示。在增压过程中，制动轮缸制动压力增大，车轮转速下降，滑移率增大。

在建压过程结束以后，ABS 不断地进行保压、减压、增压，直到车辆完全停稳或制动解除。ABS 的制动效能与其调节频率有关，调节频率越高，制动效能就越好。早期的 ABS 调节频率一般为每秒 5～8 次，目前 ABS 的调节频率已大大提高，有的可达每秒 100 次以上。在 ABS 工作的过程中，由于电动液压泵间断地将制动液输送回制动主缸，产生的脉动油压作用在制动踏板上，驾驶员往往会感觉到制动踏板在“颤动”。另外，ABS 的电动液压泵和电磁阀在工作过程中产生噪声也是正常的。

三、驱动防滑系统

（一）ASR 的功用

当汽车行驶在易滑的路面上加速时，驱动轮容易打滑，使得后驱动的车辆容易甩尾，前驱动的车辆容易方向失控，使汽车向一侧偏移。为了提高行车安全性，现代轿车普遍装备了驱动防滑系统。

ASR 的作用是防止汽车起步、加速过程中驱动轮打滑，特别是防止汽车在非对称路面或转弯时驱动轮空转，并将滑转率控制在 10%~20%范围内。由于 ASR 多是通过调节驱动轮的驱动力实现控制的，因而又叫作驱动力控制系统，简称为 TCS，在日本等地还称为 TRC 或 TRAC。否则，驱动轮滑转会造成车轮与地面之间的附着力下降，驱动力减小，行驶稳定性变差，轮胎磨损加剧。

（二）ASR 与 ABS 比较

ASR 和 ABS 都是车轮相对于地面的滑动，以使车轮与路面之间保持良好的附着力，因此两系统采用的是相同的技术，它们密切相关，常结合在一起使用，共享电子组件来控制车轮的运动。其不同之处为如下。

（1）ABS 是防止制动时车轮抱死滑移，提高制动效果，确保制动安全，ASR 则是防止驱动车轮原地不动而不停地滑转，提高汽车起步、加速及滑溜路面行驶时的牵引力，确保行驶稳定性。

（2）ABS 对所有车轮起作用，控制其滑移率，而 ASR 只对驱动轮起制动控制作用。

（3）ABS 是在制动时，车轮出现抱死情况下起控制作用，在车速过低时不起作用，而 ASR 是在整个行驶过程中都工作，在车轮出现滑转时起作用。

（4）ABS 只通过控制制动力进行控制，而 ASR 是通过控制车轮制动力和发动机输出功率进行控制的。

（三）ASR 结构原理

ASR 包括传感器、ECU 和执行器，传感器主要包括车轮轮速传感器（与 ABS 共用）和节气门位置传感器（与发动机电控系统共享），执行器主要是制动压力调节器和发动机输出功率调节装置，如图 5-49 所示。

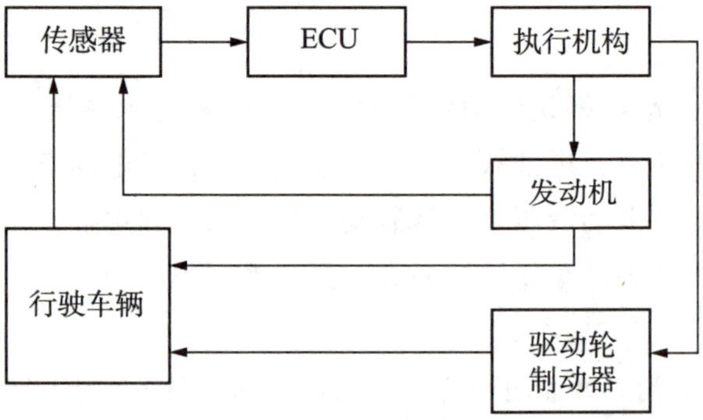

图 5-49　ASR 的基本组成

传感器将车轮转速转变为电信号，输送给 ECU。ECU 根据车速传感器的信号计算驱动车轮的滑移率，若滑移率超限，控制器再综合考虑节气门开度信号、发动机转速信号、转向信号等因素确定控制方式，输出控制，使相应的执行器动作，使驱动轮的滑移率控制在目标范围内。

（四）ASR 控制方式

ASR 通常采用发动机输出功率和驱动轮两种控制方法来防止驱动轮滑转。

1. 发动机输出功率控制

在汽车起步、加速时，ASR 控制器输出控制信号，控制发动机输出功率，抑制驱动轮滑转。常用的方法有：减少喷油量、推迟点火时间、节气门位置调整及辅助控制装置。

2. 驱动轮制动控制

直接对发生滑移的驱动轮加以制动。普遍采用 ASR 与 ABS 组合的液压控制系统。

（五）ASR 主要执行机构的工作过程分析

ASR 的主要执行机构是制动压力调节装置和节气门控制装置。

1. 制动压力调节装置

目前组合方式的 ASR 压力调节器，与 ABS 制动压力调节器共用，如图 5-50 所示。

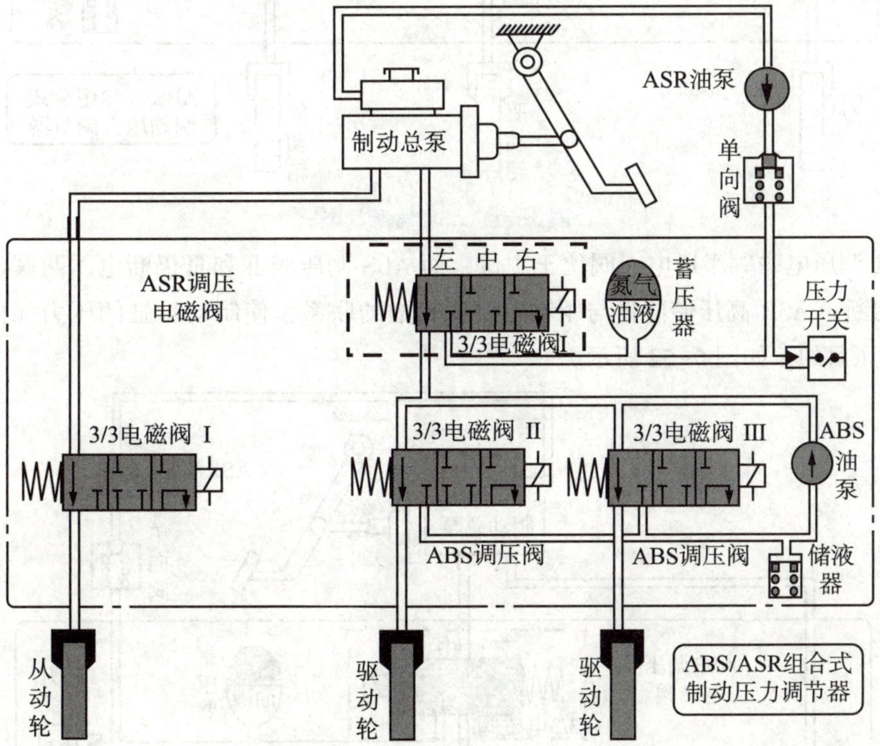

图 5-50 ABS/ASR 组合式压力调节器

（1）正常制动时，ASR 调压电磁阀不通电，阀位于左位。此时 ASR 不起作用，ABS 起制动作用，并通过 ABS 电磁阀 Ⅱ 和 Ⅲ 对驱动轮制动压力进行调节。

（2）驱动防滑时，ASR 调压电磁阀通电，阀位于右位，而 ABS 调压阀 Ⅱ 和 Ⅲ 断电，两阀位于左位，此时 ASR 高压储能器的压力油进入驱动轮轮缸，实现了对驱动轮制动增压的目的，如图 5-51 所示。

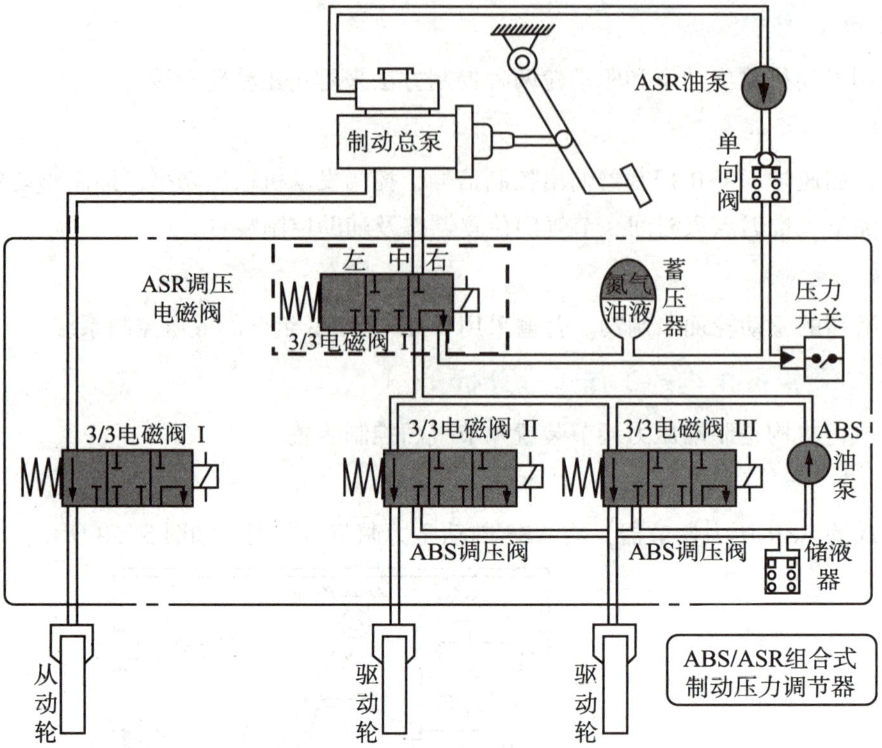

图 5-51　ASR 增压状态

（3）当 ASR 调压电磁阀半通电，阀位于中位，而 ABS 调压阀 Ⅱ 和 Ⅲ 仍断电，两阀仍处于左位，此时 ASR 调压阀切断了 ASR 高压储能器与驱动轮制动轮缸的联系，使制动轮缸的压力保持不变，即实现了对驱动轮的保压目的，如图 5-52 所示。

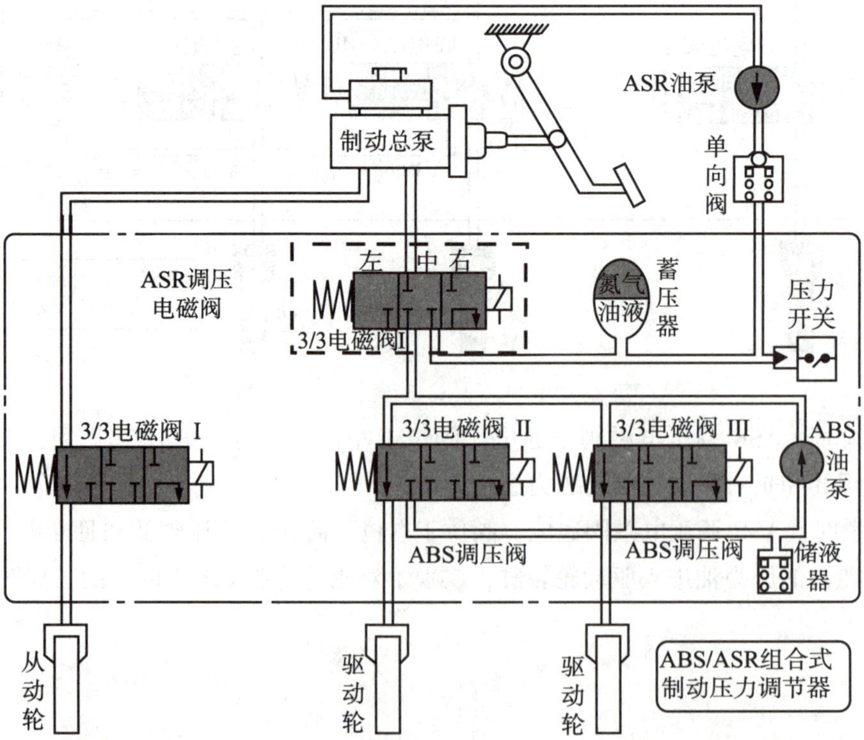

图 5-52　ASR 保压状态

（4）当ASR调压电磁阀半通电，阀位于中位，而ABS调压阀Ⅱ和Ⅲ通电，两阀均位于右位时，两个驱动轮制动轮缸与ABS低压储液器相通，制动压力下降，实现减压控制，如图5-53所示。

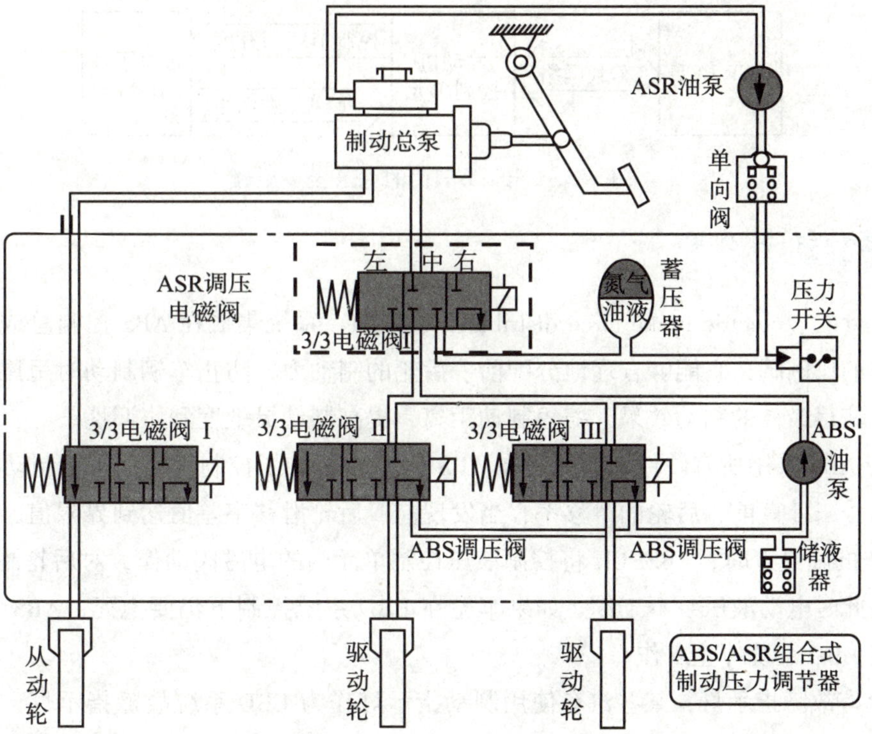

图5-53 ASR减压状态

2. 节气门控制装置

节气门控制装置可以调整节气门的开度，从而控制发动机的进气量，从而起到改变发动机对外输出功率和输出转矩，起到驱动防滑功能，其主要有以下两种控制方式。

第一种是增加辅助节气门，通过改变发动机辅助节气门的开度来控制其输出功率。节气门驱动装置由步进电机和传动机构组成，如图5-54所示。步进电机根据ASRECU输出的脉冲信号转动规定的角度，通过传动机构带动辅助节气门转动。当ASR不起作用时，辅助节气门处于全开位置，当需要减少发动机输出功率和转矩来控制车轮滑转时，ASRECU输出信号使辅助节气门参与工作，改变辅助节气门的开度，同时通过副节气门位置传感器将其位置信号反馈给ASRECU。这种类型主要应用在早期拉索式节气门的车辆上。

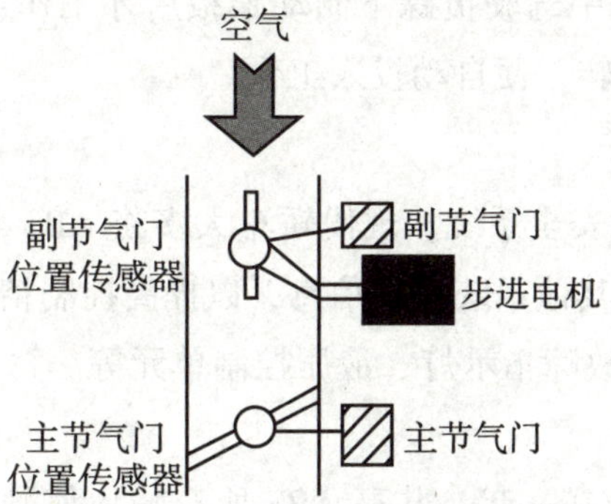

图5-54 辅助节气门的控制

第二种方式是直接应用电子节气门来控制发动机的输出功率，控制原理如图5-55所示。目前，电子节气门在电控发动机上已普遍使用，这种控制方式不需要增加额外的硬件，同时使控制更加精准，因此应用广泛。

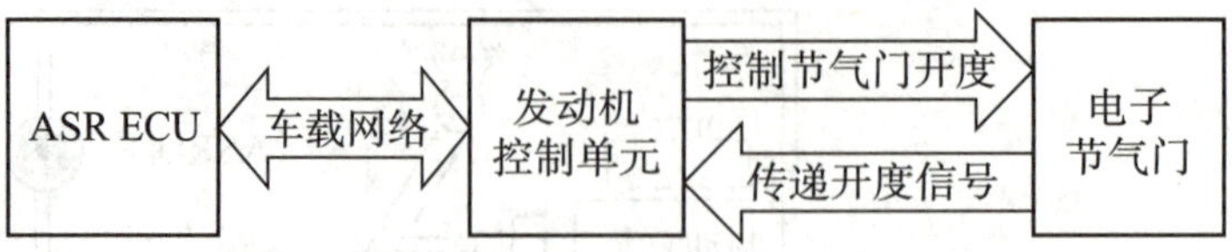

图 5-55　电子节气门的 ASR 控制原理

四、电子制动力分配

电子制动力分配（electric brake force distribution，EBD）系统集成在 ABS 控制总成中，取代了传统制动液压系统中的比例阀，它能够合理地分配前、后轮的制动力，防止车辆制动时甩尾，并且能使车辆在不同的路面上获得最佳的制动效果，缩短制动距离，提高制动灵敏度和协调性。

EBD 系统与 ABS 共用所有硬件，它只是在 ABS ECU 中添加了控制程序。车辆制动时，ABS ECU 通过轮速传感器信号来计算前、后轮的滑移率，当发现前、后轮滑移率差值达到界限值，而滑移率又未达到 ABS 开始工作的临界点时，ABSECU 将控制液压控制单元内的电磁阀动作，对后轮制动轮缸的制动压力进行调节，但此时电动液压泵不工作。如果车轮在 EBD 系统控制下仍要抱死，ABS ECU 将自动转入 ABS 控制，并使 EBD 系统停止工作。

EBD 系统也有故障指示灯，某些汽车使用制动指示灯作为 EBD 系统故障指示灯，有些车辆有专用的 EBD 系统故障指示灯。当 EBD 系统出现故障时，其故障指示灯和 ABS 故障指示灯都会点亮。

五、牵引力控制系统

牵引力控制系统（traction control system，TCS），也有些厂商将其缩写为 ASR、TRC 等。TCS 能够在车辆起步、加速或湿滑路面行驶时控制驱动轮滑移率，以维持车辆行驶的稳定性和最适当的驱动力。TCS 的防滑原理与 ABS 非常相似，都是通过控制液压控制单元来调节车轮的制动力，从而调节车轮滑移率，以保持车轮与地面的最佳附着力，但是它们之间存在以下不同之处。

（1）ABS 对所有车轮起作用，控制其滑移率；而 TCS 只对驱动轮起作用。

（2）ABS 的目的是防止制动时车轮抱死滑移，提高制动效率和安全性；而 TCS 的目的是防止驱动车轮原地滑转，改善车轮与路面的附着力，提高车辆牵引力。

（3）ABS 只有在车辆行驶过程中驾驶员踩下制动踏板后才工作；而 TCS 则是在整个行驶过程中都处于警戒状态，一旦驱动轮出现滑转，便自动投入工作。

1. 系统组成

TCS 和 ABS 都属于汽车的主动安全系统。现代轿车大多将 ABS 与 TCS 整合在一起，共享电子组件和系统部件，并且通过车载网络与其他系统共享信息，以提高控制精度和灵敏度。TCS 部件包括 TCS 控制单元、传感器、TCS 开关、TCS 故障指示灯、液压控制单元等。

（1）TCS 控制单元

TCS 控制单元与 ABS ECU 集成在一起，共享 ABS 所有输入信号和液压控制单元。此外，TCS 还需要一些附加信号，例如发动机转矩信息、TCS 开关信号和节气门开度信号等，这些信息可通过专线或总线进行传输。TCS 对驱动轮进行防滑控制时，通过总线向发动机控制模块、仪表控制模块及车辆诊断接口（DLC）等输出相关请求信号或故障信息。TCS 信号传输框图如图 5-56 所示。

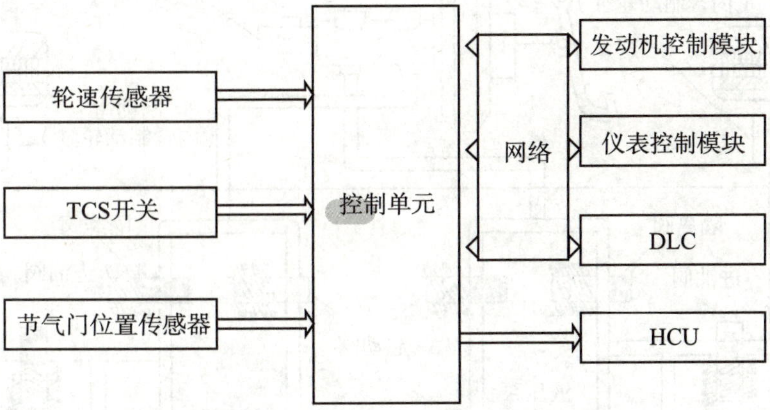

图 5-56　TCS 信号传输框图

（2）传感器及 TCS 开关

TCS 传感器主要有轮速传感器和节气门位置传感器。轮速传感器信号用于计算车轮滑移率，节气门位置传感器用于提供当前节气门开度信息。TCS 参考这两个信号来改善驱动车轮的加速性能。TCS 开关是一个瞬时接触开关，用于关闭牵引力控制功能。即使驾驶员通过该开关禁用了牵引力控制功能，系统也会在下一个点火循环重新启用该功能。

（3）TCS 故障指示灯

TCS 故障指示灯为棕黄色，位于仪表板上，如图 5-57 所示。当打开点火开关时，TCS 进行自检，该指示灯将点亮 3~4 s。如果系统发生故障或 TCS 被禁用，TCS 故障指示灯将持续点亮。在牵引力控制的过程中，该指示灯会不断地闪烁。

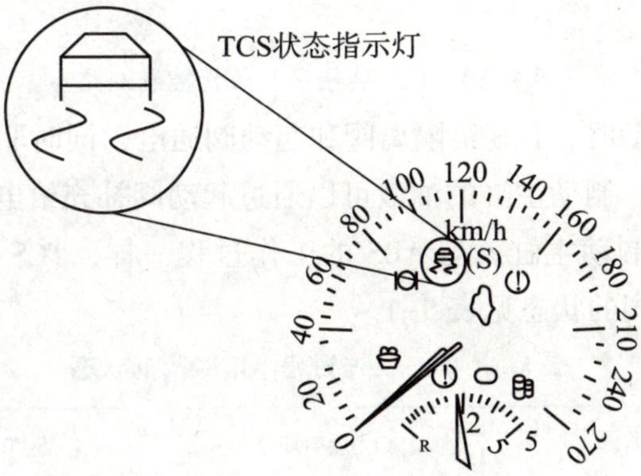

图 5-57　TCS 故障指示灯

（4）液压控制单元

TCS 液压控制单元是在原 ABS 液压控制单元的基础上增加了隔离阀和起动阀。隔离阀为常开式电磁阀，断电时打开，通电时关闭；起动阀为常闭式电磁阀，断电时关闭，通电时打开。TCS 液压控制单元的控制油路如图 5-58 所示。

当 TCS 不工作时，隔离阀和起动阀处于断电状态，隔离阀打开，起动阀关闭，制动主缸的油液经过隔离阀和进油阀进入驱动轮制动轮缸。此时，制动系统可以通过此油路进行常规制动和防抱死制动。

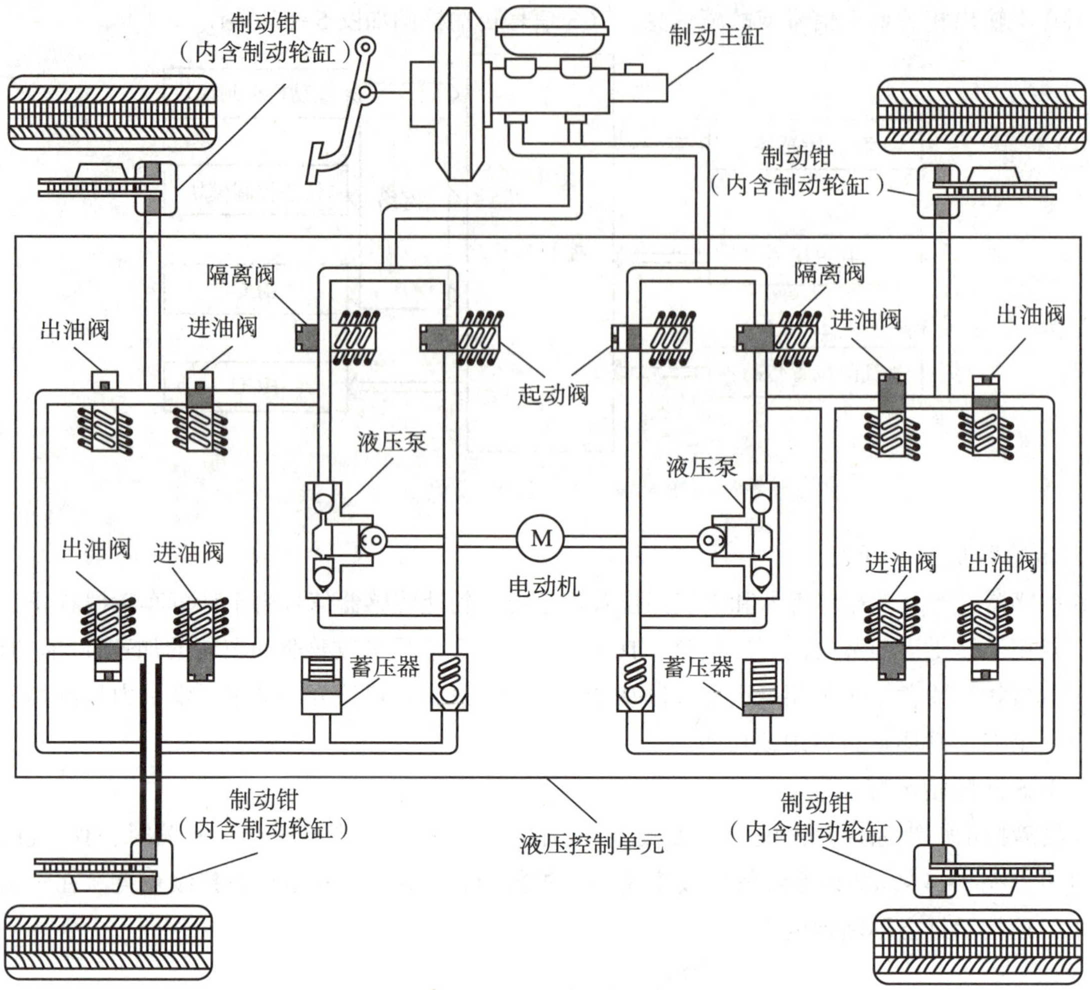

图 5-58　TCS 液压控制单元控制油路

当对滑转的驱动轮进行制动时，TCS 给隔离阀和起动阀通电，同时驱动电动液压泵向驱动轮制动轮缸施加制动压力。起动阀打开，制动主缸的油液可以通过起动阀补充给电动液压泵；隔离阀关闭，可以阻止电动液压泵的泵油流回到制动主缸。与 ABS 的工作过程一样，TCS 也有增压、保压和减压三个过程。TCS 在工作过程中，电磁阀的状态见表 5-1。

表 5-1　TCS 工作过程中电磁阀的状态

工作过程	隔离阀	起动阀	进油阀	出油阀
增压过程	ON	ON	OFF	OFF
保压过程	ON	ON	ON	OFF
减压过程	ON	ON	ON	ON

2. 控制原理

TCS 控制单元在车辆行驶过程中不断检测轮速传感器等的输入信号。在车辆加速过程中，如果检测到驱动轮正向滑转，TCS 控制单元将通过总线向发动机控制模块 ECM 发出降低转矩请求信号。ECM 采取断缸、延迟点火、改变空燃比或升高变速器挡位等措施来降低输出转矩。如果车辆配置了电子节气门，ECM 还可以通过减小节气门开度来降低发动机输出转矩。如果 ECM 无法完全解决驱动车轮滑转现象，TCS 就会主动给滑转的驱动轮施加制动力，以阻止驱动轮滑转。此时动力将通过差速器传递给具有更大附着力的其他驱动轮。TCS 在工作过程中，所有非驱动轮的进油阀都关闭，以确保非驱动轮处于自由滚动状态。

TCS 工作需要具备一定的前提条件，这些条件包括以下内容。

（1）发动机转速必须大于 450 r/min。

（2）变速器必须置于 D 位、2 挡或 3 挡。

（3）制动踏板处于释放状态。

（4）车轮正向滑动超出限值。

当 TCS 出现故障时，TCS 通过车载网络向仪表模块发出点亮 TCS 故障指示灯的请求信号，同时把故障信息通过车载网络输送给诊断接口，以便维修人员诊断相关故障。

六、电子稳定程序控制系统

电子稳定程序（electronic stability program，ESP）控制系统能够主动纠正车辆在高速或湿滑路面上行驶时转向过度和转向不足，如图 5-59 所示，避免车辆偏航，同时它还集成了 ABS 和 TCS 的功能。当车辆有转向过度趋势时，系统将外侧的一个或全部车轮进行制动，当车辆有转向不足趋势时，系统将内侧的一个或全部车轮进行制动，从而矫正车辆的偏转特性。电子稳定程序能够提高驾驶安全性，优化操控性及驾驶舒适性，并通过对车辆横向和纵向的动态控制，提高 ABS 和 TCS 的性能。

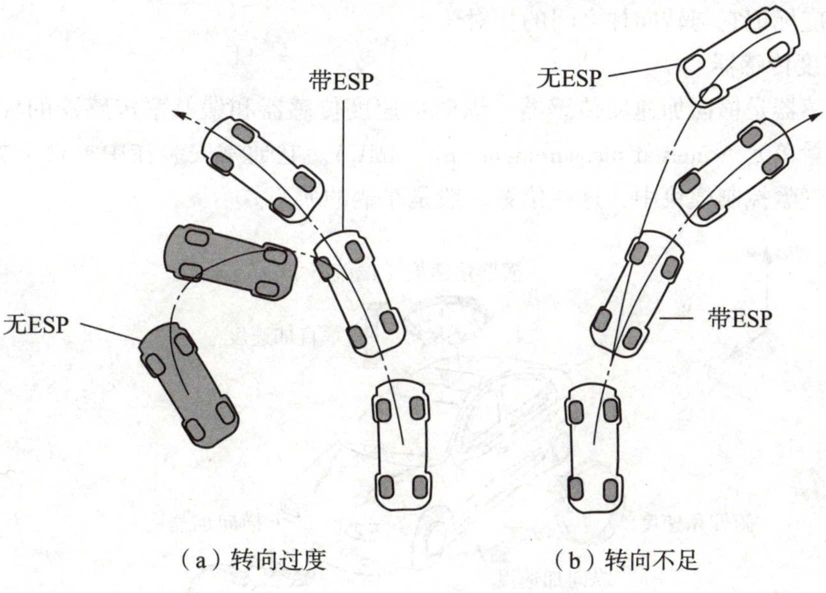

图 5-59　有、无 ESP 系统的车辆转向稳定性比较

1. 系统组成

ESP 控制系统包括 ABS、TCS 所有的硬件，还包括 ESP 开关和制动压力传感器、转向盘转角传感器、多轴加速度传感器等，如图 5-60 所示。

（1）制动压力传感器

制动压力传感器内置或外置于液压控制单元上。ESP 控制系统利用此传感器测量制动压力变化的大小和速度，以调节作用于制动轮缸的制动压力。

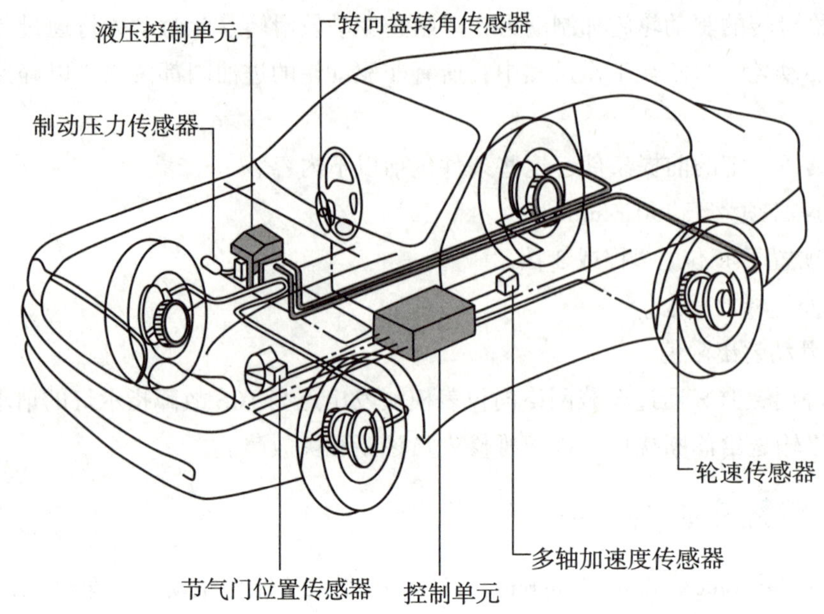

图 5-60　ESP 控制系统的组成

（2）转向盘转角传感器

转向盘转角传感器安装在转向柱上，它测定转向盘转动的方向和速度信息，并将这些信息通过总线输送给 ABS ECU，以供其识别驾驶员的转向意图。转向盘转角传感器一旦拆卸就需要标定，为避免标定错误，在拆下之前应标记它与转向柱之间的相对位置。

（3）多轴加速度传感器

多轴加速度传感器是横向加速度传感器、纵向加速度传感器和偏航率传感器的集合体，如图 5-61 所示，也称惯性测量单元（inertial measurement unit，IMU）。它通常安装在中控台下方的车架上，也有的直接集成在安全气囊控制模块中，这些位置一般是车辆的质心。

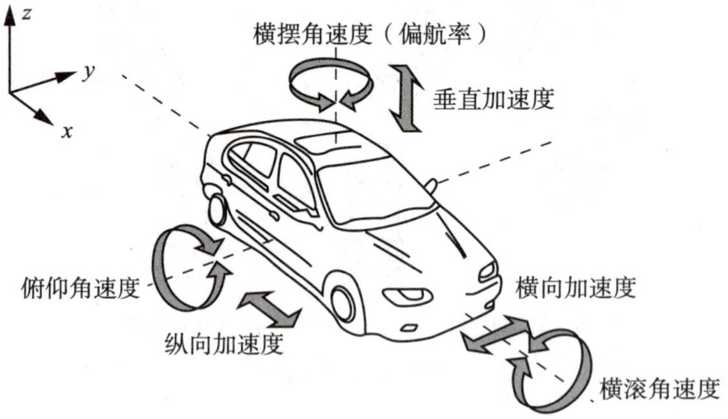

图 5-61　多轴加速度传感器的测量

横向加速度传感器和纵向加速度传感器用来检测车辆横向和纵向的运动加速度，ESP 控制系统根据该信号及转向盘转角传感器信号和车辆速度来计算车辆所需要的理想偏航率。

偏航率传感器用于计算车辆实际偏航率。ESP 控制系统将车辆实际偏航率与理想偏航率进行对比，确定是否需要对转向不足或转向过度加以修正。

2. 控制原理

ESP 系统控制车辆行驶稳定性是一个连续的过程，只要驾驶员未操作 ESP 开关禁止其工作，则 ESP

控制系统在车辆行驶的整个过程中都工作。它通过转向盘转角传感器确定驾驶员要求的行驶方向，同时通过轮速传感器和多轴加速度传感器来计算车辆的实际行驶方向。当ESP控制系统检测到车辆行驶轨迹与驾驶员的要求不符时，ESP控制系统将向发动机控制模块发送一个串行数据通信信号，请求发动机减小输出转矩。如果车辆继续侧向滑移，则ESP控制系统将实行主动制动干预。

(1) 转向过度的调整

ESP控制系统通过转向盘转角传感器识别驾驶员的转向意图和转向角度，同时通过多轴加速度传感器等计算当前车辆实际行驶轨迹，然后两者进行比较。如果ESP控制系统判定车辆转向过度，则向ECM发出降低输出转矩的信号，然后对相关车轮实行制动。例如，车辆在左转弯道上过度向左转向时，车辆将会出现车头向弯道左侧快速移动、车尾向弯道右侧甩尾的趋势。此时，ESP控制系统将通过制动车辆外侧的右前轮来纠正这种错误，如图5-62（a）所示。右前轮被制动后，速度低于左侧车轮速度，车辆将会产生一个以右前车轮为支点向弯道右侧偏转的趋势，以此来抵消车辆过度向左转向。ESP控制系统对车轮进行制动时也具有增压、保压、减压三个过程。

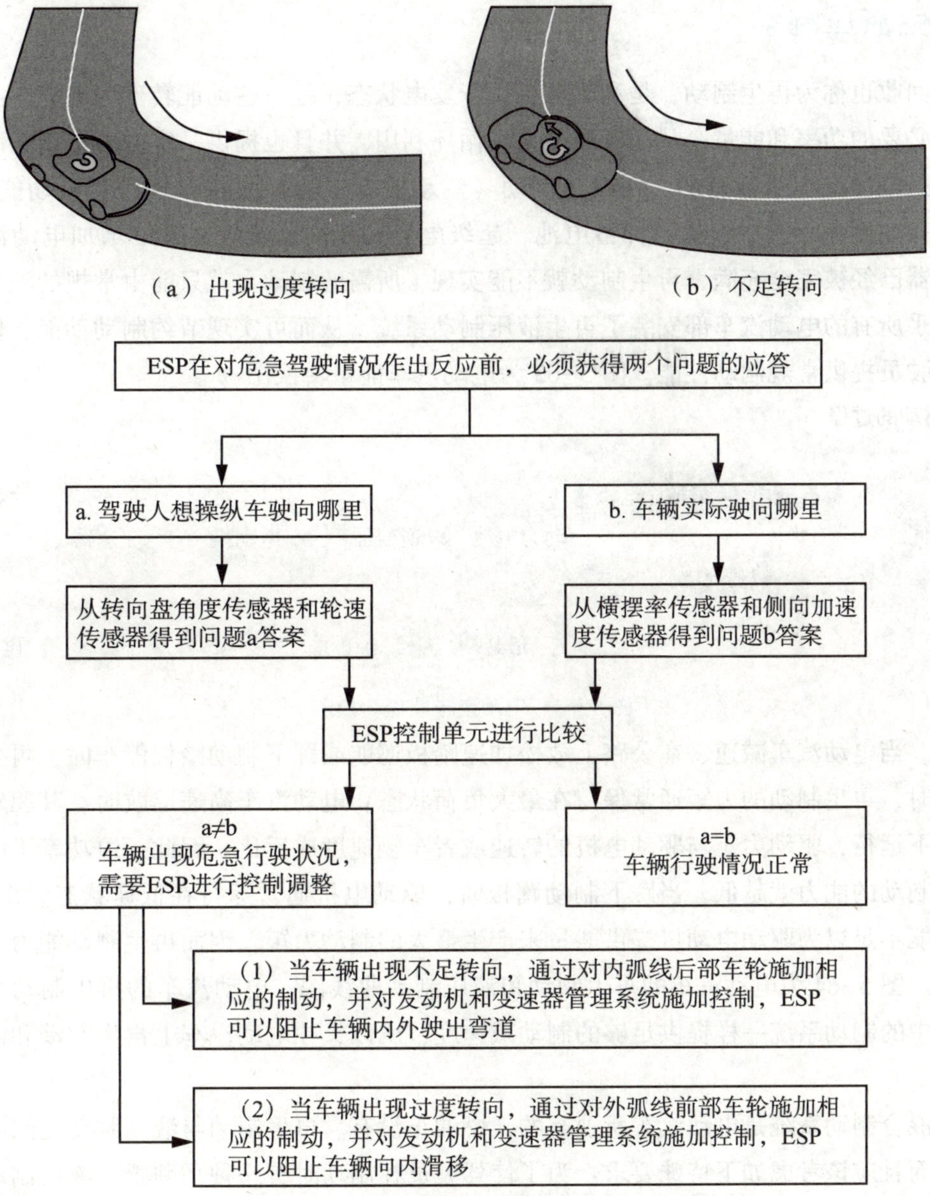

（a）出现过度转向　　（b）不足转向

（c）控制流程

图5-62　ESP控制工作过程

（2）转向不足的调整

车辆行驶在弯道上，如果转向不足，车辆将会冲向弯道外侧，ESP控制系统通过相关传感器检测车辆转向角度与车辆行驶轨迹是否一致，从而判断车辆是否处于转向合理范围。

如果车辆左转向不足，ESP控制系统将控制液压控制单元内的电动液压泵及电磁阀动作，制动除右前车轮外其他三个车轮（其中左后车轮的制动力最大），使车辆回到正常行驶轨迹上，如图5-62（b）所示。综合对比，控制流程如图5-62（c）所示。

任务七　再生回馈制动系统的认识

一、再生液压制动

制动能量回收也称为再生制动，是利用电机处于发电状态，把一些动能转变为电能并存储起来，为汽车行驶提供必要的功率和能量，从而实现能量的循环利用，并且也提供一定的力矩用于制动。

再生制动是电动汽车所独有的。在减速制动（制动或者下坡）时将车辆的部分动能转化为电能，转化的电能储存在储存装置中，如各种蓄电池、超级电容和超高速飞轮，最终增加电动汽车的行驶里程。如果储能器已经被完全充满，再生制动就不能实现，所需的制动力就只能由常规的液压制动系统来提供。现在几乎所有的电动汽车部安装了再生液压制动系统，从而可实现节约制动动能、回收部分制动动能，并为驾驶员提供常规制动性能。图5-63为电动汽车能量转换图。

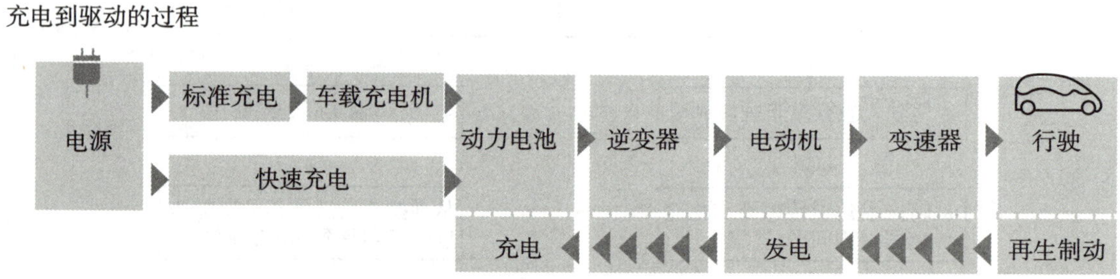

图5-63　电动汽车能量转换图

一般而言，当电动汽车减速、在公路上放松加速踏板巡航或踩下制动踏板停车时，再生制动系统起动。正常减速时，再生制动的力矩通常保持在最大负荷状态；电动汽车高速巡航时，其驱动电机一般是在恒功率状态下运行，驱动力矩与驱动电机的转速或者车辆速度成反比。因此，恒功率下驱动电机的转速越高，再生制动的能力就越低。当踩下制动踏板时，驱动电机通常运行在低速状态。由于在低速时，电动汽车的动能不足以为驱动电动机提供能量来产生最大的制动力矩，因而再生制动能力也就会随着车速降低而减小。图5-64为电动汽车的再生制动和液压制动曲线图。电动汽车的再生制动力矩通常不能像传统燃油车中的制动系统一样提供足够的制动减速度，所以，在电动汽车上再生制动和液压制动系统通常共同存在。

再生液压混合制动系统是电动汽车所独有的，燃油车没有。再生制动与液压制动之间的协调是问题的关键所往，而且应该考虑如下特殊要求：为了使驾驶员在制动时有一种平顺感，液压制动力矩应该可以根据再生制动力矩的变化进行控制，最终使驾驶员获得所希望的总力矩。同时，液压制动的控制不应引起制动踏板的冲击，不会给驾驶员一种不正常的感觉。

1. 结构和策略

一般可将能量回收的工况分为两种，一种是滑行工况；另一种是制动工况。前者没有机械制动的参与，依靠电机对车辆进行制动；后者当驾驶员踩下制动踏板时，电机制动与机械制动共同对汽车进行制动。两种工况对应的控制策略不同，约束条件也不相同。

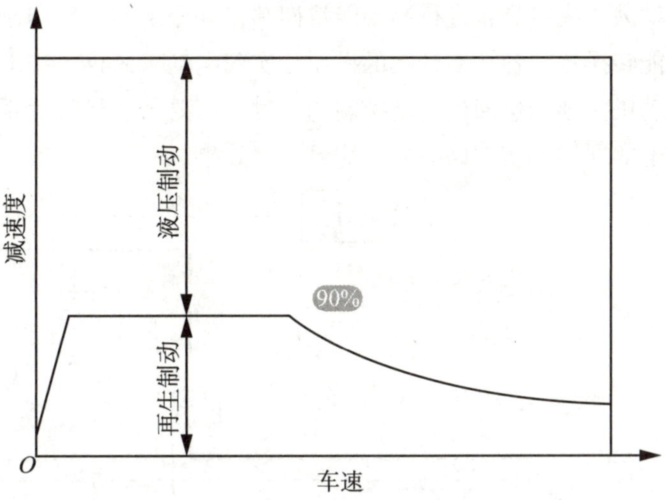

图 5-64　再生制动和液压制动曲线图

根据液压制动力矩是否可控，可将电动汽车的液压制动力矩和电机再生制动力矩的分配方式分为液压制动力矩调节方式和电机力矩调节方式两种。前者通过调节液压制动力矩和电机制动力矩来满足整车制动需求，优先保证电机制动力矩达到最大值；后者液压制动力矩不做调整，在满足整车需求的范围内调节电机再生制动力矩。有如下 3 种制动能量回收方案：串联复合制动策略、并联复合制动策略及空行程制动策略。串联复合制动策略要求机械制动力矩可控，通过合理分配机械制动力矩和电机再生制动力矩的大小，以能量回收效率及制动的平顺性为控制目标。

串联复合制动策略的控制策略较复杂，且需要改变传统汽车的制动系统结构，但能保证较高的能量回收效率。并联复合制动策略的液压制动过程不可控，电机再生制动过程可控，只需对电机制动力矩进行控制，控制参数少，易实现，在城市工况下能回收相当可观的制动能量。

空行程制动策略中能量回收仅在空行程内起作用，此时 ABS 还未开始对液压制动力矩进行调节，空行程结束时能量回收开始退出，这种策略一般需要延长空行程的长度，以增加回收的能量，空行程制动策略的控制策略简单，易于实现，避免了电机制动对 ABS 控制的干扰，但回收的能量有限，且可能会改变驾驶员的驾驶习惯。

电动汽车上的总制动力矩是再生制动力矩与液压制动力矩之和，电动汽车通过对两种制动力矩的重新匹配实现制动功能。电动汽车制动时需要解决两个主要问题：一是如何在再生制动和液压机械摩擦制动之间分配所需的总制动力，以回收尽可能多的动能；二是如何在前后轮轴上分配总制动力，以达到稳定的制动效果。

典型的再生制动策略包括理想制动力分配、最佳能量回收和并行能量回收三种。理想制动力分配策略旨在按照理想曲线分配制动力，提高能量回收率，确保制动稳定性，但控制系统较复杂。最佳能量回收策略则优先使用再生制动，提高能量回收效率，但控制系统复杂，制动稳定性较差。并行能量回收策略根据制动需求将制动过程分三部分，控制简单，可靠性高，适合城市工况下的电动汽车开发。滑行能量回收时，无制动踏板信号，驾驶员踩下制动踏板后，需满足制动性能要求，回收制动能量，同时不干扰 ABS，保证制动安全性。

图 5-65 为并行的再生液压制动系统结构，即在不改变原有液压机械摩擦制动系统的基础上，由电机提供一定的制动力矩于前驱动轮，在不影响制动过程的条件下完成制动能量回收。在汽车需要减速时，制动踏板提供制动信号，电动泵使制动液增压产生所需的制动力，并将信号传递到整车控制器。整车控制器根据汽车运行状况及其他控制模块的状态，确定电动汽车上的再生制动力矩和前后轮上的液压

制动力，决定是否进行制动能量回馈，并分配能量回馈制动力矩的大小，电动机控制器再发出指令控制电能转换器中各功率开关的操作，实现电动机的再生制动。在能量回馈制动过程中，电动机控制器在对电动机实施能量回馈制动控制的同时，还要与能量管理系统实时进行双向信息交流，在保证蓄电池安全充电的同时，实现好的制动能量回馈效果。

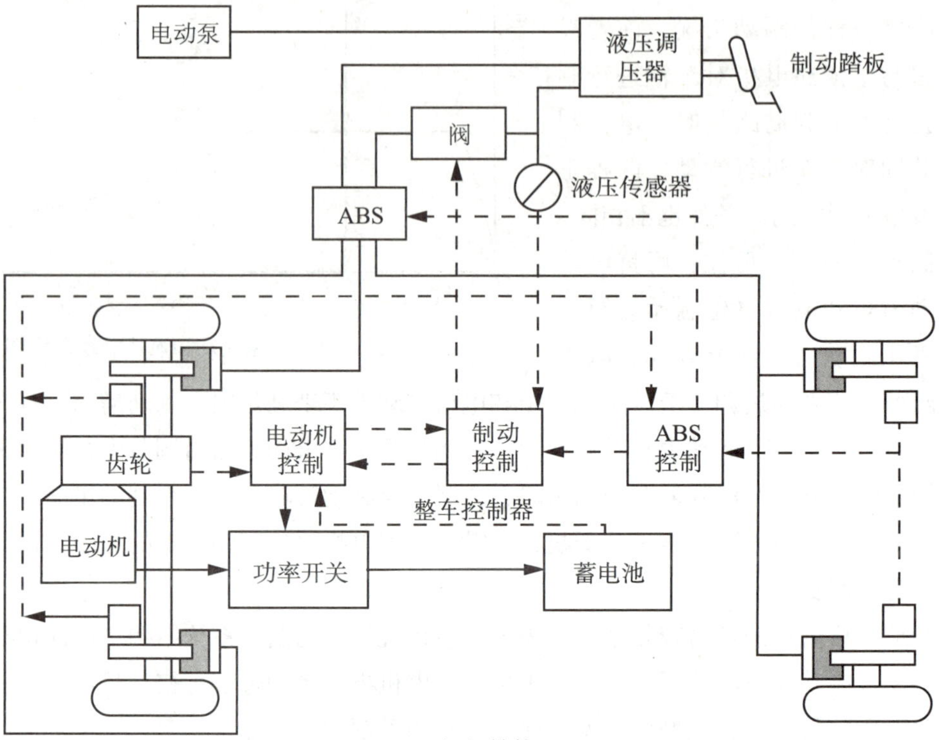

（a）结构

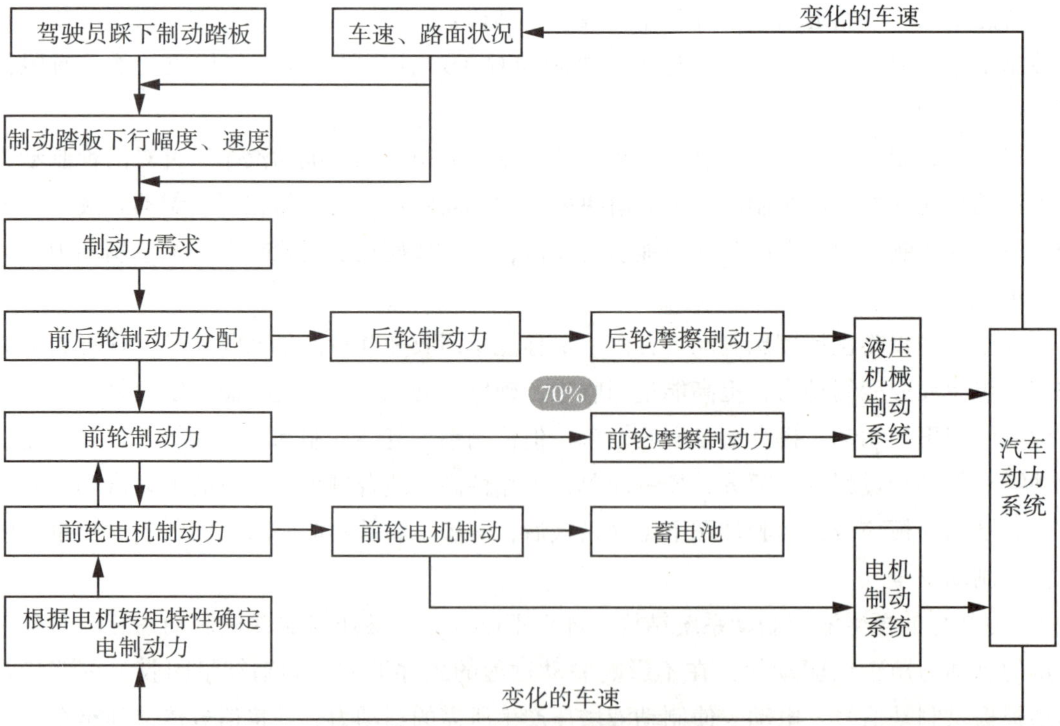

（b）流程

图 5-65　并行的再生液压制动系统结构

图 5-66 为再生制动力矩和液压机械摩擦制动力矩之间的分配比例关系，目的是保持最大再生制动力矩的同时为驾驶员提供与燃油车相同的制动感觉。当制动踏板力较小时，只有再生制动力矩施加在驱动轮上，并且与制动踏板力成正比。而非驱动轮上的制动力由液压制动提供，液压制动力也与制动踏板力成正比。当制动踏板力超过一定值时，最大再生制动力矩全部加在驱动轮上。同时液压制动力矩也作用在驱动轮上以获得所需的制动力矩。因而最大再生制动力矩可以保持不变，以便能完全回收车辆的动能。

如果制动系统因制动造成的管路压力越高（或制动踏板踏下深度越深），说明经驾驶员判断需要的总制动力矩越大，非驱动轮的制动力矩一直增加，驱动轮的制动力矩总和也在增加。但摩擦力矩增加的多，再生制动力矩不增加，甚至要有减小，这就要求再生制动和 ABS 系统要协调工作。

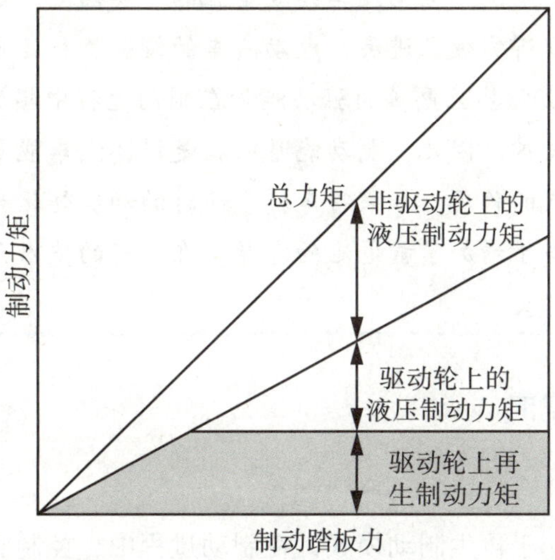

图 5-66　再生制动力矩和液压机械摩擦制动力矩之间的分配比例关系

2. 能量回馈影响因素

影响制动能量回收能力的因素有很多，主要有电动机、储能装置、行驶工况和速度以及控制策略等。对这些影响因素进行分析，可以优化制动能量回收系统，有效地提高系统的能量回收效率以及稳定性和安全性。

（1）电动机

电动机对制动能量的回收有着非常大的作用，若其可提供的制动能力强，则调配机械摩擦制动与再生制动时，加大再生制动的份额就能够增加能量的回馈量；若其发电能力强，即电动机的电功率高，则能量的回收能力就强；同时电动机的机械效率等也同样限制着能量的回收能力。所以在现阶段永磁无刷直流电动机、交流感应电动机以及开关磁阻电动机是最适合纯电动汽车的驱动电动机。

（2）储能装置

现阶段车载储能装置主要有蓄电池、燃料电池、超级电容以及飞轮等几种，其中使用较多的是蓄电池。储能装置的荷电状态（SOC）直接制约着能量回收量，是最主要的影响因素。若储能装置电量充足，则制动能量就不能进行回收；若储能装置充电电流超过其允许范围或者电动机输出的充电功率超过储能装置最大的充电功率，也无法回收制动能量。

（3）行驶工况及速度

制动频率较高的工况，如城市中车辆需频繁起步与停车，此时回收的制动能量较多；制动频率较低的工况，如高速公路中车辆很少进行减速制动，此时只有较少的能量回收。

（4）控制策略

当电动机和储能装置确定后，制动能量的回馈量由其控制策略决定。控制策略确定了机械摩擦制动与电动机制动之间的分配关系，确定了储能装置的充电和放电状态，同时也确定制动过程中能量的回馈量。

知识拓展

电动汽车对能源的高效利用是发挥其节能和环保优势的关键。电动汽车的关键部件是动力电池，动力电池储存能量的多少是决定电动汽车续驶里程的重要因素。但是目前动力电池技术仍然是发展电动汽车的瓶颈，未能取得突破性进展，电动汽车的续驶里程还不能满足用户的需求。研究表明，在城市行驶工况大约有50%甚至更多的驱动能量在制动过程中损失掉，郊区工况也有至少20%的驱动能量在制动过程中损失掉。因此，制动能量回收是提高汽车能量利用效率的有效措施，对汽车的节能和环保有着不可替代的作用。如果将车辆减速时的动能转化为电能，回收到动力电池，而不是摩擦浪费掉，这无疑相当于增加了蓄电池的容量。在现有的技术条件下，这样做对于提高电动汽车的续驶里程具有重要的意义。

二、电机回馈制动控制

1. 策略

所谓回馈制动，即电机工作于再生制动模式，在制动过程中，控制驱动器使电流方向与正向运行时相反，便会产生制动性质的转矩。当产生的电压高于蓄电池时，可以将电流回馈至蓄电池，达到能量回馈的目的。

现阶段较常见的回馈控制策略有最大再生回馈功率控制、最大制动回馈效率控制和制动力矩再生制动控制等。

（1）最大再生回馈功率控制

不考虑储能装置充电能力，通过控制电机的电枢电流来控制再生制动时能量的回收量，当电流 $I=\dfrac{E}{2R}$ 时为最大回馈功率制动，此时电机的转速呈指数规律下降；由于这种方式要求在制动时回馈功率远小于储能装置的充电功率，回收效率很低，因此只适应于微型电动车。

（2）最大制动回馈效率控制

通过控制最大制动回馈效率时电机的电枢电流来控制能量的回收量，此时电机的转速以抛物线规律下降；虽然这种方式在制动时回馈效率是最高的，但是所消耗的时间比较长且制动效能也比较差。

（3）制动力矩再生制动控制

以所需制动力矩为基准，控制电机电枢电流随操作指令的变换而变化，从而调节电机制动力矩，此时电机转速呈线性下降。在这种方式下的制动近似传统的摩擦制动，故制动平顺性好且回收效率较高，比较容易实现控制。

2. 实现过程

能量回馈制动时会有两种情况：一是制动初期电机转速高，转速超过基速，产生的电动势高于蓄电池电压，通过驱动器直接向蓄电池回馈电能，同时提供制动的电磁转矩，比如下坡时。更多的时候则是出现在车速没有超过基速的减速过程中。在此过程中，电机处于发电状态，将电机减速过程中的部分动能回馈到蓄电池。驱动电机进入发电工作状态。其发电电压必须高于蓄电池电压才能输出电功率，所以需要对制动过程进行有效控制。基本控制原理为升压斩波。

（1）升压斩波原理

Boost 变换器电路结构如图 5-67 所示，通过对功率管 VT_1，的 PWM（脉宽调制）开关控制，达到控制输电压的目的，又称作升压斩波变换器。通过分析一个 PWM 周期的工作状态，来分析其工作原理。

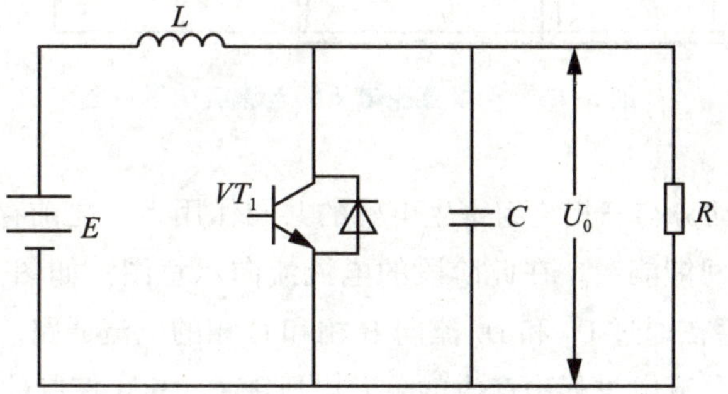

图 5-67　Boost 变换器电路结构

在 VT_1 导通期间，电源通过 VT_1 向电感 L 充电，电流逐渐升高，直到 VT_1 关断时刻达到最大值，VT_1 关断后直至该周期结束，电源与电感共同向负载供电，电流逐渐减小。在 VT_1 开通的时间周期内是电源 E 向电感存储能量的过程，而后一阶段电感处于释放能量的状态。把同一周期内的 VT_1 导通区间与关断区间的电流变化量比较，可以得到下式

$$U_0 = \frac{E}{1 - \alpha}$$

根据上式可知，通过调节 VT_1 的控制信号的 PWM 占空比 α 可以调节输出电压。因为 $\alpha<1$，由上式可知输出电压 $U_0 > E$，即输出电压高于电源电压，所以称此种结构的电路为升压斩波电路。电感上的储能作用是产生泵升电压的主要原因。

有两种方法将这一原理在无刷直流电机能馈回馈控制中应用：一种是全桥驱动器和蓄电池之间加上升压 Boost 变换器；另一种则是利用驱动器本身的 PWM 调制产生类似 Boost 变换器的功能。第二种方式利用驱动器本身的 3 个负半桥 IGBT 达到这一目的，无需外加电路，所以电动汽车中多采用第二种方式。

（2）三相能量回馈控制

在回馈控制阶段，将上桥臂的功率管关断，根据位置传感器信号对下桥臂的功率管的通断进行有规律的 PWM 控制，可以起到与 Boost 变换器相同的效果。与 Boost 变换器的工作过程类似，在一个 PWM 开关周期内，无刷直流电机的能量回馈控制过程也可以分为以下两个阶段。

① 续流阶段

在续流阶段，无刷直流电机的电流流向示意图，如图 5-68 所示。VT_2 导通为电流提供续流通道。在此阶段，电能将存储于三相绕组的电感中。

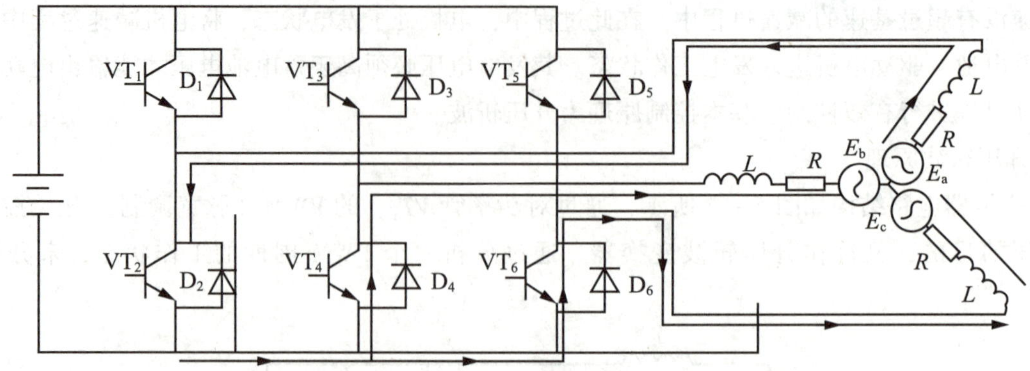

图 5-68　无刷直流电机的电流流向示意图

② 回馈阶段

VT_2 关断期间，在反电动势与三相绕组寄生电感的共同作用下，之前存储于三相绕组之内的能量与反电动势一起向蓄电池共同回馈能量。在此阶段的电流流向示意图，如图 5-69 所示。VT_2 关断，电流经 D_1 回馈至蓄电池，同样存在通过 D_4 和 D_6 流向 B 相和 C 相的电流通路。

忽略电机相电阻的影响，充电过程中产生的泵升电压随着 PWM 控制的占空比的增大而增大。

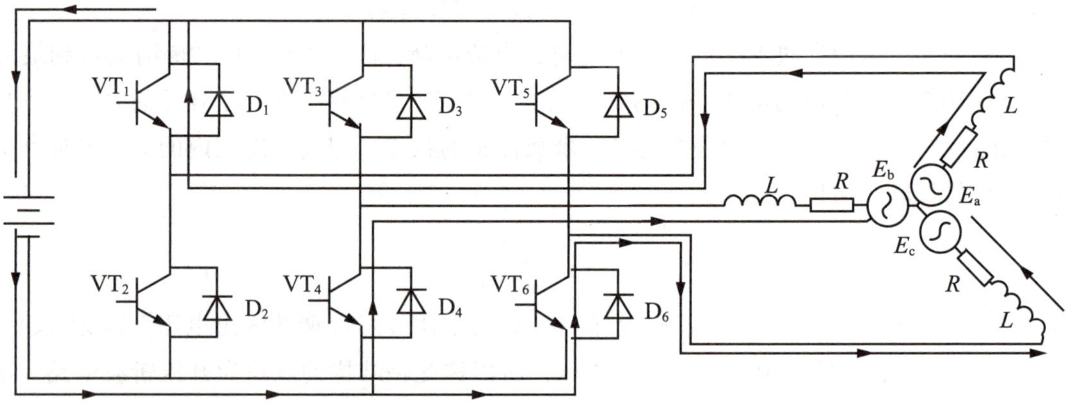

图 5-69　回馈阶段电流流向示意图

对于永磁无刷直流电机，电机的电磁转矩正比于电机的电流，因此可以通过控制回馈电流的大小来控制制动转矩的大小，实现对制动过程的控制。回馈制动的控制周期包含了续流阶段和能馈回馈两个阶段。在低速回馈状态下，根据位置传感器信号对功率管的通断进行有规律的 PWM 控制，可以起到与 Boost 变换器相同的效果。当产生的电压高于蓄电池时，可以将电流回馈至蓄电池，达到能量回馈的目的。在此过程中，也需要进行换相控制。采用单侧斩波的控制方式，即在回馈制动过程中，封锁上桥臂，只对功率桥的下桥臂进行 PWM 控制。在每一个控制周期内，只对其中的一个功率管进行 PWM 控制，保持对反电动势最大的相所对应桥臂的功率管进行 PWM 控制。

对于六个功率管，只对处于下桥臂的功率管进行了 PWM 控制，每个功率管持续 120°电角度。在控制过程中，需要根据位置传感器的信号进行换相控制。在回馈制动原理阐述过程中已经将第一个控制区间的控制过程作了详细推导，其他控制区间可以得到类似的结论。通过控制占空比，可以对回馈电流进行调节，从而控制制动转矩的大小，实现对回馈制动过程的控制。

采用永磁同步电机或感应电机驱动的车辆，其回馈制动的驱动控制过程更多是对电压型 PWM 整流器控制来实现。

任务八　制动系统维护

一、制动液选用原则和质量检查

（一）制动液选用原则

（1）制动液选用类型应与车辆制造商规定的制动液产品类型相同。一般车辆制动液加注口附近或者加注口盖会有说明。

（2）尽量选择正规厂家生产的制动液，其性能稳定、质量有保证。

（3）制动液选用的质量等级应等于或高于车辆制造商规定的制动液质量等级。

（4）严禁不同类型和不同品牌的制动液混合使用，对有特殊要求的制动系统，应加注特定牌号的制动液。由于不同品牌和不同类型的制动液的配方不同，混合使用会造成制动液性能指标下降，即使是互溶性较好，标明能混用或可替代的品牌，使用中也可能引起故障，因而也不要长期混合使用。

（二）制动液质量检测

制动液质量检测工作中最常用的检测仪器是用于定性分析含水量的制动液检测笔，如图 5-70 所示。使用制动液检测笔时，拔下测试头护帽，将金属测试头放入被检测制动液中并按下测试开关（图 5-71），笔身上的指示灯就会亮。制动液质量检测完成后，要用干燥的布或者纸把测试头上的制动液擦拭干净，关闭开关并套好护帽。

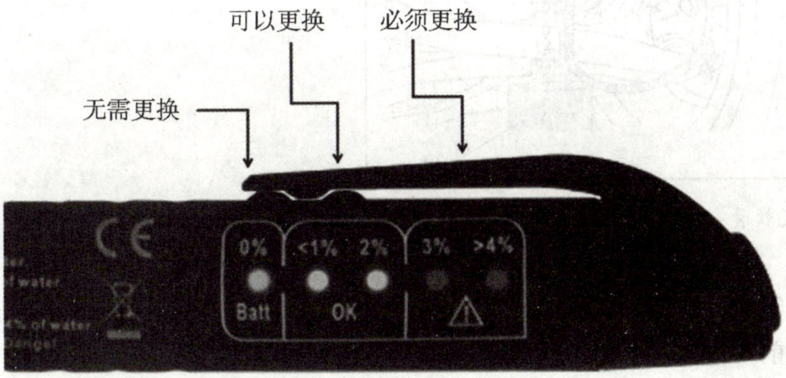

图 5-70　制动液测试笔

图 5-71　制动液质量测试

制动液检测笔的指示灯含义如下。

（1）指示灯显示绿色，其他灯不亮，表示制动液性能良好，不含水分。

（2）指示灯依次显示绿色/黄色，表明制动液中含水量低于 1%，制动液性能好，可放心使用。

（3）指示灯显示绿色/黄色/黄色，制动液中含水量约 2%，制动液可继续使用。

（4）指示灯显示绿色/黄色/黄色/红色，表明制动液中含水量约 3%，建议更换制动液。

（5）指示灯显示绿色/黄色/黄色/红色/红色，说明制动液中含水量超 4%，需立刻更换制动液。

（三）制动液更换条件

（1）车辆正常行驶 40 000 km 或连续使用 2 年。

（2）若发现制动液有杂质或沉淀物，应该及时更换。

（3）若车辆在正常行驶中出现制动忽轻忽重，要及时更换制动液，并用酒精清洗制动系统。

（4）冬季时，如发现制动效果下降，应及时更换在低温下黏度偏小的制动液。

（5）若出现制动效能降低或制动踏板回位滞后，要及时对制动系统进行全面检查。如发现橡胶件膨胀变形，说明制动液质量存在问题，这时应选择质量比较好的制动液予以更换，同时更换相关橡胶件。

（四）制动液更换

（1）从制动液储液罐上拧下密封盖，制动液储液罐连接制动液加注及排气装置的吸油软管，抽吸尽可能多的旧制动液。

（2）在驾驶员座椅和制动踏板之间放置制动踏板加载装置，并预紧。

（3）在制动液储液罐上连接制动液加注及排气装置的适配接头，将制动液加注及排气装置的加注软管连接在适配接头上，并起动装置。

（4）拔下左前制动钳排气螺栓上的盖罩，将排气螺栓与制动液收集瓶上的排气软管牢固地固定在一起，以免空气进入制动装置内。用油管扳手旋松排气螺栓，然后放出制动液，如图 5-72 所示。

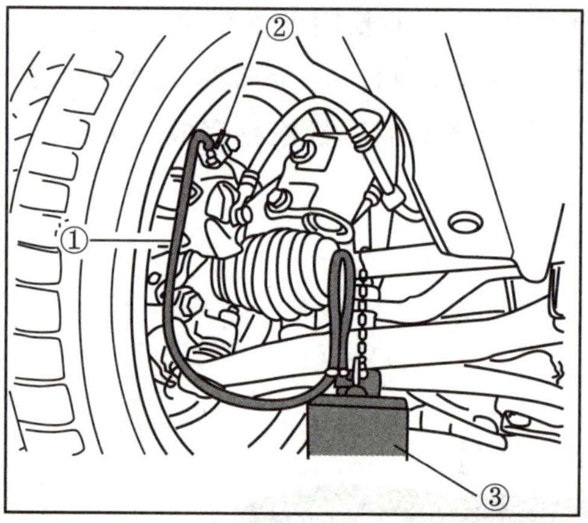

①-排气软管；②-排气螺栓；③-制动液收集瓶。

图 5-72　排放制动液

（5）待流出的制动液清澈纯净无气泡时，拧紧排气螺栓。

（6）在汽车右前制动钳上重复此前工作。

（7）拆下两个后车轮，在汽车两后轮上重复工作。

（8）将适配接头从制动液储液罐拧下，检测制动液液位是否符合要求。

（9）将密封盖拧在制动液储液罐上，取出制动踏板加载装置，重新安装车轮，完成制动液更换。

（五）更换制动液注意事项

（1）更换的制动液必须与原来的制动液编号等级相同，不得和其他等级的制动液混用。

（2）制动液有毒且有腐蚀性，不允许与皮肤、车辆油漆及其他零件表面接触。如果制动液溢出，要用大量的清水冲洗。

（3）制动液具有吸湿性，必须密封保存，否则会从环境中吸取水分而变质。

（4）注意遵守废弃物处理规定，合理收集和处置排放的废旧制动液。

（5）制动液更换完成后，检测踏板压力和制动踏板的自由行程，并确保制动液液位符合要求、制动装置无泄漏和损坏、液压软管无扭转、液压软管和车轮无摩擦。

二、制动系统维护流程

（一）制动系统外观检查

目测制动系统液压管道、接头处，检查有无泄漏、破损、锈蚀；检查制动储液罐制动液液面位置，应处在高（MAX）和低（MIN）位刻线之间，如图 5-73 所示。

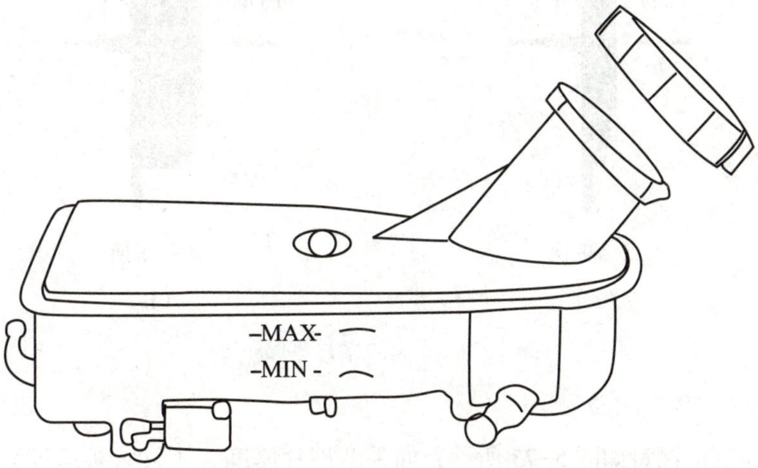

图 5-73　制动液面检查

检查制动管路和软管在车辆运动时，是否因震动而与车轮或者车身接触；检查制动管路安装是否良好；检查制动管路软管有无扭曲、磨损、开裂、隆起和老化等；制动管路渗漏检查，目测制动管路连接部分有无液体渗漏。

（二）制动踏板检查

（1）制动踏板状况检查。检查制动踏板有无反应灵敏度差、踏板不完全落下、异常噪声、过度松动等现象。

（2）踏板高度检查。使用一把直尺测量制动踏板高度，如果超出规定范围，应调整踏板高度。

（3）制动踏板自由行程检查。踩下制动踏板几次，解除制动助力器，然后使用手指轻轻按压制动踏板并使用一把直尺测量制动踏板自由行程。对于配备了液压制动助力器的车辆，至少要踩下制动踏板 40 次。

（4）制动踏板行程余量。驻车制动器松开时，用力踩下制动踏板，然后使用一把标尺测量踏板行程余量，检查其是否处于规定的范围内，踏板行程余量标准值请参阅相关车型维修手册。

（三）驻车制动装置检查

（1）驻车制动杆行程检查驻车制动杆被拉动时，检查其行程是否在预定的槽数内（拉动时可以听到“咔嗒”声），如果不符合标准，应调整驻车制动杆的行程。注意：若驻车制动杆行程超出规定值，应调整后制动蹄片或驻车制动蹄片的间隙，然后重复检查。

（2）检查驻车指示灯工作情况将起动开关置于 ON 挡位置，在拉动杆到达第一个槽口位置前，检查仪表上的驻车指示灯是否已经亮起。

（3）驻车制动拉杆行程在调整驻车制动杆行程之前，应确保驻车制动蹄片间隙已经调整好。

（四）制动摩擦片的测量和检查

1. 盘式制动摩擦片厚度测量

拆下车辆前轮，用游标卡尺或钢板尺测量内外摩擦片的厚度，如图 5-74 所示。摩擦片厚度（不计背板厚度）应符合该车型维修手册规定的数值。

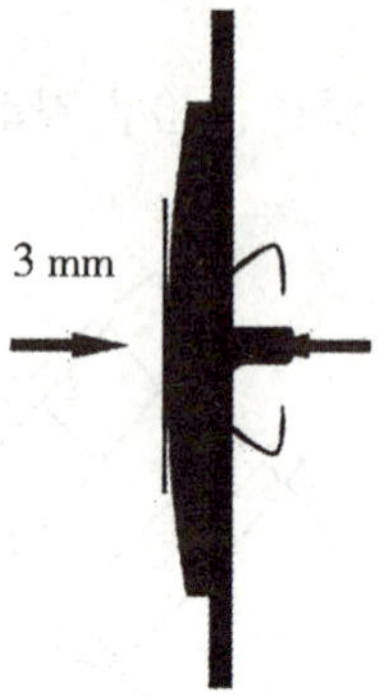

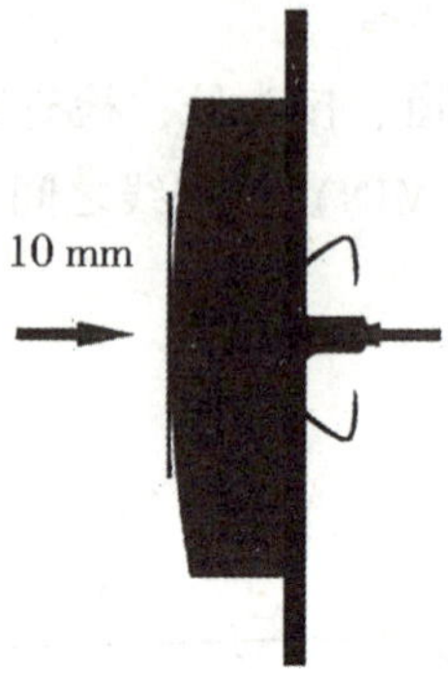

图 5-74　新旧摩擦片厚度对比

2. 鼓式制动摩擦片厚度测量

鼓式制动摩擦片厚度的测量如图 5-75 所示，如果摩擦片厚度（不计背板厚度）接近维修手册规定的磨损极限，必须予以更换；制动鼓摩擦表面如果凹槽过深，或制动鼓内圆柱成椭圆，必须与蹄片一起更换。

3. 盘式制动摩擦盘厚度测量

用游标卡尺在制动盘表面的中心测量制动盘厚度，如图 5-76 所示。如果制动盘厚度低于最小厚度值，则需及时更换制动盘。

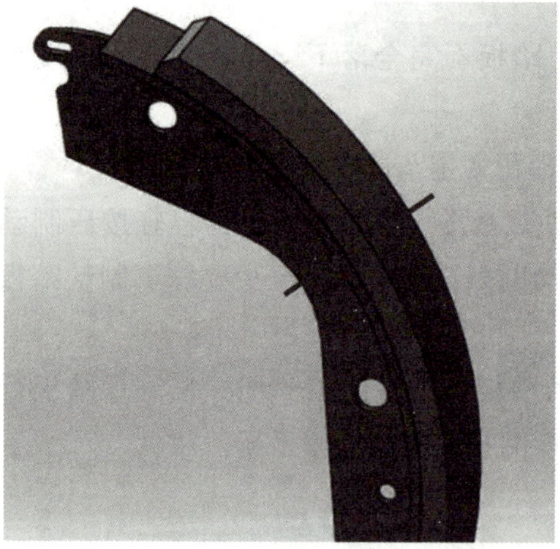

图 5-75　摩擦盘厚度测量

图 5-76　摩擦盘厚度

4. 制动盘跳动量检查

制动盘的跳动量必须符合该车型维修手册的相关规定，否则会影响制动性能。

制动盘跳动量的具体检测方法。

（1）在工作台上组装磁性表座，如图 5-77 所示。

（2）将磁性表座固定在减震器上。

（3）安装百分表，表头距制动盘边缘 10 mm，表头与制动盘垂直，如图 5-78 所示。

图 5-77　磁性表座

图 5-78　百分表

（4）均匀转动制动盘并记下制动盘的最大跳动量，若超出规定范围，则应换新件。

测量后，根据行驶距离估计制动器摩擦片的剩余磨损量，通过该次检查和上一次检查之间的行驶距离，估计到下一次检查前的行驶距离；通过检查上一次检查到现在制动器摩擦片的磨损，估计制动器摩擦片在下一次检查时的情况。在检查时，如果估计制动器摩擦片的厚度小于可接受的磨损值，建议本次更换制动器摩擦片。

（五）电动真空泵及控制器检查维护

（1）车辆停稳后，拉起驻车制动，起动开关置于 ON 挡位置，将制动踏板踩到底，反复踩踏三次后真空泵应正常起动，大约 10 s 后真空度到达设定值，此时真空泵应停止运转。

（2）反复踩踏制动踏板，使制动真空泵连续运转 5 min，然后观察真空泵有无异响、异味，真空泵控制器插接器、线束有无变形、发热现象。

（3）在真空泵运转时，检查制动真空泵与软管连接处、制动真空罐与软管连接处是否漏气，检查各软管有无老化、扭曲及破损。

思政链接

央视网消息：中国汽车工业协会 2022 年 12 月 9 日公布的数据显示，我国新能源汽车产销量连创历史新高，1 至 11 月份突破 600 万辆。

11 月，我国新能源汽车产销分别完成 76.8 万辆和 78.6 万辆，同比分别增长 65.6%和 72.3%，市场占有率达到 33.8%。1 至 11 月份，新能源汽车产销分别完成 625.3 万辆和 606.7 万辆，同比均增长一倍，市场占有率达到 25%。

中国汽车工业协会的数据同时显示，前十个月，我国汽车出口 261.4 万辆，同比增长 68.1%。新能源汽车出口的前三大市场为比利时、英国和泰国。据预测，今年我国新能源汽车销量将达到 670 万辆，同比增长 90.3%。

课后练习

一、填空题

1. 汽车制动系统一般由四部分组成：________、________、________、________。

2. 汽车制动器常见的有两种，分别是________和________。

3. 全混合动力汽车制动系统不仅仅用于使________________。它还能使车辆的制动能量________，而是回收利用制动能量并通过主动变速箱内的电动机将其转化为________。

4. 纯电动汽车中，大多数的制动能量并非转换为________，而是转换成________。

5. 汽车防抱死制动系统能根据路面状况，自动调节车轮的________，防止因车轮抱死而使其在路面上拖滑，使车轮处于的状态________，以提高汽车制动过程的__________和________，缩短制动距离。

二、简答题

1. 制动系统是如何工作的？

2. 制动系统的能量都有哪些回收方式？

参考文献

[1] 励敏，陆旭，叶升强. 新能源汽车底盘系统结构检修[M]. 镇江：江苏大学出版社，2024.

[2] 张梅红，王国彬，苏超杰. 新能源汽车维护与故障诊断[M]. 北京：人民邮电出版社，2024.

[3] 陈娇英，茹奕洪. 新能源汽车底盘构造与检修[M]. 北京：语文出版社，2024.

[4] 马思驰. 电动汽车维修从入门到精通[M]. 北京：电子工业出版社，2023.

[5] 李玉茂. 纯电动汽车结构与原理[M]. 北京：机械工业出版社，2023.

[6] 古雅明，安康主. 纯电动汽车结构・保养・拆装・检修一本通[M]. 北京：机械工业出版社，2023.

[7] 文定凤，杨长忠. 汽车底盘构造与维修[M]. 北京：机械工业出版社，2021.

[8] 谢伟钢，韩鑫. 汽车制动系统维修[M]. 2 版. 北京：人民交通出版社，2021.

[9] 郝魁，刘佳. 汽车底盘构造理实一体化教程[M]. 北京：中国铁道出版社，2021.

[10] 于海东，蔡晓兵. 汽车构造原理从入门到精通[M]. 北京：机械工业出版社，2020.